ヨーロッパの地域言語〈スコッツ語〉の辞書編纂

Sir William Alexander Craigie, 1867–1957

Adam Jack Aitken, 1921–1998

*DOST*編纂に使われた資料

*DOST*編集部の一室

ヨーロッパの地域言語〈スコッツ語〉の辞書編纂
『古スコッツ語辞典』の歴史と思想

米山優子

ひつじ書房

目次

序章 　　　　　　　　　　　　　　　　　　　　　　　　　　　　1
　第1節　スコットランドとスコッツ語―スコッツ語辞書誕生の背景　1
　第2節　本書の構成と議論の方法　8

第1章　スコッツ語ということばについて　　　　　　　　　　　13
　第1節　スコッツ語の歴史　13
　　　1.1　スコットランド王国のナショナル・ランゲージとして
　　　　　―初期スコッツ語　13
　　　1.2　文芸復興の萌芽―前中期スコッツ語　16
　　　1.3　衰退の兆しとその原因―後中期スコッツ語　19
　　　1.4　"King's Scots" から "King's English" へ
　　　　　―近代スコッツ語への過渡期　23
　　　1.5　知識人たちのジレンマ―スコットランド啓蒙期の言語状況　26
　　　1.6　「常緑」の古スコッツ語文学への回帰　29
　　　1.7　スコットランド啓蒙期の二面性と近代スコッツ語　34
　　　1.8　19世紀以降の近代スコッツ語　38
　第2節　スコッツ語の特徴　41
　　　2.1　発音　41
　　　2.2　綴り　42
　　　2.3　語彙　43
　　　2.4　文法　45
　　　2.5　地域変種　47
　第3節　スコッツ語についての様々な見解　48

第2章　スコッツ語を扱った先駆的な辞書と、関連する英語辞書　57
　第1節　ジェイミソンの『語源辞典』　58
　　1.1　『語源辞典』作成のきっかけ　58
　　1.2　『語源辞典』の内容　60
　　1.3　「スコットランド語の起源に関する論文」　64
　　1.4　ジェイミソンの語源研究とスコットランド啓蒙思潮　67
　第2節　*OED* と『英語方言辞典』　72
　第3節　『語源辞典』以後のスコッツ語研究　74

第3章　*DOST* 編纂の計画及び *DOST* と関連する研究事業　83
　第1節　*DOST* の計画　83
　　1.1　計画の端緒　83
　　1.2　目的　84
　　1.3　記述範囲―年代の範囲と資料の範囲　86
　第2節　記載項目の記録　88
　第3節　語彙情報の記述　90
　　3.1　収録語項目例―*DOST* のミクロ構造　90
　　3.2　編集の工程　91
　　3.3　語義の分析と定義づけ　92
　　3.4　引用の選択　94
　　3.5　古スコッツ語を扱う際の問題点　95
　第4節　*DOST* と関連する研究事業　97
　　4.1　『スコティッシュ・ナショナル・ディクショナリー』(*SND*)　97
　　4.2　『スコットランド言語地図』　98
　　4.3　『スコッツ語訳新約聖書』　98
　　4.4　『中英語辞典』　99
　　4.5　『古英語辞典』　103

第4章　DOST編纂史―完成に至るまでの執筆作業と問題点　　109
　　第1節　シカゴ大学出版局との関係　110
　　第2節　「OED依存型の編集法」("OED Depended Method")　120
　　第3節　1981年の査定　123
　　第4節　新規巻き直し―エイトキン引退後のDOST　128
　　第5節　1994年の査定　131
　　第6節　1996年の査定　139

第5章　DOSTの編纂者―クレイギーとエイトキン　　147
　　第1節　クレイギーとスコッツ語辞書　147
　　　　1.1　世界を巡る「博言学者」　147
　　　　1.2　クレイギーのスコッツ語観―古スコッツ語は「言語」　149
　　　　1.3　スコッツ語とヨーロッパ諸語との関連　153
　　　　1.4　初代編集主幹として　155
　　第2節　エイトキンとスコッツ語辞書　158
　　　　2.1　スコッツ語研究の父　158
　　　　2.2　エイトキンの言語観―スコッツ語は「半言語」　159
　　　　2.3　スコッツ語と言語計画理論　163
　　　　2.4　クレイギーの後継者として　172
　　第3節　後継者から見た二人　178

第6章　DOST作成を取り巻く社会的側面　　185
　　第1節　DOSTを支えてきた運営組織と支援団体　185
　　第2節　スコットランドの言語政策との関連
　　　　　―スコッツ語辞書とスコッツ語教育　187
　　　　2.1　ナショナル・ガイドラインの見直しと教材の開発　188
　　　　2.2　DOSTとSNDから生まれたスコッツ語中型辞典　189
　　第3節　スコッツ語辞書作成事業への助成　192
　　第4節　行政におけるスコッツ語　197

第 5 節　北アイルランドのスコッツ語の状況　203

終章　スコッツ語辞書の今後の展望　　　　　　　　　　207
　　第 1 節　*DOST* の編纂史を通して見えてくるもの　207
　　第 2 節　スコッツ語とスコティッシュ・アイデンティティー　210
　　第 3 節　*DOST* 完成後の新たな取り組み
　　　　　　―スコッツ語辞書の今後の展望　214

参考文献　225
地図　255
結びに　261
索引　265

凡例

- 用語には、原則として（　）内に原語を補い、文献からの引用である場合はさらに" "を付した。
- 重要な人名や機関名には、アルファベット表記と生没年を基本的に初出に付した。生没年に関しては、不明な場合は「?」、年号の不確かな場合は年号に「?」を併記した。また、おおよその時期がわかっている場合には「*c.*」を付し、活躍した時代のみわかっている人物の場合は「*fl.*」を付した。
- 引用に際しては、基本的に本文中には拙訳のみ記した。第1章では、原文に用いられている語形の考察が章の中心的なテーマでもあるため、本文中に原文を掲載した。日本語の翻訳が出版されている場合は参照した。本書で言及した主要な辞書の出版データ、及び地図は巻末に示した。
- 引用元は注に記載し、該当するものがほかにない場合は著者名とページ数のみ記載した。詳細な書誌情報は参考文献に載せた。

from
The Proloug of the First Buik of Eneados
by
Gavin Douglas

In euery volume quhilk the list do write,
Surmonting fer all wther maneir endite,
Lyk as the rois in June with hir sueit smell
The marygulde or dasy doith excell.
Quhy suld I than, with dull forhede and wane,
With ruide engine and barrand emptive brane,
With bad harsk speche and lewit barbour tong,
Presume to write quhar thi sucit bell is rong,
Or contirfait sa precious wourdis deir?
Na, na, nocht sua, bot knele quhen I thame heir.
For quhat compair betuix midday and nycht,
Or quhat compare betuix myrknes and lycht,
Or quhat compare is betuix blak and quhyte,
Far gretar diference betuix my blunt endyte
And thi scharp sugurat sang Virgiliane,
Sa wyslie wrocht with neuir ane word in vane,
My waverand wit, my cunnyng feble at all,
My mynd mysty, thir ma nocht myss ane fall.
Stra for this ignorant blabring imperfyte
Beside thi polyte termis redemyte,
And no the les with support and correctioun,
For naturall luife and freindfull affectioun,
Quhilkis I beir to thi werkis and endyte,
Althocht, God wait, I knaw tharin full lyte,
And that thi facund sentence mycht be song
In our langage als weill as Latyne tong;
Alswele, na, na, impossible war, per de,
ȝit with your leif, Virgill, to follow the,
I wald into my rurale wlgar gros,
Write sum savoring of thi Eneados.
Bot sair I drede for to distene the quyte,
Throu my corruptit cadens imperfyte;
. . . . . .
Quharfor to his nobilite and estaite,
Quhat so it be, this buik I dedicaite,
Writing in the language of Scottis natioun,
And thus I mak my protestacioun.

(ll. 15–46, ll. 101–104)

序章

第 1 節
スコットランドとスコッツ語
―スコッツ語辞書誕生の背景

　グレートブリテン及び北アイルランド連合王国 (the United Kingdom of Great Britain and Northern Ireland; 以下、UK と記す) は、地理的にはヨーロッパに位置しながら、様々な面でヨーロッパ諸国との間に一線を画してきた。約半世紀前の首相ウィンストン・チャーチル (Sir Winston Churchill, 1874–1965) は、UK とヨーロッパ諸国との関係について次のように述べている。

　　我々はヨーロッパと共にあるが、その一部ではない。我々はつながりあっているが、一括りにされているわけではない。我々は関わりを持ち、仲間にはなっているが、同化はしていない[1]。

　UK 国内の地域情勢を考える時、このチャーチルのことばは示唆に富むものである。文脈の違いを考慮に入れた上で、チャーチルの言う「ヨーロッパ」を「イングランド」と置き換えてみると、これはスコットランド側から見たイングランドとの関係に近い。スコットランドは、政治的にも文化的にもイングランドから大きな影響を受けてきた。ヨーロッパにおける地域主義の動きが目覚ましくなる中で、1999 年、約 300 年ぶりにスコットランド議会 (Scottish Parliament) が開設された。スコットランドの独立を求める声は以前から度々聞かれてきたが、経済的負担の

増大など現実的な問題を考えると、国家としての独立は厳しい。そこで、UKの一地域を構成しながら、ロンドンの中央集権的な行政に依存しすぎないという適度な距離を取ることが目標とされたのである。この頃から、地域の独自性を主張する手段として言語の多様性に目が向けられるようになった。

　スコットランドの言語状況が論じられる時、そこに登場するのはスコットランド標準英語(Scottish Standard English)、スコットランド・ゲール語(Scottish Gaelic)、スコッツ語(Scots)である。スコットランド標準英語は、スコットランド全体で話されている。スコットランド・ゲール語の話者数は、2001年の統計によるとスコットランドの人口の1.16%(約58,000人)に過ぎない。その話者が居住するのは主にハイランド(Highlands)、特に島嶼部である[2]。スコッツ語が話される地域は主にローランド(Lowlands)で、後述するように公式の話者数の統計は取られていないが、いくつかの調査ではスコットランドの人口の約30%(約150万人)がスコッツ語を話すとされる[3]。

　ローランドの特にイングランドと接している部分には、非常に多くの等語線が走っている。スコットランドが「方言島」("dialect island")[4]と呼ばれる所以である。しかし、この「方言」という範疇にスコッツ語が収まるかどうかについては判断が難しい。古英語と共通の素地を持つスコッツ語は、スコットランドで話される英語の地域変種(regional variety)と認識される場合がある。一方で、スコッツ語自体が更に細かい地域変種に分かれていることから、独自の歴史を持った「言語」(language)とみなされる場合もある。

　「欧州地域言語・少数言語憲章」(European Charter for Regional or Minority Languages)は、欧州審議会(the Council of Europe)を通して1992年に発効し、ヨーロッパで存続の危機に瀕した言語を維持するために定められた。2000年、UK政府はこれに署名し、2001年に批准した。この憲章でスコッツ語は、ウェールズ語、スコットランド・ゲール語、アルスター・スコッツ語(Ulster Scots)、アイルランド語(Irish)、

コーンウォール語 (Cornish)、マン語 (Manx Gaelic) と共に「使用されることが少ない言語」("lesser used languages") の一つと認められている（コーンウォール語とマン語に関しては 2003 年に適用）。但し、ウェールズ語、スコットランド・ゲール語、アイルランド語に第 2 部 (Part II) 及び第 3 部 (Part III) が適用され、教育・司法・行政・メディアなど公共生活での使用を促進する対象となっているのに対して、スコッツ語はアルスター・スコッツ語、コーンウォール語、マン語と共にその前段階である第 2 部の規定が適用されるに留まっている。スコットランド・ゲール語は、ゲルマン系の英語とは言語系統の異なるケルト系言語である。英語との違いを一つの要因として言語復興を進めてきたスコットランド・ゲール語の場合と比較すると、スコッツ語は英語との近似性ゆえに抱える問題がより複雑化している。「欧州地域言語・少数言語憲章」においては言語であると明言されたものの、前述のようにスコッツ語は、その位置づけ自体に幅があり、一定の認識を得にくい状況にある。従来、スコットランドの人々は土着のことばに対する意識が希薄であると指摘されてきたが[5]、それに加えて優勢言語である英語との違いを明確に示す言語的な特徴が弱いことは、スコッツ語の振興策にとって不利となってきた。

　本書が考察の対象とするのは、このようなスコッツ語の弱点が、逆の方向に転換される結果となった一つの取り組みである。独立した言語ではなく英語の一変種とみなされたために、スコッツ語史を網羅する記録が生み出された。それが、『古スコッツ語辞典』(*The Dictionary of the Older Scottish Tongue*, 1937–2002; 以下、*DOST* と記す) と『スコティッシュ・ナショナル・ディクショナリー』(*The Scottish National Dictionary*, 1931–1976; 以下、*SND* と記す) である。これらの辞書は、『オックスフォード英語辞典』(*The Oxford English Dictionary*, 1884–1928; 以下、*OED* と記す。当初の表題は『歴史的原則に基づく新英語辞典』*A New English Dictionary on Historical Principles*) の編集主幹の一人であるウィリアム・アレグザンダー・クレイギー (Sir William Alexander Craigie, 1867–1957) によって立

図 1　クレイギーの「新しい辞書計画」[6]

1150 年	古英語 『古英語辞典』 *Dictionary of Old English*	
1500 年	中英語 『中英語辞典』 *Middle English Dictionary* （2001 年完成）	1375 年 古スコッツ語 『古スコッツ語辞典』 *Dictionary of the Older Scots Tongue* （2002 年完成）
1625 年	初期近代英語 『初期近代英語辞典』 *Early Modern English Dictionary*	
アメリカ英語 『アメリカ英語辞典』 *Dictionary of the American English* （1944 年完成）	近代英語	1700 年 近代スコッツ語 『スコティッシュ・ナショナル・ディクショナリー』 *Scottish National Dictionary* （1976 年完成）

案された。クレイギーは OED 完成後の計画として、OED の内容を補完する辞書の構想を抱いていた。彼は英語の発展を従来よりも詳細な年代に分け、次のような「年代別辞書」（"period dictionaries"）の作成を提唱した（図 1 参照）。

　六つの企画のうち、『アメリカ英語辞典』（*Dictionary of the American English*）、SND、『中英語辞典』（*Middle English Dictionary*）、DOST が既に完成している（『古英語辞典』、『中英語辞典』、『初期近代英語辞典』については第 3 章参照）。この一連の辞書計画では、アメリカとスコットランドの語彙がそれぞれ別の辞書で扱うように示されている。英語史の進展に伴って地域変種の拡大が視野に入れられたことと、ブリテン島内での、いわば「姉妹語」にも注意が向けられたことは非常に重要である。アメリカ英語と同様に英語の地域変種とみなされたからこそ、スコッツ

語は大辞典編纂の機会を得たと言えよう。これによってスコッツ語文献の整理が進められ、辞書の編集が開始された。

　DOST と *SND* は、収録語の初出年代によって区分される。*DOST* には 12 世紀から 1700 年までの文献に現れた古スコッツ語 (Older Scots) が、*SND* には 1700 年以降の近代スコッツ語 (Modern Scots) が *OED* と同じ「歴史的原則」(historical principles) に基づいて収録されている。辞書編纂における「歴史的原則」とは、文献に現れた語彙を収録し、それらの使用例を年代順に配列することを指す。*OED* の「歴史的原則」については、初版の第 1 巻の序文で *OED* の目的を述べた文章がこの原則を自ずから説明するものとなっている[7]。

　(1) 各々の単語に関して、いつ、どのようにして、どのような形で、どのような意味で英語となったのか、そして英語として受け入れられてから、形態的・意味的にどのように発展してきたのか、年代が進むにつれ、どの用法が廃れ、どの用法が今も残っているのか、またそれ以降、どのような新しい用法が、どのような過程でいつ生まれたのかについて示す。(2) 各々の単語の初出とされるものから最も近年のもの、あるいは現在に至るものまで一連の引用によって上記の事実を例証し、その単語自体の歴史と意味が明示されるようにする。(3) 歴史上起こった事実に厳密に基づき、近代言語学の方法と成果に従って各々の単語の語源を扱う。

　この原則に基づいた辞書は、歴史的辞書 (historical dictionary) と呼ばれることがある。歴史的辞書について、マーキン (R. Merkin) は、「最も包括的な学術的辞書であり、通常、長年記録に残されてきた歴史のあるナショナル・ランゲージを扱う」[8]と説明している。そしてその目的については、各単語の発展を初出とされる頃から辿り、以下の根拠を示すために文学及び文学以外の資料から、引用と出典を年代順に配列することであると述べている[9]。

1. 様々な年代、場所、ジャンルにおける各単語の存在。
2. その単語の意味、用法、形態、綴りの変化。
3. その単語の慣用句と慣用上のコロケーション。
4. その単語が属する言語内の派生と、言語外、つまり比較言語学的に見た語源。
5. その単語の形態及び統語的な特徴。
6. その単語を文体及び統計的に見た特色。

　ある言語が歴史的辞書の作成を検討されるということは、その言語に長い変遷の歴史があり、充分な文献が残されていることの証明になる。本書は、スコッツ語を扱った歴史的辞書のうち、2002 年に全 12 巻が完成した *DOST* に光を当てる。*DOST* と *SND* は姉妹関係にあり、両辞典がスコッツ語辞書の双璧として重要であることは言うまでもないが、以下の理由から論考の対象を *DOST* に絞りたい。

　第 1 に挙げられるのが、創案者クレイギーの存在の大きさである。第 3 章で述べるように、シカゴ大学への赴任を控えていたクレイギーは、渡米の際にウィリアム・グラント（William Grant, 1863–1946）からの申し出を受け入れ、*SND* の編集を彼に任せた。一方 *DOST* については、途中、第 2 次世界大戦時に空白の期間があったものの、クレイギー自身が晩年まで編纂に従事した。これは必ずしもクレイギーが *SND* を軽視していたことを意味するわけではないが、やはり構想時から一貫して直接編集に携わったクレイギーと *DOST* との関係は、特筆すべき点である。スコットランド生まれのクレイギーによってスコッツ語の辞書編纂が企画されたこと自体、第 2 章で述べるスコッツ語辞書の伝統を反映していると言える。

　第 2 に、*DOST* は、スコッツ語が言語として機能する特性を充分に保持していた時代の記録であるという点が挙げられる。すなわち、*DOST* が対象とする時代に、スコッツ語は「完全に自律した言語」（"fully-fledged language"）[10] であった。*DOST* と *SND* の存在は、スコッツ語が

豊かな歴史を持つことばであることを証明している。DOSTの膨大な用例の出典には、公文書、叙事詩、年代記、戯曲など様々な分野の文献が含まれる。このことは、古スコッツ語が幅広い領域に用いられる言語であったことを明示している。第1章で述べるように、特に18世紀を境にスコッツ語の使用域は縮小し、ことばとしての位置づけも不安定になる。本書は、スコッツ語の言語内的な変化を扱うものではないが、スコッツ語が多様な用途に用いられていた時代の記録を通して、スコッツ語ということばの特徴を明確に捉えることができると考える。

第3の理由として、DOSTがOEDを凌ぐほどの長い年月を費やし、複数の編集主幹の手を経て完成した点を重視する。DOSTの編集方法については第3章及び第4章で詳述するが、OEDと同様に、DOSTとSNDも語彙と用例の収集に多くのボランティアの協力を得た。その膨大なデータを統括する編集主幹には、スコッツ語研究者としての幅広い知識と、それに基づいた深い洞察力、そして辞書編纂者としての高度な技量が求められた。ランドウ(S. I. Landau)が述べているように、「言語に対する感覚」すなわち「語感」は、定義を書くものに不可欠の資質である(後述)[11]。SNDに編集主幹として携わったのは、グラントと彼の後任のデイヴィッド・ミュリソン(David Donald Murison, 1913–1997)であり、完成までにかかった期間は、DOSTの場合と比較すると約半分である。DOSTの編集はクレイギーをはじめ、エイトキン(Adam Jack Aitken, 1921–1998)、スティーヴンソン(James A. C. Stevenson, 1917–1992)、ダロー(Margaret G. Dareau, 1944–)らの編集主幹によって80年以上も引き継がれてきた。辞書作成への理念は一貫した揺るぎないものであるが、編集作業を取り巻く時代の変化から、新しい編集方針を採用する必要も生じた。このようなDOST編纂の変遷を考察し、辞書作成をめぐる人と組織の内実を明らかにする。

本書は、苦労の末に完成した辞書の編纂物語を意図するものではなく、スコッツ語辞書の歴史におけるDOSTの位置づけと、その作成に携わった人々の思想を検討するものである。辞書学的見地からの考察も含

め、前世紀に *DOST* が歩んできた道を編纂者の存在に光を当てて回顧しながら、*DOST* 作成の意義と今後の展望を考える。

第2節
本書の構成と議論の方法

　本書のテーマはスコッツ語史、辞書学、言語接触、言語政策などの分野と関連するが、スコッツ語辞書の関係者が編纂を回顧した論考[12]以外に、同様のテーマを扱った研究はまだ現れていないと思われる。本書は、スコッツ語の過去と現在について、そしてスコッツ語辞書の編纂の歴史と、それに関わりあった人々の思想について多角的に考察する。筆者は *DOST* 完成後の 2003 年 2 月及び 2008 年 8 月に、エディンバラ大学内にある編集部を訪れ、編集用の資料や運営に関する文書を閲覧する機会を得た。編集部からは継続して度々スコッツ語辞書の新しい情報の提供を受け、本書のテーマに関する貴重な意見を聞くことができた。筆者自身はスコッツ語を母語とする者ではないが、スコッツ語辞書の利用者として、またスコッツ語の研究者として、辞書の作成を客観的に分析し、正確な事実の検証に努める。

　本書の構成に従って、議論の手順を述べる。第 1 章では、スコッツ語ということばがどのような歴史を辿り、どのような言語内的特徴を持っているのかについて説明する。スコッツ語の歴史を概観すると共に、スコッツ語に対する認識の変遷を追い、言語としてのスコッツ語の位置づけがなぜ困難なのか検討する。

　第 2 章以降は、スコッツ語辞書に関する議論が中心となる。第 2 章では、スコッツ語の先駆的な辞書について述べる。特に、「歴史的原則」の原型を呈した辞書として重要なジョン・ジェイミソン (John Jamieson, 1759-1838) の『スコットランド語語源辞典』(*An Etymological Dictionary of the Scottish Language*, 1808) について詳しく扱う。スコッツ語辞書の歴史を通して、スコッツ語辞書の取り組みに向けられてきた編纂者の理念を

論じると共に、歴史的な枠組みにおいて*DOST*がどのような位置を占めているのか、先行辞書とどのような関係にあるのか確認する。また、*DOST*と関連の強い*OED*や方言辞典について述べる。

第3章は、*DOST*の編纂史の前半を扱う。*DOST*が計画された経緯と作成の目的、収録語及び対象とする引証文献の範囲について述べる。実際の編集作業の工程を概観し、*DOST*の収録語項目を例示して、記述内容について解説する。また、スコッツ語の言語外的な特徴を通して、古スコッツ語と近代スコッツ語の捉え方の違いを考察する。*DOST*と関連するスコッツ語研究についても言及する。

第4章は、*DOST*の編纂史の後半を扱う。第3章で説明した編集作業と平行して出版の段階に入った*DOST*が、どのようにして完成に至ったのかを考察する。編集方針の変更や編集部の運営が、本章の主な内容となる。

第5章は、*DOST*の編集主幹の中からクレイギーとエイトキンについて論じる。編集主幹の存在の大きさについては前述したが、特にこの2人の重要性に注目する。スコッツ語の捉え方や辞書編纂に対する取り組み方など、言語学者としての彼らの思想と結びつけながら述べる。第3章、第4章、第5章は、編集部の公文書及び未公刊の著作を資料とした本書の中心となる部分である。

第6章は、*DOST*の作成を取り巻く社会的側面を考察する。*DOST*の編集部がどのように運営されてきたのかについて、スコットランド行政府 (Scottish Executive)、スコットランド芸術審議会 (Scottish Arts Council) などによる助成の状況を考察する。また、スコットランドの言語政策に言及しながら、特に1980年代以降顕著になってきたスコッツ語に関する動きを中心に述べる。それぞれの動きの主体となっているものは何か、何を目的とし、どのような成果を収めているのか分析する。

終章では、*DOST*の成立を通して、スコッツ語が抱える諸問題が何らかの打開策を見出せるのか、その可能性を検討する。もともと*DOST*の計画は学術的な目的意識に端を発するものだが、これほど壮大な辞

書の作成が、その言語の状況に全く変化を及ぼさないとは考えにくい。*DOST*完成後の新たな取り組みについて述べると共に、スコッツ語とスコティッシュ・アイデンティティーの関係を視野に入れながら、*DOST*の誕生の意義を考える。

最後に、主要な用語の表記について述べておく。前述のように、スコッツ語が「言語」か、英語の「方言」かという問題については諸説ある。"Scots"に対応する日本語訳としては「スコットランド語」「スコットランド方言」「スコットランド英語」などがあるが、本書では「スコッツ語」とした。これは、"Scots"に言及する際に多く用いられる"Scots language"という形を尊重するためである。"Scots language"を「スコットランド語」と表記すると、スコットランド・ゲール語や、「スコットランドで話される三つの言語（英語、スコットランド・ゲール語、スコッツ語）の総称」と混同する可能性があるので、"Scots"という原音をそのまま残して「スコッツ語」と表記した。本書で言及するスコッツ語辞書の題名でもスコッツ語を指す名称は統一されていないが、原則として日本語の表記も原題に従った。また、本書では多くの場合、「英語」を「スコッツ語」と対比される「イングランド語」の諸変種を指すものとして用いた。

注

[1] Sir Winston Churchill, "The United States of Europe" (1930), Churchill Papers, CHAR 8/279, Churchill Archives Centre.
[2] The General Register Office For Scotland, *The GRO(S) Census 2001*.

[3] The General Register Office For Scotland, *A Report on the Scots Language Research Carried Out by The GRO(S) in 1996* (Edinburgh: The General Register Office For Scotland).
[4] A. J. Aitken, "Is Scots a Language?", *English Today*, No. 3 (July, 1985), p. 42.
[5] Michael Hechter, *Internal Colonialism: The Celtic Fringe in British National Development, 1536–1966* (London: Routledge & Kegan Paul, 1975).

[6] A. J. Aitken, "The Period Dictionaries", Robert Burchfield, ed., *Studies in Lexicography* (New York: Oxford UP, 1987), p. 95. より作成。

[7] James A. H. Murray, ed., *A New English Dictionary on Historical Principles*, vol. I (Oxford: The Clarendon Press, 1888), p. vi.

[8] R. Merkin, "The historical/academic dictionary", R. R. K. Hartmann, ed. *Lexicography: Principles and Practice* (London: Academic Press, 1983), p. 123.

[9] R. Merkin, "The historical/academic dictionary", p. 124.

[10] A. J. Aitken, "Scots", Tom McArthur, ed.,*The Oxford Companion to the English Language* (Oxford: Oxford UP, 1992), p. 899.

[11] Sidney I. Landau, *Dictionaries: The Art and Craft of Lexicography*, 2nd ed. (Cambridge: Cambridge UP, 2001), p. 354.

[12] Christian J. Kay and Margaret A. Mackay, eds., *Perspectives on the Older Scottish Tongue* (Edinburgh: Edinburgh U. P., 2005)、Iseabail Macleod and J. Derrick McClure, eds., *Scotland in Definition: A History of Scottish Dictionaries* (Edinburgh: Birlinn Ltd., 2012) など。

第1章
スコッツ語ということばについて

第1節
スコッツ語の歴史

　スコッツ語は年代の上で、1700年以前の古スコッツ語 (Older Scots) と1700年以降の近代スコッツ語 (Modern Scots) とに区分される。古スコッツ語は、文献前スコッツ語 (Pre-literary Scots, 1100–1375)、初期スコッツ語 (Early Scots, 1375–1450)、中期スコッツ語 (Middle Scots, 1450–1700) に分けられる。中期スコッツ語は更に、前中期スコッツ語 (Early Middle Scots, 1450–1550) と後中期スコッツ語 (Late Middle Scots, 1550–1700) とに分けられる (図2を参照)。

図2　スコッツ語の時代区分 [1]

古スコッツ語 (Older Scots) －文献前スコッツ語 (Pre-literary Scots) 1100–1375年
　　　　　　　　　　　　　－初期スコッツ語 (Early Scots) 1375–1450年
　　　　　　　　　　　　　－中期スコッツ語 (Middle Scots) 1450–1700年
　　　　　　　　　　　　　　　－前中期スコッツ語 (Early Middle Scots) 1450–1550年
　　　　　　　　　　　　　　　－後中期スコッツ語 (Late Middle Scots) 1550–1700年
近代スコッツ語 (Modern Scots) 1700年以降

1.1　スコットランド王国のナショナル・ランゲージとして
　　　―初期スコッツ語

　中世以前のスコットランドの言語状況を概観してみよう。スコットランド王国が独立国家として機能していた時代は、古スコッツ語がナショ

ナル・ランゲージ (national language) として機能していた時代と重なり合う。古スコッツ語がナショナル・ランゲージとしてどのように用いられていたのか捉えようとすると、自ずとスコットランド王国の姿にも目を向けることになる。

　ブリテン島の大半を支配していたアングロ・サクソン人のことばは、四つの地域変種に分類される。それらのうち、北部で話されていたノーサンブリア方言 (Northumbrian) がスコッツ語の素地となる。7世紀頃、ノーサンブリア方言を話すアングル人が、現在のスコットランド南東部に北上してきた。当時は、統一して王国を築いたピクト人とスコット人のゲール語が優勢であり、ノーサンブリア方言の及ぶ範囲は、アングル人の領域であるロージアン (Lothian) に限られていた。9世紀、イングランド北部は「デーン法地域」(the Danelaw) としてデーン人の支配下に置かれたため、そのことばもスカンディナヴィア諸語の影響を受けた。1018年にアングル人はスコットランド国王に征服され、ノーサンブリア方言の話される区域が正式にスコットランドに含まれることとなった。イングランドでノルマン人による統治が始まると、イングランド北部のアングロ・サクソン人はその支配を逃れてスコットランドへ移動してきた。時の国王マルカム3世 (Malcolm III, 在位 1058-1093) の妃もその一人であり、アングロ・サクソン人のことばは王室内でも使用されるようになった。

　スコットランドのノルマン化政策として各地に自治都市 (burgh) が創設されると、商売や訴訟のためにスコットランド内外から多くの人々が訪れた。スコットランドはヨーロッパの一王国として成長し、ネーデルラントや北欧諸国、同盟関係にあったフランスなどとの親交を深めた。その交易の中で、ノーサンブリア方言、フランス語、スカンディナヴィア諸語、オランダ語、ラテン語などの要素を取り入れた混種語 (hybrid language) が形成された。これが「イングリス」(Inglis)、後にスコッツ語と呼ばれることばの原型となる。

　スコットランドの大半の人々は依然としてゲール語を話していた

が、自治都市で発達したスコッツ語は、ローランド一帯を中心に次第に浸透していった。アバディーンの聖職者であり、国王の庇護を受けた国民的詩人バーバー (John Barbour, ?1320-1395) の『ブルース』(The Bruce, 1375) は、スコッツ語文学の幕開けとされる壮大な叙事詩である。イングランドからの独立を果たしたロバート1世 (Robert I, 在位 1306-1329) すなわちロバート・ドゥ・ブルース (Robert de Bruce) の武勇伝が、ゲール語ではなくスコッツ語で書かれたことは非常に象徴的と言えよう。当時、書物を読むことができたのは社会階層のごく一部であり、彼らが作品を物語る対象も上流階級の人々に限られていた。『ブルース』は聴衆を楽しませる作品であると同時に、史実に基づいた「啓蒙的な」("instructive")[2] 作品の要素も持ち合わせていた。このようにスコッツ語は、後世に歴史を伝える役割を担えるほど成熟したことばとなっていた。

　14世紀の言語接触に関して言えば、中英語の北部方言にはスカンディナヴィア諸語の影響がより強く見られるのに対し、スコッツ語にはゲール語の影響があまり見られない[3]。その後、スコッツ語が書きことばとして確立されると、中英語の北部方言との違いは更に顕著となる。エディンバラが行政の中枢となる15世紀には、ローランドの重要性が政治的にも文化的にも増していった。ラテン語が使用されていた議会の法令は、スコッツ語で記録されるようになった。次に引用するのは、ジェイムズ1世 (James I, 在位 1406-1437) の治世における1424年の議会法の一節である。以下、引用文中の [　] 内には参考までに現代英語で相当する語を補った。

> In the first to the honour of god and halikirk [holy church] that the halikirk and the ministeris of it Joise and bruk [enjoy] thar [their] aulde [old] priviledgis and fredomys [freedoms] and that na [no] man let thame [them] to set thar landis and teyndis [teinds; tithes] under all payne [pain] that may folowe [follow] be spirituale law or temporall.[4]

聖なる教会とその聖職者たちが昔からの特権と自由を享受すること、そして教会法または世俗の法律に従うあらゆる刑罰の下に、何人もその者らに土地税と十分の一税を課さないことは、何よりもまず神と聖なる教会の名誉に帰する。

自治都市におけるリンガ・フランカ (lingua franca) としてだけでなく、立法・行政言語として使用域を拡大していったスコッツ語は、スコットランド王国のナショナル・ランゲージとも言うべき地位を確立していく。

1.2 文芸復興の萌芽―前中期スコッツ語

　スコッツ語文学を代表する『王の書』(*The King's Quair*) が執筆されたのは、上掲の議会法と同時期であると言われる。語句を例示するために、『王の書』の冒頭部の一節を引用する。

> With mony [many] a noble resoun [reason], as him likit,
> Enditing in his fair Latyne tong,
> So full of fruyte [fruit] and rethorikly [rethorically] pykit [adorned],
> Quhich [which] to declare my scole [skull] is ouer [too] yong [immature]; [5]
>
> 　　　　　　　　　　　　　　　　　　　　　　　(ll. 43-46)

> 多くの崇高な理由から、その方は好んでそうするのだが、
> 見事なラテン語で書き記しており、
> 大いに含蓄に富み、美辞麗句で飾り立てた表現なので、
> 私の頭脳はあまりにも未熟であると白状しなければならないほどである。

この詩の作者とされるジェイムズ1世は、彼以前の国王が発した法令をラテン語からスコッツ語に翻訳させた。また、臣民に対する立法手続

きの多くがスコッツ語を通して伝達された。これによって、ゲール語が使用される区域は更にハイランドへと後退した。文芸、絵画、音楽、建築など多方面にわたる文化活動を支援したジェイムズ3世 (James III, 在位 1460–1488) 及びジェイムズ4世 (James IV, 在位 1488–1513) のもとで、宮廷詩人たちはスコッツ語文学の黄金時代を築き上げた。ロバート・ヘンリソン (Robert Henryson, *c.*1424–*c.*1506)、ウィリアム・ダンバー (William Dunbar, *c.*1456–*c.*1513)、ギャヴィン・ダグラス (Gavin Douglas, *c.*1475–1522) らはその代表的な存在である。彼らは、14世紀後半にロンドンを中心に活躍したチョーサー (Geoffrey Chaucer, *c.*1340–1400) の作風を模倣して、この「英詩の父」の支流に与しようとした。中期スコッツ語の詩人たち「マッカーズ」(makars) が、「スコットランドのチョーサー派」(the Scottish Chaucerians) と呼ばれる所以である。彼らの特徴をいくつか挙げてみよう。

『王の書』に用いられた脚韻は帝王韻 (rhyme royal)[6] と名づけられているが、もとはチョーサーが用いたことからチョーサー連 (Chaucerian stanza) とも言われる。この韻で書かれたチョーサーの『トロイルスとクリセイデ』(*Troilus and Criseyde*, *c.*1385) は、ヘンリソンが『クレセイデの遺言』(*The Testament of Cresseid*, *c.*1460) を生み出す源となった。『クレセイデの遺言』にも同じ脚韻が用いられている。

> His face frosnit[7], his lyre [complexion] was lyke the Leid [lead];
> His teith [teeth] chatterit, and cheuerit [shivered] with the Chin;
> His Ene [eyes] drowpit, how [hollow] sonkin [sink] in his heid [head];
> Out of his Nois [nose] the Meldrop [muscus] fast can rin [run];
> With lippis bla [blue], and cheikis [cheeks] leine and thin;
> The Ice-schoklis [icicles] that fra [from] his hair doun hang
> Was wonder [wondrous] greit, and as ane speir [spear] als [as] lang [long].[8]
>
> (ll. 55–61)

その顔はしわくちゃで、顔色は鉛のようだった。
　歯はガチガチ鳴り、顎は震えていた。
　目は垂れ下がり、深く落ちくぼんでいた。
　鼻からは鼻水がさかんに流れ出ていた。
　唇は真っ青で、頬はこけていた。
　髪の毛から垂れ下がった氷柱は、
　驚くほど大きくて、槍と同じくらい長かった。

この詩が長年チョーサーの作とされてきたことは、ヘンリソンがチョーサーから受けた影響の大きさを物語っている。

　詩の形式だけでなく、チョーサーと「マッカーズ」には使用する語にも共通する点がある。「マッカーズ」の作品には、チョーサーが操ったようなラテン語起源の壮麗な単語が散りばめられている。上掲の『クレセイデの遺言』の引用に先立つ連には、"power"、"generabill"、"reull"、"Influence"といったロマンス語系の語が見られる。知識人たちが外来語によって英語の豊かな語彙の形成を促した中英語期、上流階級の人々には、土着語(vernacular)である英語をラテン語やフランス語などと比べて教養のない下品なことばと捉える傾向があった。

　1484年に『カンタベリー物語』(*The Canterbury Tales*, 1387–1389)の第2版を出版したウィリアム・キャクストン(William Caxton, *c*.1422–1491)は、その序詞に、ロマンス語系の借用語によって「苦心して英語を飾り立て、絢爛豪華に美しくした」[9]チョーサーへの賛辞を寄せている。「マッカーズ」が土着語に対するこうした態度に感化されたことは、心に留めておかなければならない。彼らは、文学の言語としてスコッツ語の社会的地位を高める一方で、スコッツ語に「下品で耳障りなことば」、「洗練されていない粗野なことば」(p. 4)[10]という言語外の価値観を貼りつけたのである。スコッツ語の文学が花開いた時期に、スコッツ語は同時に社会的地位を低下させる前兆を抱えていた。スコッツ語にとって中世は、正に「よき時代でもあり悪しき時代」でもあった。

1.3 衰退の兆しとその原因—後中期スコッツ語

　スコッツ語の文学に金字塔を残した詩人たちが、イングランドの先人を師と仰いだためだろうか。不思議なことに、ローランドのことばがナショナル・ランゲージとみなされるようになってからも「イングリス」という名称はなくならなかった。イングランドを敵視していたにもかかわらず、スコットランドでは、独自性の象徴となるべきことばが隣国を思わせる名称で呼ばれつづけた。

　もともと "Scoti" とは、ゲール語を話す人々を意味した。それがスコットランド王国を示す形容詞として用いられるようになり、やがて王国の中心となるローランドのことばを指すに至った。このように入り組んだ起源を持つ語がローランドのことばに用いられたのは、1494 年の文献が最初とされている。"Inglis" と "Scottis" についての本格的な論述が現れるのは、16 世紀まで待たねばならない。

　1513 年、ウェルギリウス (Virgil) の『アエネイス』(The Aeneid, c. 29–19 B.C.) をラテン語からスコッツ語に翻訳したダグラスは、"Scottis" が "Inglis" とは別個の言語であると認識していた (p.7)。彼はかつてイングランドを訪れた経験から、境界の南側では自分の話すことばを理解できる人がほとんどいないということを知っていたのである (p.15)。印刷が標準的な書きことばを広めた後も、話しことばは地域変種の影響をはるかに受けやすかった。ダグラスは、スコッツ語が「いなか風の粗野で下品なことば」(p.4) であると認めた上で、それでもなお「イングランドのことば」("sudroun") ではなく平明なスコッツ語で書くことを主張している。そしてスコッツ語では言い換えのできない単語については、ラテン語、フランス語、そして "Inglis" を用いると述べている。

　　And that I suld [should], to mak [make] it braid [broad] and plane [plain],
　　Kepand [keeping] na [no] sudroun [southern] bot [but] our awin

[own] langage,

And speikis [speak] as I lernit [learned] quhen [when] I was page.

Nor it [yet] sa [so] clene [completely] all sudroun I refuse,

Bot sum [some] word I pronunce as nychtbour [neighbour] doise [do];

Lyk as in Latyne bene Grew [Greek] termes sum,

So me behuvit [behoved] quhilum [sometimes], or than be dum [dumb],

Sum bastard Latyne, Frensch, or Inglis oiss [use],

Quhar [where] scant [scarce] war [was] Scottis I had na wther [other] choiss [choice].

(pp. 6-7)

明白なわかりやすいことば遣いにするために、私は南部のことば［イングランド語］ではなく、我々自身の言語を守らなければならないし、宮廷見習いの頃に習ったような話し方をしなければならない。しかし、完全に南部のことば［イングランド語］の使用を拒むわけではなく、中にはイングランド人が発音するように私が発音する語もある。ラテン語やギリシア語の語もある。そうしなければ、ことばに詰まってしまうので、時折そうしなければならなかったのである。スコッツ語で選択すべき語がない場合は、類似するラテン語やフランス語やイングランド語を用いた。

学術言語のラテン語に対する土着語への認識が高まる一方で、"Inglis" と "Scottis" という名称は混在した。リンジー (Sir David Lindsay, 1486-1555) の『三身分の愉快な諷刺劇』(*Ane Pleasant Satyre of the Thrie Estaitis*) が上演された1540年になっても、これらの名称をめぐる曖昧さは消えなかった。この作品は、当時のカトリック教会の腐敗を辛辣

に攻撃したものである。劇中、国民を啓発させるのに用いるスコッツ語を指して "Inglisch toung"（"English tongue"）と言及する場面が出てくるが[11]、これがラテン語ではなく大衆の言語を意図しているのは明らかである。またリンジーは、ダグラスの表現の豊かさを称えた一節で、ダグラスのことばを「我らがイングリス」（"our Inglis"）と記している[12]。これはダグラスの死後に献じられたものだが、ダグラス自身は生前、『アエネイス』の序詞に「スコットランド国民の言語」（"the language of Scottis natioun", p.6）で翻訳することを宣言している。

　このような文芸作品を普及させる媒体となった印刷術も、スコッツ語にとって不利となった。スコットランドに先駆けて1476年にウェストミンスターで活版印刷を開始したキャクストンは、後にダグラスがスコッツ語で訳すことになる『アエネイス』を中英語に翻訳した。但しキャクストンが依拠したのはラテン語原本ではなく、パラフレーズされたフランス語版であった。ダグラスは、原作に対する忠実さが見られないとしてキャクストンの翻訳を批判しているが、キャクストン自身を大いに悩ませたのはテクストの選択というよりも、印刷時の綴り字の選択であった。彼が序詞で述べているように、地域によって発音の違いに幅があった上、当時は綴り字も確立されていなかったからである[13]。苦心の末にキャクストンが採用した綴り字は、印刷を通して多数の人々の目に触れることになり、綴り字の固定化に重要な役割を果たすことになった。スコットランドにも1507年に印刷機が導入されたが、既に綴り字の問題を解決しつつあったイングランドの先例に倣い、スコットランドではイングランド式の綴り字で印刷された。イングランドに約30年もの遅れをとったことで、スコッツ語は印刷による普及を妨げられた。

　マカフィー（Caroline Macafee）とオベイオル（Colm Ó Baoill）は、16世紀以降、スコッツ語の書きことばが「標準英語」として一つにまとまりはじめる過程を「英語化／イングランド化」（"Anglicization"）と呼んでいる。そして、より適切な表現として、「ケルト諸語とその文化を犠牲にしたアングル人のことば（スコッツ語も含む）の進歩」、または「再標

準化」と言い換えている[14]。デヴィット (Amy Devitt) も「英語化」を「言語の標準化の一例」("a case of linguistic standardization")[15] と捉え、言語の標準化について考える際には、画一的な言語の使用に向かう実際の言語変化と、その言語の「正しい」用法を定めようとするイデオロギーの両方を問題にしなければならないと述べている[16] (第5章参照)。

　スコットランド史において1560年は重要な鍵となる。16世紀の中葉、リンジーが諷刺劇の題材に取り上げたように、スコットランドのカトリック教会は人々に救済を与える役割を充分に果たし得なくなっていた。1543年、メアリー女王 (Mary, 在位1542-1567) が即位して間もないスコットランドでは、土着語の聖書の使用を定める法令が出された[17]。この法令で「大衆の言語」("vulgar toung") と位置づけられているのは、"Inglis" すなわち "Scottis" である。しかしプロテスタント弾圧を避けて国外に逃れていたジョン・ノックス (John Knox, *c.*1513-1572) が帰国すると、彼を支持する政治家たちはカトリックのメアリー側についたフランスと同盟関係を絶ち、プロテスタント国家イングランドとの密接な関係を求めた。ノックスたちはウィリアム・ティンダル (William Tyndale, *c.*1494-1536) が英訳した新約聖書を使用し、その後、改革者たちによる英訳の『ジュネーヴ聖書』(*The Geneva Bible*) の新約聖書が1557年に、旧約聖書が1560年に出版された。1579年には、スコットランドのある一定の資産階級の家庭に「俗語の聖書と讃美歌集」[18] を所有するべしという法令が出された。イングランドの書きことばは、スコットランドでは印刷を通して既になじみのあるものであった。スコットランドの人々が活字に触れる機会が増える度に、イングランドのことばは彼らにとって理解しやすくなっていったのである[19]。スコットランド以外の地域で、土着語による聖書の翻訳や説教が人々の識字能力に寄与した[20] ことを考えると、スコッツ語聖書の不在は致命的であった。スコットランドの宗教改革は、スコッツ語の社会的地位を衰退させる直接の原因にならないまでも、結果として英語の浸透を招いた要因の一つに数えられるだろう。

1.4 "King's Scots"から"King's English"へ—近代スコッツ語への過渡期

　オランダの歴史家ホイジンガ (Johan Huizinga, 1872-1945) が『中世の秋』(*Herfsttij der Middeleeuwen*, 1919) で描いたネーデルラントは、14-15世紀のスコットランドの主要な交易相手であった。スコットランドにとって、そしてスコッツ語にとっての中世という時代を考える時、「秋」という語の持つ両義性が思い起こされる。ホイジンガ自身による英訳の書名では、「秋」に相当する語が「衰退」を意味する"waning"で表されている (*The Waning of the Middle Ages*)。初版の序文には、「この書物は、十四、五世紀を、ルネサンスの告知とはみず、中世の終末とみようとする試みである」[21] と記されている。古スコッツ語の終焉は、正にこの時代に訪れた。彼が「秋」という語で表現したのは、中世文化が「その生涯の最後の時を生き、あたかも思うがままに伸びひろがり終えた木のごとく、たわわにみのらせた」[22] 季節であった。その頃、スコットランドは政治的にも文化的にも成熟し、スコッツ語もまた広範な使用域を持つ言語として豊穣の時を迎えていた。しかし、スコットランド王と宮廷詩人たちがエディンバラを去った後、スコットランドもスコッツ語も社会的地位の低下を免れなかった。スコッツ語にとって中世とは、近代以降の忍耐の冬を暗示する「秋」でもあった。

　1603年、スコットランド国王ジェイムズ6世 (James VI, 在位 1567-1625) は、ジェイムズ1世 (James I, 在位 1603-1625) としてエリザベス1世 (Elizabeth I, 在位 1558-1603) 亡き後のイングランド王位を引き継いだ。国王と共に宮廷詩人たちもロンドンへ移り、スコッツ語の文学はその大きな拠り所を失った。ヘンダーソン (T. F. Henderson) は、1603年「以前」と「以後」のジェイムズの著作を並べて、そのことば遣いの違いに注目している[23]。それまでジェイムズは詩よりもむしろ散文にスコッツ語を用いていたが[24]、1604年に書かれた『反タバコ論』(*The Counterblast to Tobacco*) の一節は、彼の筆がすっかりイングランド化したことを垣間見せている。ロメイン (Suzanne Romaine) も、ジェイ

ムズの『バジリコン・ドロン』(*Basilicon Doron*) について同様の比較を行っている[25]。1598年当初の原稿はスコッツ語で書かれていたが、翌年印刷されるにあたり、多くの語彙が英語に置き換えられた。更に読者数の拡大を意図した1603年の改訂版は、ほとんど英語の文章と化している。

またジェイムズは、枢密院に対して行った1604年の宣言の中で、スコットランドとイングランドの連合のための要因を列挙した。その一つとして国民が同じ言語を用いる「言語の同一性」("ydentie of language")[26] も挙げられている。彼は『欽定訳聖書』(*The Authorized Version*, 1611) の作成を命じ、スコッツ語は聖書から更に遠のいた (第3章第4.3節参照)。無論、ジェイムズ一人が率先して英語の導入を奨励したわけではない。スコッツ語に対するこのような態度は、同時代のスコットランドにおける言語観を反映するものとして捉えるべきであろう。敵対心を抱きながらも、スコットランドの人々がイングランドに向けてきた羨望のまなざしは、これまで述べてきたような諸要因と結びついて次第に熱を帯びていった。

イングランドとの合邦を経て、スコットランドは啓蒙期 (the Scottish Enlightenment)[27] を迎える。エディンバラが「北のアテネ」の異名を誇った18世紀、知識人の多くは、かつてダグラスが嘆いたように、粗野で下品なスコッツ語を必死に払拭しようとした。しかし、スコッツ語が最も輝いていた頃の文学の伝統を見直そうという動きもあった。この時期に『アエネイス』や、盲目のハリー (Blind Harry, *fl. c.*1450–1492) 作の愛国精神に満ちた『ウォレス』(*Wallace*, *c.*1470) など珠玉の名作が次々と再編纂され、世に送り出された。

政治的な観点から王位統一を「幸せな統合」と見ることの是非はともかく、これ以降、スコッツ語の行く末は漆黒の闇に包まれてしまったかのようであった。イングランド国王として即位した直後から、ジェイムズ1世はスコットランドとイングランドとのより堅固な関係を強調した。ジェイムズの助言者であったフランシス・ベイコン (Francis Bacon,

1561-1626) は、方言 (dialect) の存在を認めながらも両王国のことばを同一視し、その違いは微々たるものであると主張した[28]。ベイコンが活躍した初期近代英語期 (Early Modern English, *c.*1500-*c.*1700) は、学術言語であったラテン語が、土着語である英語に凌駕されていく過渡期であった。外国の読者を対象にした作品や学術的な著作を除いて、英語は書きことばとして定着していく。ベイコンのようにラテン語を操る知識人にしてみれば、英語もスコッツ語も庶民が口にする土着語であるという点で違いはなかった[29]。両者が別々に存続するよりも、一言語として豊かになっていくことを予見したベイコンは、言語を一つの共通項として、両王国の分かち難い結合を進言したのである。ジェイムズもそれを受け入れ、両王国の「言語の同一性」は国王に公認されるところとなった。

　当時のスコッツ語の書きことばはどのような特徴を示していたのだろうか。1609年に出された法令の文言には、否定辞 "na" (no)、不定冠詞 "ane"、語頭の "quh-" (wh-)、過去／過去分詞形の語尾 "-it" (-ed)、"ony" (any) などが見られる。

　　...that na man be sufferit [safe] to remaine or haif [have] residence within ony of thair boundis of the saidis Iles without ane speciall revenew and rent to leive [live] upoun, or at the leist ane sufficient calling and craft quhairby [whereby] to be sustenit [sustained]. [30]

　　　　　　　　　　　　　　　　　　　　　　("1609 Statutes of Iona")

　何人も、一定の収入及び生活するための地代なくしては、更に正確に言えば、充分に能力を生かすことができる生業及び確かな技能なくしては、アイオナ島の域内に安全に滞在または居住することはできない。

このほか、三人称単数を主語とする動詞の現在形の語尾 "-is"、"mony"

(many)、"bot" (but) なども頻出する特徴として挙げられるが、このようなスコッツ語の特徴は次第に英語の書きことばの慣用に同化していった。また、上記の法令によってアイオナのジェントリ及びヨーマンの長子がローランドで教育を受け、"Inglische" を習得するよう定められたことも、エリートの育成と優勢言語との結びつきを象徴している。こうして時の権力者に受け入れられ、読み書き能力を持つ人々の目になじんだ英語は、スコットランド啓蒙期に一層堅実な社会的地位を築いていく。

1.5　知識人たちのジレンマ―スコットランド啓蒙期の言語状況

　1707 年、スコットランドはイングランドとの議会の合同に踏み切った。法律・教会・教育の諸制度には独自の体系が保たれたものの、スコットランドはイングランドの包括的な影響を免れ得なかった。しかし、アダム・スミス (Adam Smith, 1723–1790) やディヴィッド・ヒューム (David Hume, 1711–1776) に代表される知識人たちがエディンバラを舞台に華々しく活躍し、洗練された都市文化をスコットランド内外に発信するようになると、イングランドに劣等感を募らせていた状況に新しい風が吹きはじめる。様々な学問領域における彼らの躍進はスコットランドの威信を高め、それが地域共同体の自信の回復にもつながった。しかし、スコットランドの地位向上に貢献した知識人たちは、スコッツ語を輝かしい進歩の象徴とはみなさなかった。15 世紀にスコッツ語を明々と照らし出していた光は、今や風前の灯と化していた。

　その頃イングランドでは、印刷術の普及や、読み書き能力を持つ中産階級の台頭を目にした知識人たちが、社会の変化に伴う英語の多様化を「乱れ」と捉えて懸念を抱いていた。彼らは、フランスやイタリアで辞書編纂やアカデミー設立が進められているのを知り、同様に英語の純正論を唱えた。彼らの議論は、綴り字の固定化に貢献したサミュエル・ジョンソン (Samuel Johnson, 1709–1784) の『英語辞典』(*A Dictionary of the English Language*, 1755) や、規範文法が確立される足掛かりとなった

ロバート・ラウス (Robert Lowth, 1710-1787) の『註解付き英語文法入門』(*A Short Introduction to English Grammar with Critical Notes*, 1762) などによって具現していった。このように、国際語であるラテン語に対して土着語を見直し、標準化しようとする気運は急速に高まりつつあった。

　幸か不幸か、スコッツ語がこうした規範化の対象となり、その議論が独自に展開していく動きは見られなかった。スコットランドの知識人たちは、英語を駆使することでイングランド人と対等に渡りあおうとしたのである。当時、特にエディンバラには知識人たちの集うクラブがいくつも設立され、それぞれの関心領域に合ったクラブが自己啓発や情報交換の場となっていた。中でも、フランスのアカデミーを模した「選良協会」(Select Society) には錚々たる人物が名を連ね、幅広い主題を論じていた。18世紀中頃までに、スコットランドの都市部や大学では英語が上品なことばと目されており、このクラブの会員も英語の正しい話し方に強い関心を寄せていた。演説法 (elocution) を身につけるために、彼らが舞台俳優のトマス・シェリダン (Thomas Sheridan, 1719-1788) を講師として招いたことは有名である。シェリダンは、英語の標準形を確立するためにアカデミーの必要性を説いたジョナサン・スウィフト (Jonathan Swift, 1667-1745) の指導を受けていた。

　英語の習得に努めた人々の中には、スミスが師と仰いだケイムズ卿 (Lord Kames, 1696-1782) や、長年にわたってエディンバラ大学の総長を務めた歴史学者のウィリアム・ロバートソン (William Robertson, 1721-1793) の姿もあった。ヒュームがそうした英語礼賛者の一人であったことはよく知られているが、彼は自分のことばにスコッツ語の慣用が出るのを気にするばかりではなく、他人のスコッツ語にも敏感に反応した。著書を出版した知人に早速手紙を書き、知人がその本の中で用いたスコッツ語の言い回しをページ数と共に指摘するほどであった[31]。

　自らのスコッツ語を恥じたのは、文筆を生業とする知識人ばかりではなかった。品性を重んじる女性にとっても、スコッツ語を話すことは自慢にならなかった。文豪ウォルター・スコット (Sir Walter Scott,

1771-1832) がボーダーズ地方 (the Borders) のバラッドを採録していた時にインフォーマントとなったブラウン夫人 (Mrs Brown of Falkland; Anna Gordon, 1747-1810) は、典型的な知識人階級の女性であった。アバディーン大学の教授を父とし、幼少から豊かな教養を身につけてきた彼女は、母やおばが歌うバラッドを聞いて育った。後にスコットが『スコットランド・ボーダー地方民謡集』(*Minstrelsy of the Scottish Border*, 1802) を刊行した時、協力者として自分の名前が記されているのを見た夫人は大変立腹し、無断で自分の名前を公表したことに激しく抗議したという[32]。夫人の怒りは、記念すべきスコットのデビュー作への貢献よりも、スコッツ語を知っていることを恥じる気持ちの方がはるかに勝っていたことを表している。

しかし、こうした言語態度によってスコットランドへの愛郷心が放棄されたとするのは速断に過ぎる。ここでの愛郷心とは、直ちにイングランドへの敵対心に結びつくというよりも、スコットランドの独自性への執着から生ずるものと言えよう。次の例は、彼らの愛郷心がスコッツ語と共鳴する様を如実に物語っている。「選良協会」では度々演説会が催されていたが、ある時彼らはイングランド人から、「英語の話し方を習ったらいかがですか、それを書くことはもう習得なさっているのですから」[33] と皮肉を浴びせられた。雄弁な講演者の話はまるで外国語のように聞こえたので、一言も理解できなかったと言われたのである。英語で学術論文を書き、イングランド人の好敵手を自負していたスコットランドの知識人にとって、これは拭い去ることのできない屈辱であった。スミスをはじめ会員たちはこのことばに発奮し、早速クラブの名称に「スコットランドにおいて英語を読み、話すことを奨励するための」("for Promoting the Reading and Speaking the English Language in Scotland") という一節を冠するに至った。しかし、こうした「言語改革のささやかな運動」は実際には「見事な失敗」に終わり、会の消滅をもたらす発端となった。なぜなら、その運動の趣旨は会員の上昇志向と合致する一方で、スコットランド人としての「虚栄心」を少なからず傷つけ

ることになったからである。境界線の南側に迎合するかのような活動は大いに非難され、名士の集まりとされた「選良協会」への評価も下降の一途を辿った。

　話し手が状況に応じて使用する言語変種を選択する場合、それを決定するのは話し手の動機によるところが大きい。スコットランドの知識人たちは、権力や社会的地位を誇示する際には高位の言語変種である英語を進んで用い、連帯感を共有する場面では低位の言語変種であるスコッツ語を用いて、互いの帰属意識を確認しあった。政治的にはイングランド化を容認せざるを得なかったスコットランド人が、地域共同体の独自性を表明しようとする際に拠り所としたものこそ、スコッツ語であった。こうした言語変種の使い分けは、「権力」を伴う言語に乗り換えるか、「団結心」を表す言語の使用を貫き通すか、しばしば複数の言語の併用者が葛藤を覚える要因となりうる。英語によって社会階層の上昇を果たそうとした人々の中には、内輪の社交の場でスコッツ語のバラッドを口ずさみ、ジレンマに陥る者もいた。そのジレンマは彼らの心にしこりを残し、やがて土着語の文学が再評価される素地を整えることになる。

1.6 「常緑」の古スコッツ語文学への回帰

　英語によって知識人が啓蒙期を先導していく一方で、それとは異なる方向でスコットランドのナショナリズムを盛り上げる動きも現われた。同胞の自尊心を鼓舞する手段として、スコッツ語に着目した人々の登場である。彼らがスコッツ語の詩作に効果的に用いたのは、「スタンダード・ハビー・スタンザ」(Standard Habbie Stanza) と呼ばれるスタンザであった。このスタンザは、3行目と5行目、及び短い4行目と6行目が韻を踏み、前者は弱強四歩格、後者は弱強二歩格となる詩形である。17世紀中頃の作とされる「ハビー・シムソンの生涯と死」("The Life and Death of Habbie Simson, the Piper of Kilbarchan") が、この詩形の名の由来である。

> At clerk-plays, when he wont to come,
> His Pipe played trimly to the drum;
> Like bykes [hives] of bees he gart [made] it bum [buzz],
> 　And tuned his reed:
> Now all our pipers may sing dumb
> 　Sin' Habbie's dead. [34]
>
> 　　("The Life and Death of Habbie Simson, the Piper of Kilbarchan", ll. 31-36)

> 舞台にハビーが参上すれば、
> うまくドラムに合わせてバグパイプを吹く。
> 巣箱の蜂のようにぶんぶん鳴らし、
> 　リードの音を響かせたものだった。
> ここのバグパイパーたちは皆、吹くのをやめてしまうだろう、
> 　ハビーが死んだ今となっては。

　作者のロバート・センピル (Robert Sempill of Beltrees, c.1595-c.1660) が、スコッツ語を交えて土着の自然をうたう牧歌的な詩を書いた時代は、スコッツ語にとって「どん底」("the nadir") [35] の時代であった。啓蒙の時代にスコッツ語で創作活動を行った人々は「スタンダード・ハビー・スタンザ」を好んで用い、スコッツ語を「どん底」から引き上げる担い手となった。

　土着語の詩の旗手として最初に名乗りを上げたのはアラン・ラムジー (Allan Ramsay, 1686-1758) である。スコットランド南部のラナークシャー (Lanarkshire) 出身のラムジーは、誇り高きジャコバイト (Jacobite) であった。カツラ職人を志して訪れたエディンバラで、彼は1707年の合邦に直面する。そこは、イングランド化の影響が最も著しく反映されたスコットランドの心臓部であった。早くから英語の古典を愛好し、同時代のイングランドの詩に親しんでいたラムジーは、有志と共に「18世紀初の文芸クラブ」と言われる「イージー・クラブ」(the Easy

Club) を創設した。ラムジーの作品は、このクラブを通じて広く知られるようになる。彼はイングランドの詩人の作風を模倣する一方で、スコッツ語の詩作にも意欲的に取り組んだ。特に喜劇調の諷刺詩を得意としたラムジーは、エディンバラの居酒屋の光景をスコッツ語で生き生きと描き出した。

 Auld Reekie, mourn in sable hue,
 Let fouth [abundance] o' tears dreep [drip] like May-dew:
 To braw tippeny [two-penny ale] bid adieu,
  Which we wi' greed
 Bended [drank] as fast as she could brew,
  But, ah! she's dead. [36]
  「マギー・ジョンストンへのエレジー」("Elegy on Maggie Johnston", ll. 1-6)

オールド・リーキーよ、喪服をまとって悼むがよい。
5月の露のような涙をたっぷり流すがよい。
うまい安物のエールで別れを告げよう、
 飲みっぷりがいい俺たちは、
彼女が注いでくれるそばから、どんどん飲んだものだった。
 だけど、ああ彼女は死んでしまった。

知識人たちから湧き立つ知性の香りと、庶民の靴音や商人の呼び声が響く雑踏のにおいが入り交じったエディンバラには、独特の生活臭が立ち込めていた。家屋から立ち上る煙で上空はかすみ、はるか遠方からも街の喧騒が窺えるほどであったという。そうした景観から、当時エディンバラの街は愛着を込めて「オールド・リーキー」("Auld Reikie") と呼ばれた。ラムジーの狙いは、この時期急速に薄れていったスコットランドの独自性をスコッツ語によって回復させるところにあった。中世の「マッカーズ」の作品を中心に編んだ詩選集『エヴァー・グリーン』(The

Ever Green, 1724) の序文に、ラムジーは次のような一節を掲げている。

> Their [good old Bards'] Poetry is the Product of *their own Country*.... Their Images are *native*, and their Landskips *domestick*; copied from those Fields and Meadows we every Day behold.[37]
>
> (Preface to *The Ever Green*)

古きよき詩人たちの詩は、彼ら自身の国が生み出したものである。(中略) 彼らの抱くイメージは土地に根ざしたものであり、彼らの描く風景はその国のものである。我々が日々、目にしている畑や牧草地を写し取ったものなのである。

自分たちが日々接している風景に、いにしえの詩人たちの描写を重ね合わせて、ラムジーはスコッツ語による連綿とした文学の伝統を印象づけようとした。ラムジーの試みは、度々コード切り替え (code-switching) を行っていた人々にも受け入れられ、彼自身も積極的にスコッツ語の詩を発表した。『エヴァー・グリーン』は、大衆的な歌謡を集めた『ティーテーブル雑録』(*The Tea-Table Miscellany*, 1724–1732) に続く詩選集であった。一足早く出版されて好評を博していた『ティーテーブル雑録』と同じく、『エヴァー・グリーン』にもラムジーの入念な編集の手が加えられた。懐古主義を生み出そうとしたラムジーは、これらの選集に註釈と用語解説を付けて読者の理解を助けた。これは、スコットランドの土着語の詩に付けられたものとしては最初の用語解説とされる。言い換えれば、当時のことばと古スコッツ語との間にはそれだけ大きな隔たりがあったということになる。こうした詩選集によって、英語に関心を寄せていた人々の注目が「古い写本の中に放置されていたすばらしい国民詩」[38] の数々に向けられるようになった。

ラムジーと共に「イージー・クラブ」の設立に携わったトマス・ラディマン (Thomas Ruddiman, 1674–1757) は、スコットランド国立図

書館 (National Library of Scotland) の前身に当たる弁護士図書館 (the Advocates' Library) の司書[39]を務めた人物であった。「カレドニアン・マーキュリー」紙 (The Caledonian Mercury) を発行し、社会問題の活発な議論の場を提供したラディマンは、合邦に反骨精神を抱くアバディーンシャー (Aberdeenshire) 出身の印刷業者であった[40]。ラムジーが古スコッツ語の詩を紹介したように、彼はダグラスによる『アエネイス』(前述) のスコッツ語訳 (Eneados, 1513 年完成、1553 年刊) を 1710 年に用語解説付きで出版した。ダグラスの翻訳はラテン語の名作の定訳として評価が高く、スコッツ語が健在であるという認識を広めるのにふさわしい作品であった。

エディンバラ生まれのロバート・ファーガソン (Robert Fergusson, 1750–1774) は、ラムジーと同様に土着語でスコットランド賛歌をうたい上げた詩人であった。ファーガソンは、「典型的なエディンバラの酒飲みクラブ」と言われる「ケープ・クラブ」(the Cape Club) の会員であった。鍛冶屋、床屋、法廷弁護士から文筆家まで様々な階層の人々が集まるクラブの酒宴で、ファーガソンが詠み上げる「スタンダード・ハビー・スタンザ」の詩は幅広い共感を集めた。ファーガソンの長編詩「オールド・リーキー」("Auld Reikie") には、全体を通してスコッツ語が用いられ、エディンバラの街並みが醸し出す多彩な表情を伝えている。但し、その構想はイングランドの詩人ジョン・ゲイ (John Gay, 1685–1732) がロンドンをうたった作品 ("Trivia, or the Art of Walking the Streets of London", 1716) を下地にしている。

ラムジーの「エディンバラが祖国に寄せることば」("Edinburgh's Address to the Country", 1718) は、首都の文芸から得られる知的な喜びを称揚し、その輝かしい未来を予言した作品である。しかし、こうした主題にもかかわらず、この詩にはスコッツ語の特徴がほとんど見出せない。ラムジーの詩には、発音・文法・語彙の面でスコッツ語の特徴が頻出する作品のほかに、スコッツ語として「有標」とみなされる要素が見られないものもあるが、「エディンバラが祖国に寄せることば」は後者の例に

挙げることができる。また、既に引用した「マギー・ジョンストンへのエレジー」("Elegy on Maggie Johnston")のようにスコッツ語の要素が濃厚な詩は、「スタンダード・ハビー・スタンザ」で書かれている場合が多いのに対して、「エディンバラが祖国に寄せることば」には、同時代のイングランドの詩を思わせる英雄対句（heroic couplet）が用いられている。

　このように、啓蒙の時代に著された近代スコッツ語の作品は、イングランドの詩を基にした主題にスコッツ語の慣用をわずかに加えて地方色を添えたに過ぎないと評されることもある。確かに、彼らが用いたスコッツ語独特の単語や言い回しの中には、一見して英語の相当語を連想しうる表現も含まれている。しかし、伝統を時代の流れに適応させつつ継承しようとした人々は、スコッツ語を顧みなくなっていた同胞だけではなく、「スコットランド人の愛国的な自尊心の根拠をイングランドの読者に知らしめるために」[41] こうした手法をとった。彼らの意図は、スコッツ語によってスコットランド的な情緒を感じさせながら、しかもスコッツ語に不案内な読者の理解を妨げないようにするというところにあった。彼らが時勢と折り合いをつけながら目指したものこそ、18世紀のスコッツ語の姿と言えるのである。

1.7　スコットランド啓蒙期の二面性と近代スコッツ語

　1745年のジャコバイトの反乱（Jacobite Risings）[42] が治まり、政治・経済が比較的安定を見た18世紀末、スコットランドの文学界には、ロバート・バーンズ（Robert Burns, 1759–1796）という巨星が現われた。バーンズの手の中で、スコッツ語は再び煌めきを放ちはじめる[43]。スコットランド南西部のエアシャー（Ayrshire）で貧しい農夫の息子として生まれたバーンズは、『詩集―主としてスコットランド方言による』(*Poems, Chiefly in the Scottish Dialect*, 1786) で文壇に登場した。ラムジーの詩選集を通して古スコッツ語の名作に触れたバーンズは、スコッツ語文学の伝統を継承する詩人として自らを位置づけた。バーンズは『エヴァー・グ

リーン』の中で「マッカーズ」に使われた様々なスタンザを目にしていたが、彼が最も感銘を受けたのは素朴な「スタンダード・ハビー・スタンザ」であった[44]。

  Lament in rhyme, lament in prose,
 Wi' saut [salt] tears trickling down your nose;
 Our *Bardie's* fate is at a close,
   Past a' remead [remedy]!
 The last, sad cape-stane [coping-stone] of his woes;
   Poor Mailie's dead!
    「哀れなメイリーへのエレジー」('Poor Mailie's Elegy', ll. 1-6)

 韻文で嘆き、そして散文で嘆くがよい、
 鼻にしょっぱい涙をしたたらせながら。
 詩人の運命はまさにこれまで、
  もはやどうすることもできない。
 嘆きのどん底にいる詩人の悲しい末路。
  哀れにもメイリーは死んでしまった。

　本来、「スタンダード・ハビー・スタンザ」は楽しげな明るい雰囲気の描写に適した形式だが、バーンズはこのスタンザのジャンルを限定せず、様々な内容の作品に活用した。今日では、この6行連をバーンズ・スタンザと呼ぶこともある。但し、バーンズは主題や韻律に応じて、スコッツ語とイングランド語の特徴とを巧みに混交させた。語彙・文法・綴りなど、スコッツ語の特徴がどのような部分でどれほど取り入れられているかは作品によって異なる。たとえば、郷土の迷信や占いに基づいた慣わしの光景が繰り広げられる「万聖節の前夜」("Halloween")は、全篇にわたってスコッツ語で書かれている。また、同じ作品の中でさえ、筋の展開によって言語の用い方は変化する。バーンズは、イングランド

語の文法とスコッツ語の韻律を併用し、語形は場合に応じて両言語の要素を組み合わせたが、このようなイングランド語との折衷表現を評して、彼には「完璧なスコッツ語で書かれた詩は一つもない」[45]という見方もある。その一方でバーンズは、彼の歌集を編纂したジョージ・トムソン (George Thomson, 1757-1851) への書簡の中で次のように記している。

　私は母語と同じようにイングランド語を使うことはできません。(中略) 実際に、私の考え (idea) はイングランド語で表すと、スコッツ語で表すよりも味気なくなると思います[46]。

　バーンズがスコッツ語を通してスコットランド人の同胞意識を大いに強めたにもかかわらず、エドウィン・ミュア (Edwin Muir, 1887-1959) は、「バーンズが作品の主題を集中して考えようとする時、彼のことばは英語に転じる」と述べている。バーンズにとってスコッツ語は、「感情 (sentiment) のための言語であり、思考 (thought) のための言語ではなかった」[47]。スコッツ語で話すことが、文壇での評判を維持することに、ある意味で障壁となったであろうことは想像に難くない。知識人たちとの会話に敢えてスコッツ語を用いようとしなかったバーンズは、スコッツ語によってスコットランドの独自性を生み出しながら、それと矛盾する言語態度を表明せざるを得なかった。しかしバーンズに限らず、啓蒙期の知識人たちが健筆を揮った英語の著作や、必死に練習した英語の会話は、やはりスコッツ語を土台としていたのではないだろうか。スコットランドとグレート・ブリテンの名声を高めた彼らの思考と感情が、最初から母語を介さずに生み出されたとは言い難い。劇的な都市化を遂げたエディンバラで、コード切り替えの場面は更に増えた。彼らの内面ではミュアの言う感情ばかりではなく、一旦スコッツ語で生み出された思考がふるいにかけられ、外に向かって発せられる際に英語の表現をとったと考えられる。
　スコットランドにとって18世紀は、知識人の活動に代表される洗練

された側面と、土着語の歌謡や文学に描出された大衆的な側面が、それぞれ発展の途を切りひらいていった時代であった。英語に傾倒していった知識人たちと手段や方法は異なるにせよ、スコッツ語に手を差し伸べた人々もまた、スコットランドに活気をもたらした。この二面性は18世紀スコットランドの一つの特徴と言えるが、そのどちらの面も、直接的にせよ間接的にせよスコットランド人――特にイングランドと地理的に接するローランドの人々――の同胞意識の高揚に寄与した。スコッツ語が粗野なものであるという認識は、この時代に初めて表面化したわけではない。こうした見方はラテン語が尊ばれた16世紀に既に浸透していたが、18世紀のスコッツ語復興の担い手たちによって、この点は皮肉にも強化された。彼らがスコッツ語で生み出した作品が、滑稽で賑やかな雰囲気をまとったものに限られたからである。

　*OED*の編集主幹であったジェイムズ・マレー (Sir James A. H. Murray, 1837–1915) は、バーンズの代表作である「ウォレスと共に血を流したスコットランド人よ」("Scots Wha Hae Wi Wallace Bled") の表現を「凝ったスコッツ語」("*fancy* Scotch")[48] であると指摘している。彼によれば、これは英語の "Scots who have" を単にスコッツ語の綴りにしたに過ぎず、同じ文句をバーバーなら "Scottis at hes"、ダンバーやダグラスなら "Scottis quhilkis hes"、そして16世紀末の著述家でさえ "Scottis quha hes" と表現するだろうと述べている。つまり、これらの先人に比べてバーンズの表現は、スコッツ語の特徴が非常に希薄なものになっているのだが、先に引用した17世紀のセンピルの作品にも "wha" という語が見られる[49]。

　啓蒙期の詩人たちの本意は、英語が蔓延していく社会でひたすら過去の作品を崇めるのではなく、それらを通してスコッツ語が活気に満ちた言語であったことを思い起こさせようとしたところにあった。そのために彼らは、古スコッツ語を化石のごとく再現するというよりも、生きた言語として蘇らせることに腐心した。そうすることで、彼らはスコットランド人が郷土に寄せる思いをスコッツ語に結びつけ、スコッツ語の文

学に対する同時代の人々の理解を深めようとした。スコッツ語に詩魂を注ぎ込んだ詩人たちと、土着語を正式な表現の具とみなさなかった知識人たちが、共に啓蒙期を象徴する存在であるということは、スコッツ語を取り巻く当時の言語状況を何よりも強く特徴づけている。

　近代スコッツ語の使用が私信や詩などに限られたように、その言語使用域の偏りはスコッツ語の社会的地位の復権を阻む一因となった。しかし、時代の波長に土着語を合わせた詩人たちの活動を通して、スコッツ語はスコットランド人の精神的な渇きをいやす「命の水」となった。スコットランドの土壌と、そこに根を張る人々の心を地下水脈のごとく潤しつづけてきたスコッツ語は、スコットランドが政治的な支柱を奪われた 18 世紀に再び息を吹き返した。

1.8　19 世紀以降の近代スコッツ語

　バラッドなどの口承の分野に活路を見出したスコッツ語は、19 世紀以降、新たな存続の道を模索する。『湖上の美人』(*The Lady of the Lake*, 1810) のような抒情詩や、『ウェイヴァリー』(*Waverley*, 1814)、『アイヴァンホー』(*Ivanhoe*, 1819) などの歴史小説で国民作家の地位を不動にしたスコット（前述）は、英語の小説の中でスコッツ語の会話体を用いて、登場人物の特徴を描出する効果をもたらした。この技法によって、スコットは「「一般大衆」と「教養ある人々」との間の大きな文化上の緊張だけではなく、スコッツ語と英語との間の言語上の緊張を解きほぐす方法を見出した」[50] と言えよう。

　また、ジェイムズ・バリ (James M. Barrie, 1860-1937) に代表される「菜園派」(the Kailyard School) の作家たちは、産業革命前のスコットランドを主題にした小説を著し、スコッツ語によって古きよき時代を懐古した。郷愁的なイメージを印象づける彼らの作品は、スコットランド内外で人気を博した。しかし、スコッツ語が用いられるジャンルの幅は却って狭められ、19 世紀の文学においてもスコッツ語は進歩的で

洗練された言語として受け入れられることはなかった。『宝島』(*Treasure Island*, 1883) や『ジキル博士とハイド氏の怪事件』(*The Strange Case of Dr Jekyll and Mr Hyde*, 1886) などを書いたロバート・ルイス・スティーヴンソン (Robert Louis Stevenson, 1850-1894) は、スコッツ語の衰退に注意を向けたものの、積極的且つ実践的な提言をするには至らなかった。19世紀のスコッツ語の状況については、当時のスコッツ語辞書の取り組みと共に第2章で後述する。

　スコッツ語が急進的な愛国主義の象徴とされたのは、1920年代の文学運動においてである。スコットランド文芸復興 (Scottish Renaissance) の旗手となったヒュー・マクダーミッド (Hugh MacDiarmid, 1892-1979) は、1922年に月刊誌「スコティッシュ・チャップブック」(*The Scottish Chapbook*) を創刊し、スコットランド人の精神を表すことができるのはスコッツ語だけであると主張した。彼が主導したスコットランド文芸復興運動の根本には、社会的にも文化的にも劣っているという認識からスコッツ語を解放し、「ナショナル・ランゲージたる正当な地位に戻す」[51]目的があった。

　マクダーミッドを語る上で、ナショナリストとしての彼の活動を無視することはできない。スコットランドでは、1926年に中央政府の下部組織としてスコットランド省 (Scottish Office) が設立された[52]。その2年後、スコットランド自治法協会 (the Scottish Home Rule Association) を前身とするスコットランド国民党 (the National Party of Scotland、後の the Scottish National Party) が創設された。この中心人物の一人がマクダーミッドであった。スコッツ語は、彼によって「スコットランド史上初めて」[53]スコットランドのナショナル・アイデンティティーの象徴となるために、ことばとしての可能性を検討されることになる。マクダーミッドは、スコットや「菜園派」によって植えつけられてきたスコッツ語に対するイメージを打破しようとした。彼はスコッツ語がナショナル・ランゲージとして機能していた中世に理想を求め、「マッカーズ」のことばを模範とした。

マクダーミッドは、ジョン・ジェイミソンの『スコットランド語語源辞典』(前述)から得た古スコッツ語を基にして、「合成スコッツ語」(Synthetic Scots)ということばを考案した。「合成スコッツ語」は、"Lowlands"のことばを指す「ラランズ」("Lallans")とも呼ばれるが、実際に話されるスコッツ語の地域変種ではないため、不自然な造語であると批判を受けることもある[54]。とは言え、スコッツ語を母語とするマクダーミッドがスコッツ語の潜在的な可能性を評価したからこそ、スコッツ語に対する人々の関心を呼び起こす効果があった。長編詩『酔いどれ男アザミを見つめて』(*A Drunk Man Looks at the Thistle*, 1926)で、マクダーミッドはスコッツ語があらゆる詩のジャンルにふさわしいことを証明しようとした。「土着のスコッツ語の復興が遅れをとっている唯一の原因は、スコッツ語で執筆する人々の大半がスコッツ語を仲間内のことばとしてしか知らずに、教育を受けていないこと、そしてバーンズ以外の文学の伝統を知らないという事実にある」[55]という彼の指摘は、感情に流された論ではなく、的を射たものである。「合成スコッツ語」への反応には賛否両論あるが、スコッツ語の現状を改善するためにマクダーミッドが行った試みは、実践的な側面を含むものであった。

　その一方で、スコッツ語文学の孤立を危惧した作家たちは、英語による創作活動を選んだ。オークニー諸島出身のミュア(前述)もその一人である。ドイツ語で書かれた多くの作品を英語に翻訳したミュアは、広範な読者に向けて発信するために自身も英語で作品を発表した。また、「合成スコッツ語」に対して、労働者階級のスコッツ語や、ある地域特有の地域変種を用いる文学者も現れた。スコットランド文芸復興は確かに、スコッツ語が従来と異なる捉え方で用いられる大きな契機となった。

＊　＊　＊

　以上、スコッツ語の歴史について、古スコッツ語期、そして近代スコッツ語期への過渡期を中心に述べてきた。これらの時期に重点を置い

たのは、近代スコッツ語期に言語復興の動きが見られる度に、古スコッツ語の存在が重視されてきたためである。ロメインとドリアンが述べているように、「様々な言語と方言の隆盛と衰退は、何世紀もの間、密接不可分に繰り返されてきた」[56]。古スコッツ語の文学は様々な形で見直され、後世にスコッツ語文学が生み出される源となってきた。それは同時に、古スコッツ語がスコッツ語史の中で最も豊かな発展を遂げたことを表しており、本書が古スコッツ語の辞典の作成について論じようとする理由の一つでもある。

第2節
スコッツ語の特徴 [57]

　スコッツ語には、第1節で述べたような言語接触の歴史を反映した言語内的特徴がある。発音や綴りなど、スコッツ語の特徴はどれも地域変種間で大きく異なる場合が多いが、本書では『簡約スコッツ語辞典』(*Concise Scots Dictionary*, 1985) 及び『学生用スコッツ語辞典』(*Scots School Dictionary*, 1996) で採用されている表記を用いた。また、参考になると思われる場合にはイタリック体で現代英語の対訳を付した。

2.1 発音

　母音 /ø/ は、古英語及びスカンディナヴィア諸語の /ō/ が前円唇母音 (front rounded vowel) となったもので、スコッツ語特有の発音である。フランス語の d<u>eu</u>x「2」や p<u>eu</u>「少ししか…ない」の下線部と似ている。

　　(例) muin/mun(e) *moon*「月」　puir *poor*「貧しい」

また、古英語及びスカンディナヴィア諸語の /ā/ が維持された。

（例）ham(e) *home*「家庭」　twa *two*「2」

　子音の特徴として挙げられるのは、無声軟口蓋摩擦音 (voiceless velar fricative) /x/ である。一般に語中・語末の ch は /x/ となり、ドイツ語の i<u>ch</u>「私」や Ba<u>ch</u>「小川」の下線部と似た発音である。硬口蓋摩擦音 (palatal fricative) /ç/ となる場合もある。

（例）do<u>ch</u>ter *daughter*「娘」　ni<u>ch</u>t *night*「夜」

　フランス語及びゲール語の借用語で硬口蓋音化 (palatalized) された l, n が、中英語では消滅したがスコッツ語では維持された。
　イギリス標準英語では wh- と w- の発音は同じだが、スコッツ語では前者を /hw/ (/w/ の無声音)、後者を /w/ と区別する。たとえば、イギリス標準英語では <u>wh</u>ale「鯨」と <u>w</u>ail「嘆き悲しむ」が同音異義語となるが、スコッツ語では前者を /hwéil/、後者を /wéil/ と発音する。語末又は音節の最後の r 音が発音されるのもスコッツ語の特徴である。

2.2 綴り

　スコッツ語は全般に異綴が多く、特に古スコッツ語の語彙には顕著である。以下は代替可能な綴りの例である。

al/ aul と au/ aw	（例）walter, wawter, water「水」
ol/ oul/ owl と ou/ ow	（例）nolt, noult, nowlt, nowt, nout *cattle*「牛」
ul/ oul/ owl と ou/ ow	（例）pulder, poulder, powlder, pouder, powder「粉」

　次のような古スコッツ語特有の綴りは、16–17 世紀に見られるようになり、18 世紀までに、ほぼこれらの形に移行した。

quh-, qwh- → wh-　　　（例）quhat → what「何が」
sch- → sh-　　　　　　（例）schip → sheep「羊」、
ȝ → y　　　　　　　　（例）ȝere → year「年」

　そのほか、gh, ee, oo, ea, -ae, -oe などのイングランド南部の綴りが導入されたが、ai, ei, ui, -ch などは 18 世紀以降も保持された。

　　（例）heid *head*「頭」　guid *good*「良い」　loch *lake*「湖」

　スコッツ語の正字法を確立しようとする取り組みは、文芸団体マッカーズ・クラブ (The Makar's Club) による「スコッツ語文体」("The Scots Style Sheet", 1947) や、スコッツ語協会 (the Scots Language Society) による「スコッツ語で書く人のための推奨文体」("Recommendation for Writers in Scots", 1985) などに見ることができる。しかしこれらの試みの多くは伝統的な綴りの簡略化を図る一方で、英語の体系に追従しないという趣旨に基づいているため、不自然で革新的過ぎるという批判もある。

2.3　語彙

　古英語起源の語には、イングランド北部英語で廃語となり、スコッツ語に残った語が含まれる。イングランド北部英語と共通の語もある。

　　（例）but an ben「二部屋の家」　bonny「美しい」　bannock「大麦
　　　　製のケーキ」　eldritch「気味の悪い」　gloamin「たそがれ」
　　　　haffet「頬」　heuch「丘」

　前置詞・助動詞・関係詞などの機能語や、身体に関する語など日常的な語彙には、古ノルド語の影響が見られる。

(例) brae「丘」 gate「道、通り」 lug「耳」 nieve「手、こぶし」 kirk「教会」 lass「少女」 bairn「子供」 thae *those*「それらの」 fra *from*「〜から」 til *to*「〜まで」 at *that*「その」 maun *must*「〜しなければならない」

フランス語起源の語には、アングロ・ノルマンの文化を通して借入された語が中英語で廃語となりスコッツ語のみに残った語、仏蘇同盟 (Auld Alliance, 1296–1560) によりフランス語と直接接触してスコッツ語のみに借入された語がある。

(例) ashet「楕円形の皿」 aumry「食器棚」 coup「転覆」 douce「心地よい」 tassie「酒杯」 disjune「朝食」 fash「悩み」 leal「忠実な」 vennel「路地」 Hogmanay「大晦日」

オランダ語／フラマン語 (Dutch/ Flemish) 起源の語は、毛織物を主とする低地帯との定期的な交易を通して借入された。度量衡や通貨に関する語彙が多い。

(例) bucht「羊小屋」 mutchkin「スコットランドの4分の1パイント (0.43リットル)」 doit「銅貨」 plack「銅貨」 grotken「12ダース」

スコットランド・ゲール語起源の語には、地勢や日用品に関するものが多い。

(例) cairn「石塚」 glen「峡谷」 loch「湖」 strath「渓谷」 ingle「炉辺」 quaich「酒杯」 claymore「大刀」 whisky「ウィスキー」 ceilidh「ケイリー(スコットランドの音楽やダンスを楽しむパーティー)」

教育・教会・法律に関するスコッツ語特有の語彙は、大部分がラテン語である。

 (例) homologate「批准する、承認する」　locus「現場」　dominie「教師、牧師」　dux「首席の生徒」　fugie「学校をさぼる」　pandie「鞭打ち」

スコッツ語の語彙の中には英語と共通する語もあるが、意味の異なる場合が多いので注意が必要である。

2.4　文法

 近代スコッツ語の文法の特徴には、古英語を経て古スコッツ語から継承されてきたものや、イングランド北部英語と共通するものがある。
 名詞の複数形には、ee → een *eyes*「目」、shae → shune *shoes*「靴」、cou → kye *cows*「牛」などのように不規則変化をするものがある。
 関係代名詞 wha *who*、wham *whom*、whase *whose*、whilk *which* は主に書きことばで使用し、一般的には全ての人称・数に that 又は at を用いる。主格・目的格共に省略可能である。

 (例) There's no mony folk (that/at) live in that toon.
  「その町に住んでいる人々はそれほど多くない。」
  They are the folk (that/at) we had dinner with last nicht.
  「彼らは私たちが昨晩一緒に食事をした人々だ。」

所有格は that 又は at に -'s 又は適切な所有代名詞を付ける。

 (例) the cat that's kittens were born last week「先週子猫が生まれた猫」　the lass that her father is a doctor「父親が医者の女の子」

動詞の過去形の活用語尾は通常 -ed となるが、語幹の語末の音によって -it、-t、-ed、-d となる。過去分詞形の語尾が -en となるものや不規則変化動詞もある。

(例) gie *give* － gied － gien「～を与える」 lauch *laugh* － leuch － lauchen「笑う」

否定形は no/nae または前接語 -na を用いる。

(例) Ah'm no comin. *I'm not coming.*「私は行かない。」
Ah dinna ken. *I don't know.*「私は知らない。」
We coudna hae telt him. *We couldn't have told him.*「私たちは彼と話すことができなかった。」

助動詞 do を伴わず否定辞が直接本動詞に付く場合もある。

(例) He hadnae a car. *He didn't have a car.*「彼は車を持っていなかった。」

許可・可能性を表す助動詞としては主に can が用いられ、次のような二重の法構造を取る。

(例) He'll no can come the day. *He won't be able to come today.*「彼は今日来られないだろう。」

代名詞が直接目的語の場合、通常は間接目的語の後に置かれる。

(例) Gie the bairn it. *Give it the child.*「それをその子にあげなさい。」

that より更に話し手から距離のあるものを指す場合に、yon/yonder または thon/thonder/thonner などの指示詞を用いる。

現在分詞の語尾は -and、動名詞の語尾は -ing または in(e) となり、両者が区別される。

2.5 地域変種

スコットランド内のスコッツ語の地域変種は、概ね四つに区分される（地図2を参照）。

• 島嶼スコッツ語 (Insular Scots)
オークニー (Orkney)、シェトランド (Shetland) の変種で、二人称代名詞の単数形 thou, thee と複数形 ye を区別する点が特徴である。

• 北部スコッツ語 (Northern Scots)
ケイスネス (Caithness)、モレイ (Moray)、アバディーンシャー (Aberdeenshire)、アバディーン市 (City of Aberdeen)、アンガス (Angus) の変種である。ケイスネスとアンガス以外の地域 (旧グランピアン地区 ; Grampian Region) のスコッツ語は北東スコッツ語 (North-East Scots) とされ、ドリック (Doric) と呼ばれることもある。fa *who*「誰が」、fite *white*「白」など、他変種で wh- となる語頭が f- となる点が特徴である。

• 南部スコッツ語 (Southern Scots)
スコティッシュ・ボーダーズ (Scottish Borders) 南部 (旧ロクスバラ ; Roxburgh) とダンフリース・ギャロウェイ (Dumfries and Galloway) 東部 (旧アナンデール・エスクデール ; Annandale and Eskdale) で話される変種である。

- 中部スコッツ語 (Mid Scots)

上記以外の地域が含まれ、中東部スコッツ語 (East Mid Scots)、中西部スコッツ語 (West Mid Scots)、中南部スコッツ語 (South Mid Scots) の3区域に分けられる。他変種で -oo /u/ となる語尾が -ow /-ʌu/ に、-ee /-i/ となる語尾が -ey /-əi/ となる点が特徴である。

- アルスター・スコッツ語 (Ulster Scots)

北アイルランド北東部のアントリム (Antrim)、北西部のデリー (Derry) とドニゴール (Donegal)、南東部のダウン (Down)、以上の各州の一部で話される変種である。

第3節
スコッツ語についての様々な見解

　スコッツ語の歴史と言語内的な特徴を概観してきたが、ここでスコッツ語について論じる際のキーワードを整理しておこう。地域変種の「多様性」(divergence) や「正字法」(orthography) の不均質性については、スコッツ語の全年代を通して指摘できる。但し、英語との「近似性」(closeness) が強まるのは近代以降であり、「言語」か「方言」かという議論の的となるのは、特に近代スコッツ語に関してである。近代スコッツ語は「言語」としての「自律性」(autonomy) を欠き、その存在は、せいぜい英語の中に「散見されるスコットランド用法」(sprinkling Scotticisms) によって認められる程度であるというのが従来の一般論であった。これに対して、スコッツ語辞書を編纂する人々や、スコッツ語の維持を支持する人々は、近代スコッツ語が「進化しつづけ」(evolving) ており、「現在使用され、変化しつつある言語」(living and changing language) であると主張してきた。

　SND は、"Scottish Language" という語が指すのは以下のことばであると説明している[58]。

1. 古スコッツ語文学の重要な二つの時期においてバーバーと「マッカーズ」に代表される古スコッツ語 (Older Scots)
2. 18世紀初頭に現れた近代の書きことばの方言 (the modern literary dialect)
3. 現代のスコットランドの地域方言 (the modern Scottish regional dialects)

年代ごとに、ことばとしての位置づけが明らかにされ、"Scottish Language"はそれらを包括するものとして捉えられている。(「現代のスコットランドの地域方言」に関しては、第2.5節を参照。)

　エイトキンと共に *DOST* の編纂に携わったスティーヴンソンは、『スコッツ語常用語句辞典』(*A Dictionary of Scots Words and Phrases in Current Use*, 1989) を作成し、その序文の冒頭で「スコッツ語は現在使用されている言語である」("Scots is a living language.") と強調している[59]。彼は近代スコッツ語が、「一般スコッツ語」(General Scots)、「口語スコッツ語」(Colloquial Scots)、「臨時使用のスコッツ語」(Occasional Scots)、「スコッツ語方言」(Dialect Scots)、「地方スコッツ語」(Localised Scots)、「教養／文語スコッツ語」(Learned or literary Scots)、「スコッツ語の専門用語」(Technical Scots) などを含む変種の総体であると考えた。これらの変種の区分はスティーヴンソン自身によるもので、彼はそれぞれについて概要を述べている。「一般スコッツ語」は、ashet「楕円形の皿」、girn「どなる」、leet「最重要候補者名簿」のように「スコットランド人の間で広く用いられている語や慣用句で、的確な英語の相当語がないもの」("Words or phrases which are widely used among Scots and have no precise English equivalent")、「口語スコッツ語」は、wur「我々の」、forby「～に加えて」、speir「尋ねる」のように「スコッツ語を母語とする話者が使う語彙、慣用句、文法」("The vocabulary, idiom and grammar of native speakers of Scots")、「臨時使用のスコッツ語」は、peelie-wallie「具合の悪そうな」、laldie「懲罰」、stravaig「放浪する」のように「通常は

標準英語を話しているスコットランド人が時々用いる語や表現で、大部分が口語スコッツ語に由来するもの」("Words and phrases, mostly from colloquial Scots, sometimes used by Scots whose usual speech is standard English")、「スコッツ語方言」は、loon「少年」、quine「少女」のように「スコットランド北東部など特定の地域変種の話者だけが用いる語」("Words used only by speakers of particular regional dialect, such as north-eastern Scots")、「地方スコッツ語」は、disjaskit「落胆した」、skeerie「軽率な」、cundy「排水溝」のように「スコットランドの複数の異なる地方で用いられる語」("Words used in several different districts of Scotland")、「教養／文語スコッツ語」は、shenachie「ゲール語の伝説の語り部」、leed「ことば」、maker「詩人」のように「主に作家や研究者による使用を通して知られている語」("Words known chiefly through their use by writers and scholars")、「スコッツ語の専門用語」は、hutch「石炭運搬用の小型トラック」、skew「切妻屋根の頂の石」などの「職業用語」("Words pertaining to a trade")を指す。SNDが定義の3番目に挙げている「現代のスコットランドの地域方言」は、スティーヴンソンによればこのように細分化されるのである。これらの一つ一つを「言語」なのか「方言」なのかと議論することは、言語内的な観点から見ると非常に瑣末な論争に陥る可能性がある。

　ジョーンズ(Charles Jones)は、「近代スコッツ語と呼ばれる言語体系については、「今日のスコットランド域内に住む話者の大半が、直接意思疎通をはかる時に用いる主要な言語手段」として説明するのが、おそらく最も中立的であろう」[60]と述べている。スコッツ語を「言語」か「方言」か判断する基準は、言語内的な特徴よりもむしろ、スコッツ語話者の主観によって言語外に付与された要因によるところが大きい。スコッツ語自体にとっては、実際にどのように使用されるかということが最も重要であって、その位置づけがどうであるべきかということは二次的な問題である。ただ、ことばは話者の存在なくしては、その機能を充分に果たすことができない。スコットランドの社会で、スコッツ語がどのよ

うに認識されるかということもまた考慮する必要がある。スコッツ語に対して、人々がどのような意識を持っているのか理解することが、スコッツ語の現状を改善していくための方策を立てる基礎となる。現状を把握しながら方策を立案し、実施していく中で、スコッツ語の使用状況そのものがスコッツ語の位置づけを明確にすることもありうるのである。

　*DOST*は、スコッツ語が「欧州地域言語・少数言語憲章」に適用されていること、そして上記のアルスター・スコッツ語が「聖金曜日協定」(the Good Friday Agreement; 第6章参照)で言及されていることを根拠に、スコッツ語は「言語」であると明言している[61]。「欧州地域言語・少数言語憲章」では、「地域言語・少数言語」が、「国家内のある領域において、当該国家の他の住民よりも数において劣る集団を構成するその国家の国民によって伝統的に使用され、かつ、当該国家の公用語と異なるもの」[62]とされている。更にスコッツ語にとって重要なことに、同憲章が対象とすることばには「公用語の方言および移民の言語は含まれない」とある。スコッツ語は同憲章によって、英語の「方言」ではなく「言語」であると公に認められたことになる。国際的にどのように認知されるかということもまた、ことばの位置づけや使用状況に影響を及ぼすのである。

注

[1] *DOST* vol. XII, p. xxxiv より作成。

[2] Joachim Schwend, "Religion and Religiosity in *The Brus*", Dietrich Strauss and H. W. Drescher, eds., *Scottish Language and Literature* (Frankfurt am Main: Verlag Peter Lang, 1986), p. 207.

[3] W. A. Craigie, "Older Scottish and English: A Study in Contrasts", *Transactions of the Philological Society in 1934* (1935), pp. 2–3.

[4] *The Acts of the Parliaments of Scotland*, vol. II (1834), p. 3.

⁵ W. Mackay Mackenzie, ed., *The Kingis Quair* (London: Faber and Faber, 1939), pp. 46–47.

⁶ ababbccと脚韻を踏む。

⁷ 初めて印刷されたThynne版 (1532) では "frosnit" が "frownced" と解釈されている (G. Gregory Smith, ed., *The Poems of Robert Henryson*, vol. I, 1914, p. cxvi)。Douglas Gray, ed., *The Oxford Book of Late Medieval Verse and Prose* (Oxford: Clarendon Press, 1985, p. 292) においても、この語は「しわくちゃの」("wrinkled") を意味する "fronsit" に校訂されている。George Eyre-Todd, ed., *Medieval Scottish Poetry* (1892; rpt. London: Routledge/Thoemmes Press, 1997, p. 108) では、"frosnit" のまま「冷血な」("frosted") と解釈されている。

⁸ G. Gregory Smith, ed., *The Poems of Robert Henryson*, vol. III (Edinburgh: William Blackwood and Sons, 1908), p. 8.

⁹ W. J. B. Crotch, *The Prologues and Epilogues of William Caxton* (Oxford: Oxford UP, 1928), pp. 90–91.

¹⁰ "The Proloug of the First Buik of Eneados" in John Small, ed., *The Poetical Works of Gavin Douglas* vol. II (Edinburgh: William Paterson, 1874) からの引用は本書を使用し、( ) 内に頁数を示す。

¹¹ "I pray yow [you] now that ye wald [would] please to preiche [preach]/ In Inglisch toung, land folk to edifie [edify]." (ll. 3467–3468), Roderick Lyall, ed., *Sir David Lindsay of the Mount, Ane Satyre of the Thrie Estaitis* (Edinburgh: Canongate Publishing, 1989), p. 123.

¹² "The Testament and Complaynt of Our Souerane Lordis Papyngo" (1530), ll. 22–24, J. Small and F. Hall, eds., *Sir David Lindesay's Works* Part I–IV (New York: Greenwood Press, 1969), p. 224.

¹³ W. T. Culley and F. J. Furnivall, eds., *Caxton's Eneydos 1490* (Oxford: Oxford UP, 1962), pp. 1–4.

¹⁴ Caroline I. Macafee and Colm Ó Baoill, "Why Scots is not a Celtic English", Hildegard Tristram, ed., *The Celtic Languages* (Heidelberg: C. Winter, 1997), p. 246.

¹⁵ Amy Devitt, *Standardizing written English: Diffusion in the case of Scotland 1520–1659*, (Cambridge: Cambridge UP, 1989), p. 8.

¹⁶ Devitt, p. 4.

¹⁷ "the haly write baith [both] the new testament and the auld in the vulgar toung in Inglis or Scottis of ane gude [good] and trew [true] translatioun....", *The Acts of the Parliaments of Scotland*, vol. II (1834), p. 415, *c*.12.

¹⁸ "a bible and psalme buke in vulgare language", Ian B, Cowan, *The Scottish Reformation: Church and Society in sixteenth century Scotland* (London: Weidenfeld and Nicolson, 1982), p. 142. 1543年の法令と比べると、この文言で "vulgare language" をスコッツ語と特定していない点は注目すべきである。

[19] Suzanne Romaine, "The English Language in Scotland", R. Bailey and M. Görlach, eds., *English as a World Language* (Cambridge: Cambridge UP, 1984), p. 58.

[20] Robert L. Cooper, *Language planning and social change* (Cambridge: Cambridge UP, 1989), p.116-117.

[21] ホイジンガ、堀越孝一訳『中世の秋 II』(中央公論新社、2001 年)、423 頁。

[22] ホイジンガ、424 頁。

[23] T. F. Henderson, *Scottish Vernacular Literature: A Succinct History* (Edinburgh: John Grant, 1910), pp. 333-334.

[24] J. Derrick McClure, "English in Scotland", Robert Burchfield, ed., *The Cambridge History of the English Language* vol. V (1994), p. 35.

[25] Romaine, "The English Language in Scotland", pp. 58-59. cf. Johann P. Sommerville, ed., *Political Writings: King James VI and I* (Cambridge: Cambridge UP, 1994).

[26] *Register of the Privy Council of Scotland*, vol. VII (Edinburgh: H. M. General Register House, 1885), p. 16.

[27] 広義では合邦からウォルター・スコット (Walter Scott) の没年 (1832) までを含むが、その「真の黄金期」は 1760 年から 1790 年の時期を指す。cf. David Daiches, Peter Jones and Jean Jones, eds., *A Hotbed of Genius: The Scottish Enlightenment 1730-1790* (Edinburgh: Edinburgh UP, 1986), p.1.

[28] Francis Bacon, "A Brief Discourse Touching the Happy Union of the Kingdom of England and Scotland" (1603), J. Spedding, R. L. Ellis and D. D. Heath, eds., *The Works of Francis Bacon*, vol. X (London: Longman., 1857-1890), p. 97.

[29] ベイコンには『学問の進歩』(*The Advancement of Learning*, 1605) のように英語で書かれた著書もあるが、自然科学の大革新に関する長年の構想をまとめた『ノウム・オルガヌム』(*Novum Organum*, 1620) は、「時代と空間を越えるために」ラテン語で執筆された (塚田富治『ベイコン』、イギリス思想叢書 2、研究社、1996 年、172 頁)。

[30] *Register of the Privy Council of Scotland*, vol. IX (Edinburgh: H. M. General Register House, 1885), p. 28.

[31] "To Robert Wallace" (1753), R. Klibansky and E. C. Mossner, eds., *New Letters of David Hume* (Oxford: Clarendon Press, 1954), pp. 31-33. この書簡でヒュームは、"expiscate" (examine) のほか、英語にも見られるが根強い封建制の残るスコットランドでより多く用いられる "prestations" を挙げている。

[32] David Buchan, *The Ballad and the Folk* (London: Routledge & Kegan Paul, 1972), p. 72.

[33] John Rae, *Life of Adam Smith* (New York: Augustus M. Kelley, 1965, rpt. 1895), p. 119.

[34] George Eyre-Todd, ed., *Scottish Poetry of the Seventeenth Century* (Glasgow: W. Hodge & Co., 1895; rpt. London: Routledge/Thoemmes Press, 1997), pp. 271-272.

[35] Eyre-Todd, ed., *Scottish Poetry of the Seventeenth Century*, p. 7.

[36] George Eyre-Todd, ed., *Scottish Poetry of the Eighteenth Century*, vol. I (Glasgow: W. Hodge & Co., 1896; rpt. London: Routledge/Thoemmes Press, 1997), pp. 41-44.

[37] G. Ross Roy, "Editing the Makars in the Eighteenth and Early Nineteenth Centuries (1)", Dietrich Strauss and H. W. Drescher, eds., *Scottish Language and Literature* (Frankfurt am Main: Verlag Peter Lang, 1986), p. 510 より引用。

[38] George Eyre-Todd, ed., *Scottish Ballad Poetry* (Glasgow: W. Hodge & Co., 1893; rpt. London: Routledge/Thoemmes Press, 1997), p. 29.

[39] ラディマンの後任に就いたのがヒュームである。

[40] スコットランド北東部はジャコバイトの牙城であった。

[41] J. Derrick McClure, "Language and Genre in Allan Ramsay's 1721 Poems", *Scots and Its Literature* (Amsterdam: John Benjamins, 1995), p. 167.

[42] 名誉革命(1688)でフランスに亡命したジェイムズ2世(James II、在位1685-1688; スコットランド王としてはジェイムズ7世)、その子ジェイムズ・ステュアート(James Stewart, 1688-1766)及びその孫チャールズ・ステュアート(Charles Stewart, 1720-1788)を支持し、ステュアート朝の王位復活を企図した反乱。

[43] バーンズのスコッツ語の使用に関しては、拙稿「バーンズと言語」、木村正俊・照山顕人編『ロバート・バーンズ スコットランドの国民詩人』(晶文社、2008年)、394-411頁を参照。

[44] Henderson, pp. 442-443.

[45] Raymond Bentman, "Robert Burns's Use of Scottish Diction", Carol McGuirk, ed., *Critical Essays on Robert Burns* (G. K. Hall & Co., 1989), p. 79.

[46] J. De Lancey Ferguson, ed., *The Letters of Robert Burns*, 2nd ed., by G. Ross Roy, vol. II (Oxford UP, 1985), p. 318.

[47] Edwin Muir, *Scott and Scotland: The Predicament of the Scottish Writer* (London: George Routledge & Sons, 1936), p. 13.

[48] James A. H. Murray, *The Dialect of the Southern Counties of Scotland: Its Pronunciation, Grammar, and Historical Relations* (London: Asher & Co., 1873), p.71; original italics.

[49] "Or *wha* will cause our shearers *shear* [mow]?/*Wha* will bend up the brags o' *weir* [war],/Bring in the bells, or good play *meir* [more]/In time of need?/Hab Simson could, what needs you *spear* [inquire]?/But now he's dead."
"The Life and Death of Habbie Simson, the Piper of Kilbarchan", ll. 13–18.

[50] Alexander Murdoch and Richard B. Sher, "Literary and Learned Culture", Tony Dickson and James H. Treble, eds., *People and Society in Scotland* vol. I (Edinburgh: John Donald Publishers, 1989), p. 140.

[51] J. Derrick McClure, *Language, Poetry and Nationhood: Scots as a Poetic Language from 1878 to the Present* (East Lothian: Tuckwell Press, 2000), p. 18.

[52] 1939年にエディンバラに移転した。

[53] McClure, *Language, Poetry and Nationhood*, p. 100.

[54] John Corbett, *Written in the Language of the Scottish Nation: A History of Literary Translation into Scots* (Clevedon: Multilingual Matters, 1999), p. 159.

[55] Hugh MacDiarmid, "Scots Letters", Alan Riach, ed., *Selected Prose* (Manchester: Carcanet, 1992), p. 19.

[56] Suzanne Romaine and Nancy C. Dorian, "Scotland as a Linguistic Area", *Scottish Literary Journal, Language Supplement* 14 (1981), p. 17.

[57] 本節の内容は、木村正俊・中尾正史編『スコットランド文化事典』(原書房、2006年)で筆者が担当した「スコットランド語/スコッツ語」の項目と重複する。

[58] *SND*, p. xvii.

[59] J. A. C. Stevenson, Foreword to *Dictionary of Scots Words and Phrases in Current Use* (London: The Athlone Press, 1989).

[60] Charles Jones, *The English Language in Scotland: An Introduction to Scots* (Manchester: Tuckwell Press, 2002), p. 1.

[61] *DOST* vol. XII, p. xxxiii.

[62] Council of Europe, European Charter for Regional or Minority Languages(Strasbourg, 5. XI. 1992), pp. 2–3. 同憲章の日本語訳は、渋谷謙次郎編『欧州諸国の言語法』(三元社、2005年)、27頁を使用した。

第2章
スコッツ語を扱った先駆的な辞書と、関連する英語辞書

『辞書―辞書編纂術とその技巧』(*Dictionaries: The Arts and Craft of Lexicography*, 2001) の中でランドウは、「はっきりと言えるのは、辞書編纂の歴史について何らかの知識を持つことは、今日行われている辞書編纂の背景として絶対に不可欠だということである」[1]と述べている。スコッツ語辞書の歴史は 16 世紀末にまで遡ることができる。最も初期のものとされるのは、民事上級裁判所判事 (Lord of Session) であったジョン・スキーン (John Skene, ?1543-1617) が、スコットランド法の難語を解説したグロッサリー(1597, 1599)[2]である。文学作品に付けられたグロッサリーの先駆けとしては、ラディマンがダグラスの『アエネイス』に付けたグロッサリー(1710) がある (第1章参照)。用語集の水準を超え、単語の語源・定義・用例を記載したスコッツ語辞書は、19 世紀初頭に登場する。ジョン・ジェイミソンの『スコットランド語語源辞典』(*An Etymological Dictionary of the Scottish Language*, 1808; 以下、『語源辞典』と記す) は、本格的なスコッツ語辞書の出発点と考えてよい。小規模のものとしては、エベネゼール・ピッケン (Ebenezer Picken, 1769-1816) の『スコットランド語辞典』(*A dictionary of the Scottish language*, 1818) がある。

DOST の作成に活用された先行辞書のうち、最も重要なものとしてクレイギーはジェイミソンの『語源辞典』と OED を挙げている[3]。『語源辞典』が「歴史的原則」(序章参照) に基づく最初の辞書であることは、エイトキン[4]やマーキン[5]によっても認められている。歴史的原則の原型は、1812 年にドイツの古典語学者フランツ・パッソー (Franz Passow, 1786-1833) が提起したとされる[6]。その後ドイツでは、グリム兄弟

(Jacob Grimm, 1785-1863; Wilhelm Grimm, 1786-1859)による『ドイツ語辞典』(*Deutsches Wörterbuch*, 1854-1960)が刊行されはじめ、比較言語学や地域変種に関する研究の発達が目覚ましかった。ジェイミソンは、これらに先駆けて『語源辞典』に「歴史的原則」を実践したことが高く評価されている。スコッツ語辞書の歴史の中で*DOST*がどのように位置づけられるのかを考察するために、第1節ではスコッツ語辞書編纂の先駆者ジェイミソンが『語源辞典』を作成した目的と、18世紀から19世紀のスコッツ語の状況について述べる。第2節では、*DOST*と関連が強い辞典の成立について述べる。

第1節
ジェイミソンの『語源辞典』

1.1 『語源辞典』作成のきっかけ[7]

ジェイミソンは、グラスゴー出身の牧師であった。彼はわずか9歳でグラスゴー大学のラテン語クラスに入学し、神学の学位を取得した後、巡回牧師としてスコットランド各地を転々とする。アンガス(Angus)地方のフォーファー(Forfar)へ赴任したジェイミソンは、その地の名士であり、「選良協会」(第1章参照)の創設メンバーでもあったジョージ・デンプスター(George Dempster, *c.*1735-1818)を通して、多くの知識人と交流するようになる。

中でも、言語調査に訪れていたコペンハーゲン大学教授のグリミュル・ヨウンソン・トルケリン(Grímur Jónsson Thorkelin, 1752-1829)との出会いは、『語源辞典』の誕生にとって重要であった。トルケリンは、8世紀の作とされる古英語の叙事詩『ベーオウルフ』(*Beowulf*)の写本を大英博物館で発見し、これを初めて校訂したことで知られる。アンガス地方やサザランド(Sutherland)地方で4ヶ月の調査を終えたトルケリンは、スコッツ語にはアングロ・サクソン語(Anglo-Saxon; 古英語

Old English) を介さずに入ってきた単語や、イングランドで話されることすらない単語が多くあるとジェイミソンに語った。このことばに触発されて、ジェイミソンはスコッツ語の語源を辿りはじめる。次第に彼は、ローランドで話される言語が英語の崩れた方言に過ぎないという通説に疑いを抱くようになった。

> 特別な調査も行わずに、この仮説に長年固執してきたので、もし一人の学識ある外国人が次のように主張するのを聞かなかったならば、私はこの仮説を疑問視することはなかっただろう。すなわち、スコットランド人の言語は英語から得られたものではないということ、またスコットランドの一般の人々が口にする語の中にはアングロ・サクソン語を経由して（つまりイングランドで話されて）きたものではなく、ヨーロッパ北部の諸言語で今でも使われているものが多くあること、更にスコットランドのことばはアングロ・サクソン語の娘としてではなく、ヨーロッパ北部の諸言語と同様に古いゴート語に由来するものとして見るべきだということ、最後に、信頼のおける記録が不足していることは遺憾だが、スコットランドの言語に関する正確且つ広範囲に及ぶ調査が、スコッツ語の古い歴史、特にスコットランドに最初に居住した人々の起源を解明するのに重要な光を投げ掛けるであろうということである[8]。

調査に着手した当初、ジェイミソンは「一人の学識ある外国人」であるトルケリンの主張に同意していたわけではなかった。しかし調査が進行するにつれ、彼はスコッツ語とスカンディナヴィア諸語との結びつきの強さを実感する。約20年間の研究の成果は『語源辞典』としてまとめられ、巻頭には「スコットランド語の起源に関する論文」("A Dissertation of the Origin of the Scottish Language") が掲げられた。

1.2 『語源辞典』の内容

『語源辞典』は、1808年に2巻本で出版された。表題には、辞典の内容がそのまま言い表されている。

> 様々な語義を持つ単語を古今の文筆家たちから集めた実例によって説明する。他の言語、特に北欧諸語の単語との類縁性を示す。イングランドでは現在使われなくなったことばを通して、以前両国において普通に使われていた多くのことばを説明する。民族的な儀式、習俗、慣例を他民族のものとの類推において説明する[9]。

対象とする年代範囲は、古スコッツ語から編纂当時の近代スコッツ語までであり、かなり幅広い年代の単語を収録している。最も重要なのは、単語が使用された年代順にその実例を示している点である。『語源辞典』が「「歴史的原則に基づく辞書」と題するに値する最初のイギリスの辞書」[10]と評価される所以は、ここにある。「歴史的原則」が、*OED* の編集主幹ジェイムズ・マレー（第1章参照）によって体系化されたことはよく知られている。ジェイミソンは次のように述懐している。

> この調査に着手した当初は、出版することなど到底考えもしなかった。（中略）それでメモには多くの場合、単語を特別な意味で使用した著述家の名前が記されているだけで、その箇所には言及していなかった。後に、様々な語義を示す出典が載っていないと辞典の有用性が下がるだろうし、書き手の言及した語義が正しく理解されてきたか判断するための引用が載っていなければ、一般の人々に受け入れられにくいだろう、という示唆を受けた[11]。

実際に『語源辞典』の項目を見てみよう（図3を参照）。まず見出し語と品詞が記される。この語には二通りの綴りが併記されている。その後

のSは、この語が名詞（substantive）であることを示している。次に定義である。この語の場合は四つに分けられ、それぞれに引用が付されている。各定義に続けて、その意味が使われる地域が記される。1と2の定義に付けられたSは、これらの意味がスコットランドで用いられることを示す。定義の後に語源とそのほかの情報が書き加えられ、その分量は単語によって幅がある。以上が基本的な情報である。

図3　ジェイミソンの『語源辞典』ページ見本

CLAMJAMPHRIE, CLANJAMFRIE, *s*. 1. A term used to denote low, worthless people, or those who are viewed in this light, S.

　"But now, hinny, ye maun help me to catch the beast, and ye maun get on behind me, for we maun off like whittrets before the whole *clanjamfray* be down upon us—the rest of them will no be far off." Guy Mannering, ii. 29.
　"'And what will ye do, if I carena to thraw the keys, or draw the bolts, or open the grate to sic a *clanjamfrie*?' said the old dame scoffingly." Tales of my Landlord, i. 173, 174.
　"A gang of play-actors came. ― They were the first of that *clanjamfrey* who had ever been in the parish." Annals of the Parish, p. 292.
　"*Clanjamfray*, mob, Anglicé, Tag-rag and bobtail." Gl. Antiquary.

2. Frequently used to denote the purse-proud vulgar, S. In this sense it conveys nearly the same idea as E. *trumpery*, when contemptuously applied to persons.
3. *Clamjamfry* is used in Teviotd. in the sense of trumpery; as, "Did you stop till the roup was done?" "A' was sell'd but the *clamjamfry*."
4. Nonsensical talk, *West of Fife*.

　As this term is not only pron. *clamjamphrie*, but *clamjamphrie*, it has been supposed that this may be a corr. of *clam-gentry*, a term which might be applied to the pilgrims, in former ages, who wore *clams*, or scallop-shells, as their badge. But perhaps it is rather allied to *Jamph. v.*
　Clanjamph is sometimes used in the same sense with *clanjamphrie* in the higher parts of Lanarks; as if it were compounded of clan and the v. to *jamph*, to spend time idly, or *jampher*, q. "the clan of idlers." The termination may be viewed as expressive of abundance. V. JAMPH, and RIE, RY, termination.

『語源辞典』は、*OED*を企画した言語学会（the Philological Society）の『新英語辞典編纂の遵守すべき規則』（*The Canones Lexicographici; or Rules to be Observed in Editing the New English Dictionary*, 1860）と共に、マレーに「歴史的原則」の理論の枠組みを与えたと言われる。形式だけではなくスコットランドに関する語彙の記載内容においても、『語源辞典』は*OED*に貢献している。『語源辞典』に収録されている語を*OED*で調べてみると、該当する語が掲載されていない場合もあるが、英語の一変種として収録されている場合には、概してスコットランド用法（Sc.）、廃語（Obs.）、

方言(dial.)と分類されているが、『語源辞典』の定義や用例をそのまま引用していることも少なくない。上掲の語"clamjamphrie"の場合も、記載のほとんどが『語源辞典』の内容と重複している。

まず、「スコットランド及びイングランド北部で用いられる方言」というラベルが付され、綴字例と語源の解説が続く。定義は三つに区分されている。最初に、『語源辞典』で3番目に記されている「価値のないもの」という意味が挙げられ、『語源辞典』と同じ引用が記載されている。次に、『語源辞典』で4番目に記されている「無意味な話」という意味が挙げられている。最後に、『語源辞典』の第1と第2の意味が一つの定義として扱われ、ここにも『語源辞典』の引用文が二つ記されている。このように、『語源辞典』はスコッツ語の情報を OED に提供する源の一つとなっている。

ジェイミソンが補遺を出版してから55年後、デイヴィッド・ドナルドソン(David Donaldson)によって新たに補遺が作成された。彼は、ジェイミソンが編纂した辞書本体の収録語に、語形、意味、用例を追加しただけではなく、意味と語源に関しては、その大部分を修正した。引証文献には、『語源辞典』の出版以後に刊行された書物を加え、版が新しいものや、誤りが正されたものなどを採用した。

ドナルドソンが特に入念に再考したのは、語源欄である。後述するように、彼は前述の「スコットランド語の起源に関する論文」を酷評し、ジェイミソンの語源の解釈をあまり信頼していない。彼によれば、ジェイミソンは「議論好きが高じて、主題と実際に関係のない論点を考えたり、思いつき同然の類似点を調べたり、時にはあり得ない関係を辿ったりした」[12]。たとえば、"trone"「重い物を量るための器具。水平に交差し合う、先がかぎ状になった2本の棒から成り、木柱に支えられている」という語の語源について、ジェイミソンはラテン語の"trutina"及び俗ラテン語の"trona"「量り」に由来する説を紹介している。その上で、「くちばし」を表すアイスランド語"triona"、ウェールズ語"trwyn"、フランス語"trogne"、更に「くちばし」と「鶴」を表すアイスランド語

"trana"に言及し、量りの形状から、これらの語との関連もほのめかしている。ドナルドソンは補遺の中で、ウォルター・スキート(Walter William Skeat, 1835-1912)の『英語語源辞典』(*An Etymological Dictionary of the English Language*, 1879-1882)の"tron"の項目を参照し、"trone"が俗ラテン語及びラテン語に遡る点は認めているが、「くちばし」を表すアイスランド語、ウェールズ語、フランス語と関連づけるのは誤りであると指摘している。OEDも、この語が古フランス語から俗ラテン語及びラテン語に遡る点で一致している。

　また、収録語の分野に偏りがあることも否めない。歴史、民俗誌、地誌、文学、法律などの用語と比べて、新しい科学用語はジェイミソンの関心の外にあった。一例を挙げれば、1816年にスコットランド人の物理学者デイヴィッド・ブルースター(David Brewster, 1781-1868)が発明した"kaleidoscope"「万華鏡」は、『語源辞典』には収録されていない。ドナルドソンは、ジェイミソンの労作を「単にカードで作られた文学的建築物という注目すべき偉業」として、「建築上の正確さ、強度、耐久性といった実用面よりも、構造面の技術と精巧さという点で卓越していると考えられている」[13]と評している。

　しかし『語源辞典』が後世に与えた影響は、看過するにはあまりにも大きい。言語学が発展を見るのは19世紀後半になってからであり、『語源辞典』に続くスコッツ語の研究が現れるのもその頃からである。『語源辞典』は、ジェイミソンが1825年に2巻の補遺を出版するのを待たずに、縮約版(1818)が出されるほどの評判を呼んだ。ドナルドソンによれば、「スコットランドの人々が、これまでスコットランドで出版されたいかなる作品に対しても、この辞典に対して抱いたような大きな関心を示したことはなかったのは確かである」[14]。1808年版及び1879-1882年版の予約申込者の一覧からは、それぞれ800冊以上購入されたことがわかる。また、1825年版の序文には、初版時に記されなかったような数々の謝辞が連ねられており、補遺が出されるまでの17年間に多くの反応があったことを表している。

この辞書の初版が出版されてから、我々の国の古語に対する関心の再燃が、想像の生み出した多くの著作——それらの中には、この分野において最高水準のものもあるのだが——に著しく表されてきたので、私はそのような作品に多く採用されている全国的または地域的な単語の幅広い変種——それは以前私になじみのなかったものであるが——を活用させていただいた。そして辞書の収録語に関しては、多くの意味や用例を付け加えることができた[15]。

ジェイミソンの没後も改訂版 (1840) や新たな補遺 (1887) が出されるなど、スコッツ語への関心は途切れることがなかった。

1.3 「スコットランド語の起源に関する論文」

　『語源辞典』の巻頭を飾るこの論考は、ジェイミソンが独自の調査に基づいて、スコッツ語が英語とは別個の出自を持つ言語であると主張したものである。但し、彼が主に論じているのはスコットランド古来の民族の起源であり、表題のテーマについては充分に掘り下げられていないと認めざるを得ない。ジェイミソンは、本論を「歴史的証拠」(Historical Evidence)、「民衆語」(Vulgar Language)、「オークニー諸島」(The Orkney Islands)、「建築」(Architecture)、「名前」(Names)、「習俗」(Customs)、「民族的特徴」(National Character) という七つのキーワードによって展開している。しかし本節では、言語に関する彼の分析を概観するに留めたい[16]。

　引証文献は古今を問わず、ヨーロッパ各国の数十もの著作が挙げられている。特に頻繁に言及するのは、ジョージ・チャーマーズ (George Chalmers, 1742–1825) の『カレドニア』(*Caledonia*, 1807–1824) である。『カレドニア』はスコットランド史を古代にまで遡り、ピクト人の起源について物議を醸した著作である。ジェイミソンは、ピクト人をケルト人とみなすチャーマーズに反論し、時には自説に有利な記述を取り上げ

て、チャーマーズの理論の矛盾を指摘している。

 2番目のキーワード「民衆語」についてジェイミソンは、スコットランド北部にヨーロッパ北部から直接ゴート人が住みついたという証拠を挙げ、スコッツ語とゴート語の関連を指摘している。

> 民衆語［スコッツ語］にあるスコットランド北部のハーブの名前が、スウェーデンやそのほかの北方諸国で今も使われている名前と同じであるか、大変似ているかのどちらかであるということは、非常に注目すべきことである。同様のことは、スコットランドのほぼ全域で四足動物、鳥、昆虫、魚に当てはまる[17]。

更に、イングランド南部で"th"として現れる語形が、かつてスコットランドの一部とみなされていたハンバー川 (the Humber) 以北のイングランド北部では"d"に変化するという現象に触れている[18]。彼は、これがアンガス地方の方言にも見られることと、古いスカンディナヴィア諸語の特徴でもあることを指摘している[19]。そしてこれらの地域がピクト人の領域の一部であったという共通点を挙げ、ピクト人がイングランド北部を領有していたとするジョン・ピンカートン (John Pinkerton, 1758-1826) の説を引いている。ピンカートンは『スキタイ人あるいはゴート人の起源と発達に関する論文』(*A Dissertation on the Origin and Progress of the Scythians or Goths*, 1787) で、ピクト人がゴート人に起源を持つと主張し、ゴート人に対するケルト人の劣性を論じた。チャーマーズの前掲書と同様、この論文は知識人たちの間に論争を起こした。ジェイミソンはピンカートンを支持し、自説の裏づけに彼の論を活用するが、これについては後述する。

 スコッツ語は、フランス語、スカンディナヴィア諸語、フラマン語、ラテン語などから様々な語彙を借用してきた（第1章参照）。フランス語の借用について、ジェイミソンは、スコットランドとフランスの緊密な同盟関係に影響を受けたというジョージ・エリス (George Ellis,

1753-1815)の説を引用している。そして、中世に多くのノルマン出身の一族がスコットランド各地へ移り住んだことを付け加えている。しかし、「ブロード・スコッツ (Broad Scots) と呼ばれることばに見られるゲール語の単語の数は、スコッツ語全体では非常に少ない割合しか占めていない」[20]というジェイミソンの見解には説明を補う必要がある。

　スコッツ語の言語連続体は、英語との近似性が明白に認められる変種から、そうではない変種まで幅が広く、特にスコッツ語の特徴が強い変種を「ブロード・スコッツ」と呼ぶ。ゲール語からスコッツ語への借用語として、特に地勢を表す語彙が挙げられる。"strath"「河口」、"glen"「谷」などゲール語の要素が含まれている地名は現在もよく見られる。ゲール語からの初期の借用語にはケルトの法体系に関する語彙もあるが、18世紀以降、ハイランド文化に関するゲール語が入ってくる。フランス語やラテン語など、ほかの接触言語に比べてゲール語の影響はそれほど大きくないが[21]、「スコッツ語の日常の話しことばへのゲール語の影響は、文字で残された記録が示すよりも、更に広範囲に及んでいるかもしれない」[22]と指摘される。ジェイミソンは、ゲール語がスコッツ語に与えた影響を小さく考える傾向があったと言えよう。

　5番目のキーワードは、「名前」つまり固有名詞である。ジェイミソンは、かつてアンガス州全体がピクト人の支配下にあったことを根拠に、そこで通常用いられる多くの単語が、アイスランドやそのほかのゴート人 (the Goth) の地域で今も使用されている語と同じようであると述べている[23]。フォーファーで暮らした経験から、彼は、この地域一帯に見られる多くの単音節の名称が、「スカンディナヴィアの命名法の顕著な特徴」であると指摘し、「私が観察した限り、アングロ・サクソン人の記録にはそのようなものが見られない」[24]と主張する。そして9世紀半ばにアイスランドで記録されたピクト人の王の名前と、近代のアンガス地方の人々の名前を併記し、それらの類似性を例示している。

　この論文の全体を通して見てみると、言語の起源を表題に掲げながら、本論は民族の類縁性の解明に終始している。七つのキーワードはどれ

も「ピクト人のスカンディナヴィア起源」を例示し、「諸民族の類縁性を判断する非常に確かな基準」として、ジェイミソンの論を支える「有力な」証拠を呈しているかに見える。しかし彼は当初、「スコットランドの特に北部で、一般的な単語の多くがアングロ・サクソン語、フラマン語、ドイツ語の語彙には見られず、アイスランド、スウェーデン、デンマークの語彙に現れることは否定できない事実である」[25] という主張から、スコッツ語の起源を導き出そうとしていたはずである。現在よりも確証が乏しかった発表当時、この論文は揺らいでいたピクト人の問題に執着するあまり、ジェイミソンのスコッツ語研究自体への評価も下げかねないものとなってしまった。

1.4 ジェイミソンの語源研究とスコットランド啓蒙思潮

　ジェイミソンのスコッツ語研究を、スコットランド啓蒙の潮流の中で捉え直してみよう。スコットランド啓蒙は、18世紀中葉から18世紀末にかけて絶頂期を迎えた。英語を読み書きする能力が浸透していく中でスコッツ語の起源を調査することは、一見、時代の主流に反するように思われる。しかし、この時期に自国の歴史を新しい視点で論じる著作が現れたことを考えてみれば、ジェイミソンの場合は主に言語の問題を通して、自分たちのルーツをどこに求めるべきか熟考したと言えるだろう。ただ、その背景にはもう少し複雑な事情がある。

　19世紀、人種の研究への関心が高まるイギリスで、スコットランドの知識人たちはその「最前線」に向かい、人種は「歴史的解釈に偏在する要因」[26] となった。そして「決定的に重要なことだが、ゲルマン民族は自由、法、進歩と結びつけられる傾向にあり、ケルト民族は後進性及び抑圧と結びつけられる傾向にあった」[27]。『語源辞典』とチャーマーズの『カレドニア』が出版されたのは正にこの頃であり、ピンカートンの『スキタイ人あるいはゴート人の起源と発達に関する論文』は、これらより約20年前に現れていた。ハイランド出身のチャーマーズは、ピクト人

をブリトン人やゴール人と近いケルト人と考え、ローランド出身のピンカートンは、ピクト人がゴート人に由来すると説いた。フォーファー生まれのジェイミソンが、「スコットランド語の起源に関する論文」で後者の説に同調したのは既に見た通りである。彼は「ハイランドとの境界に面した多くの場所では、(中略)一方の言語が、もう一方の言語といわば次第に混ざり合っているかのように思われるはずなのだが、それらは完全に別個のままである」[28]と述べ、ハイランドとローランドの言語文化をはっきりと区別している。

> スコットランドに住むケルト人ほど、先祖の習俗や言語に固執してきた民族はいない。我々は、過去半世紀以上の間、ハイランドで英語の普及がいかに進展しなかったかということを知っている。(中略) 確かに若い人々は英語の読み方を教えられるが、読んでも大半は理解しておらず、ゲール語の方を好んで話す[29]。

イングランドという外界の影響や都市化などの諸要因によって、合邦以後、スコットランド内の地域文化の違いはより明確になった。ここで、ジェイミソンがスコッツ語へのゲール語の影響を軽視したことを思い出してみよう。実は『語源辞典』の初版の序文で、彼は以下のように述べていた。

> 言語は、広く認められていることであるが、民族の起源を決定する最もよい目安の一つとなる。特に、証拠があまり残っていない場合にはそうである。我が国は、書き残された記録の不足や破棄を後悔しなければならない。しかし、我々の土着のことばに関する正確且つ包括的な調査が、確かに幾らかはその損失を補ってくれるかもしれない。そして同時に、何世紀もの間ケルト民族と区別され、スコットランド語("Scottish language")を話してきた人々の起源について歴史がもたらすわずかな痕跡に、少なからぬ光を投げ掛けるこ

とは疑いないだろう[30]。

『語源辞典』の序文には、彼のスコッツ語に対する考えが「スコットランド語の起源に関する論文」よりもよく示されている。ジェイミソンは、英語の崩れたことばとみなされていたスコッツ語に、躊躇なく「言語」という呼称を冠した。

> 私は、ほかの大部分のヨーロッパ諸語と同じく、スコットランド語に特定の言語と呼ばれる資格があると断言する。ここに語源辞典という形で公に示された見解に照らせば、スコットランド語は、ベルガエ人のことばとドイツ語、デンマーク語とスウェーデン語、ポルトガル語とスペイン語ほどは、英語との強い類縁関係が認められないと思われる[31]。

ハイランドとローランドの違いを強調し、イングランドとの同君連合を「スコットランドにとって非常に名誉な出来事」("such an honour to Scotland")[32] と言う一方で、ジェイミソンはスコッツ語が英語とは異なるものだと主張する。これを、「スコットランドの文学と文化に大きなものを残してきた現実への順応と、現実からの逃避との間に見られるご都合主義的な自己の使い分け」[33] に起因すると考えることもできよう。スコットランドの知識人たちが、スコットランド人としての独自性を模索しながら精神的葛藤に喘ぐ姿は、特に合邦以後に顕著となる(第1章参照)。「イングランド人の流儀と、イングランド人という肩書きにさえ自らを順応させる覚悟ができていた」スコットランド人たちは、競って英語の習得に努め、イングランド人と「同等に扱われること」[34] を切望した。彼らは、野蛮性と結びつけられるケルトの要素との決別を表明したが、スコットランド人としての誇りは捨てなかった。ジェイミソンは次のように嘆いている。

おそらく何世代にもわたって受け継がれてきたような古い蔵書を所有する人は、この種の著作が必要であると確信しているはずである。なぜなら、彼らの先祖なら必ず知っており、その精神に知識を授け、その胸に愛国心の火を灯した書物が、まるで外国語で書かれたものであるかのように、今ではほとんどすっかりお蔵入りになってしまっているからである[35]。

そして、「いかなる国であっても、その土地に生まれた者、あるいは少なくとも長年そこに住んでいる者だけが、その土地の言語の辞書を作る資格がある」[36] という一文には、この『語源辞典』が、スコットランド人によるスコッツ語の辞書であるという自負が窺える。

　辞書を編纂することによって、スコットランドの言語を忘却から救おうと試みる者がこれまで現れなかったのは驚くべきことである。もしこの試みが1世紀前に為されていたならば、おそらくスコットランドの文学作品の多くを保持する手立てとなったであろう。それらは、今や推測に任されるがままになってしまった多くの用語の意味と同様に失われてしまったと懸念されるのである[37]。

ジェイミソンが意図していたのは、語源の説明を通して「スコットランド古来の習俗に光を投げ掛けるだけではなく、ほかの北欧諸国の習俗との類推を指摘する」[38] 辞典であった。『語源辞典』の出版以後、スコッツ語研究は重ねられ、スコッツ語は「忘却」の彼方に押しやられることはなかった。
　ジェイミソンは「スコットランド語の起源に関する論文」の中で、『語源辞典』の記載を参照するよう度々読者に促している。「スコットランド語の起源に関する論文」と『語源辞典』との関係は、辞書の内容を理解しやすくするための論文というよりもむしろ、論文の内容を立証するための辞書と見ることができる。『語源辞典』を盾にして自説を展開し

た結果、彼の語源研究は短所を拡大して評されることが多い。「ピンカートンのように、ジェイミソンはケルト人から歴史的な意義を取り去り、それによって辞書編纂家としての彼の仕事が曲解され、弱められた」[39]と批判することはたやすい。確かに、彼が当時の学説に与して民族の起源を追究しようとしたために、語源の正確さに歪みが生じたことは否定できない。しかし、スコットランド啓蒙が生み出した思想との連動がなければ、彼のスコッツ語研究が、更に意義深いものになっていたと言えるだろうか。辞書編纂家としてのジェイミソンの真価を、「単語と語源の解説者というよりも収集家として」[40]測ろうとするのは、一面的な見方であろう。ドナルドソンが言うように、ジェイミソンによってスコッツ語研究の分野がどれほど開拓されてきたか、そして当時「彼がどれほど少ない道標に頼らざるを得なかったか」[41]覚えておかねばならない。ジェイミソンの弱点を厳しく批判した後で、ドナルドソンは次のように認めている。

　スコットランド語（"Scottish language"）の起源及び関連をめぐって、どんな意見の違いがあったとしても、もしくは、いまだに違いがあるかもしれないが、ジェイミソン博士の辞書の偉大さと真価を認める声に異論を唱える者がいないのは驚くべきことである。初版が出版されると、途方もなく熱狂的に受け入れられ、最高の賛辞を受けた。博学と膨大な調査、広範囲で多種多様な文献の講読、意味と意味の彩との間の厳密な区別、これらは即座にジェイミソン博士の能力が偉大であり、その辞書が素晴らしいものであることを証明した[42]。

ドナルドソンは、『語源辞典』が、「バーンズやスコットなどの父祖の文学的財産を常に鑑賞できる状態に保つだろう」と述べている。「そうした文学的財産は、このマスターキーなしには、たちまち不可解な書物になってしまうに違いない」[43]。19世紀後半、スコッツ語の使用状況は、

このように危惧される状態に陥っていた。しかし、スコッツ語は存続を危ぶまれながら、1世紀以上を経てもなお豊かな文学の輝きを失っていない。歴史的辞書としての『語源辞典』の価値と共に、ジェイミソンの功績が色褪せることはないであろう。

第2節
OED と『英語方言辞典』

　スコッツ語を専門に扱った辞書ではないが、*DOST* と *SND* の誕生と関連の深い辞書に言及しておこう。17世紀以降、イギリスではロバート・コードリー(Robert Cawdrey, 1580–1604)[44] やジョン・ブロカー(John Bullokar, 1574–1627)[45] などによって難解語の辞書が作成された。そのほか、ネイサン・ベイリー(Nathan Baily, ?–1742)[46] やチャールズ・リチャードソン(Charles Richardson, 1775–1865)[47] などの辞書が代表的なものとして挙げられるが、長年決定版とされていたのは、単語の定義と用例を併記したサミュエル・ジョンソン(前述)の『英語辞典』(*A Dictionary of the English Language*, 1755)であった。ジョンソンの辞書が出されて約1世紀後の1857年、ウェストミンスター寺院の主任司祭トレンチ(R. C. Trench, 1807–1886)は、ロンドンの言語学会で「我が国の英語辞書の諸欠陥について」("On Some Deficiencies in Our English Dictionary")と題する講演を行った。これを契機に、言語学会は新しい英語辞書を企画し、従来の英語辞書からの脱却を図ろうとした。こうして作成されたのが『歴史的原則に基づく新英語辞典』、後の *OED* である。1928年に全12巻が完成し、1933年に補遺が出版された。1972年から86年にかけて4巻本の補遺が追加され、これらを合わせた全20巻が第2版として1989年に出版された。1992年にはCD-ROM版が出され、2002年からはインターネット上での利用が可能となった。

　OED は、1150年以降の英語文献に現れたあらゆる語彙を収録対象とする。言語学会は、用例の収集に一般市民から多くのボランティアを募

ると共に、初期英語の文献整理や語彙収集のための下部組織をいくつか設立した[48]。OEDには、かつて一般的に使われていて、後にそれがある地域のみに限定されるようになった語は収録されているが、もともと地域変種であった語は収録されていない。

　言語学会は、地域変種を対象とする辞書を新たに作成するべきだと判断し、1873年に英語方言学会 (the English Dialect Society) を設立した。英語方言学会を創設したスキート（前述）は、オックスフォード大学比較言語学教授となったジョゼフ・ライト（Joseph Wright, 1855-1930）に『英語方言辞典』(*The English Dialect Dictionary*, 1896-1905) の仕事を託した。ハイデルベルク大学でドイツ語と比較言語学などを学んだライトは、マックス・ミュラー（Friedrich Max Müller, 1823-1900）自身の推薦によって彼の後任に就いた。ライトは1889年から『英語方言辞典』の編集に着手し、全6巻を完成させた。『英語方言辞典』もOEDの「歴史的原則」に基づく辞書であり、「イングランド、アイルランド、スコットランド、ウェールズで現在使用されている、または過去200年間のいかなる時期であっても使用されたと知られている英語のあらゆる方言の語彙全て」[49]を記述範囲としている。ライトは各地で地方委員会を組織し、600名以上もの協力者を得た。

　ライトが地域変種の記録に取り組んだ動機の一つは、歴史言語学の立場から、現在のことばと前時代のことばとを関連づけるところにあった。現在の地域変種の特徴を語源や音韻法則の変化の解釈に適用し、古英語や中英語の文献解読に役立てようとしたのである。1892年に彼は、出身地のヨークシャー方言の文法書 (*Grammar of the Dialect of Windhill in the West Riding of Yorkshire*) を出版している。地域変種研究が注目された時代性について、ライトは英語方言の文法解説の序文で次のように述べている。

　　純然たる方言が、教育の普及と近代的な交通・通信手段のために、
　　州の辺陬地域でさえ急速に消滅しつつあることは疑いない。この文

法書は正に時宜を得て作成された。あと20年遅ければ、その時には既に、英語諸方言の音韻論を単に概説するのに充分な純然たる方言資料を、それらが19世紀末に存在していた形で取りまとめることはできなかったであろう[50]。

この辞典には、スコッツ語も英語の一変種として豊富に収録されている。スコットランド諸地域を担当した協力者の中には、クレイギーやウォラック（後述）の名前が見られる。後にクレイギーは、ライトの辞書においてもスコッツ語を更に詳細に扱う余地が充分残されていると述べ、スコッツ語辞書の作成を提唱する。エイトキンは、このような先駆的な辞書は「意味、コロケーション、形態論に関する歴史、年代に則した移り変わり、地域的な分布、文体上の分布に関するあらゆる類の詳細を見極め、明確に示す」[51]ことが充分にできていないと指摘する。それを改善し、補うことこそ、クレイギーが意図したスコッツ語辞書の目的でもあったのである。

第3節
『語源辞典』以後のスコッツ語研究

ジェイミソンがスコッツ語文献の存在に光を当て、伝統的な生活文化に関する考察を提示したことと、『語源辞典』の出版以後、スコッツ語の地域変種がいかに多様であるかについて言語学的な研究が深められたことは、決して無関係ではない。『語源辞典』の改訂が重ねられる中で、言語学会から『シェトランド及びオークニー諸島方言の語源解説』(*An Etymological Glossary of the Shetland and Orkney Dialect*, 1866)や、『バンフシャー方言』(Walter Gregor, *The Banffshire Dialect*, 1866)が出された。前者は、ジェイミソンの『語源辞典』に収録されていた約400語を主な資料として、地名の由来に関する説明を補ったものである。これをまとめたエドモンズトン(T. Edmondston, 1825–1846)は、シェトランドでは

イングランドの人々とますます頻繁に交流するようになった結果、「島民が特有の方言を急速に失いつつある、あるいは既に失ってしまった」[52]と述べている。シェトランドやオークニーなどの島嶼スコッツ語は、スカンディナビア諸語との類縁性が強い(第1章参照)。「存命の年老いた島民たちが亡くなれば、古いノルド語の大半も葬り去られてしまうだろう」[53]と危惧するエドモンストンは、この用語集を作成した意図を以下のように明らかにしている。

> 著者はこのような見地に立ち、さもなければたちまち永久に失われてしまうであろうことばを、今こそ保存する目的で収集するために、本書が役立つと考えるのである[54]。

消滅の危機にあることばを記録するという目的は、ライトの『英語方言辞典』とも共通する。これらの地域変種が、後世に遺すべき価値のあるものとみなされたことは幸いであった。後に *OED* を編纂するマレーは、スコッツ語の歴史、発音、文法をまとめた『スコットランド南部諸州方言』(*The Dialect of the Southern Counties of Scotland*, 1873) を著した。「確かに、話しことばの地域方言が尊重されるようになったのは、科学としての言語学の力によるものであり、あらゆる言語と方言には同等の歴史的重要性があるとみなす、この言語学の傾向からもたらされたものである」[55]とサピア (Edward Sapir, 1884-1939) が述べているように、言語学の発達と共に、ジェイミソンの『語源辞典』は、スコッツ語が研究対象とされる素地を整えたのである。

これらと同時期に、部分的にスコッツ語に翻訳した聖書が出版された。スコットランド宗教改革でスコッツ語の聖書が普及の機会を逸したことは第1章で述べたが、エアシャー出身のロラード派、マルドッホ・ニズビット (Murdoch Nisbet, *fl.* 1520) は、1520年頃に新約聖書をスコッツ語に翻訳している。原典は、ジョン・パーヴェイ (John Purvey) が改訂したジョン・ウィクリフ (John Wyclif, *c.* 1330-1384) の英訳聖書である。

ニズビットは綴りや文法の点ではスコッツ語の用法にほぼ従いながらも、スコットランドの人々が理解できる語彙については敢えてスコッツ語に置き換えなかった。これは聖書のスコッツ語訳としては初の試みであったが、手稿のまま親族に保管され、出版されたのは 1901 年になってからである。同年、ウィリアム・スミス (William Wye Smith, 1827–1917) の『スコッツ語訳新約聖書』(*New Testament in Braid Scots*, 1901) が出された。これは、『改訂訳聖書』(*The Revised Version*, 1881) を翻訳したものである。ジェドバラ (Jedburgh) 出身のスミスは、幼少時、両親と共にアメリカとカナダに渡り、教師やジャーナリストなどを経て牧師となった。彼は、バーンズが詩作に用いたエアシャーのことばによって『欽定訳聖書』よりも口語的な表現を目指そうとした。旧約聖書のスコッツ語訳は、詩篇やルツ記、雅歌など部分的な翻訳に限られるが、ヘブライ語原典からの最初の翻訳として、ヘートリー・ウォドル (P. Hately Waddell, ?1817–1891) の『スコッツ語訳詩篇』(*The Psalms frae Hebrew intil Scottis*, 1871) と『スコッツ語訳イザヤ書』(*The Isaiah frae Hebrew intil Scottis*, 1872) が挙げられる。ウォドルは『欽定訳聖書』に見られる訳文の正確さを疑問視し、原典に忠実な翻訳をスコッツ語で作成しようとした。

　ジェイミソンの『語源辞典』から約 1 世紀後に、ウォラック (Alexander Warrack) の『スコッツ方言辞典』(*The Scots Dialect Dictionary*, 1911) が出版された。彼はクレイギーから示唆を受け、ライトの『英語方言辞典』を基に、語源と用例を省いたスコッツ語中型辞典を編纂した。ウォラックは毎週オックスフォードのクレイギー宅を訪れ、未解決の問題について助言を求めたという。完成した辞書は、クレイギーに献じられた。『スコッツ方言辞典』は、「スコットランドと海外にいる全てのスコットランド人だけではなく、近代スコッツ語の文学を研究する外国人が関心を抱く事柄を扱う」[56] という趣旨で作成された。記述範囲は 17 世紀から 20 世紀初頭までである。ウォラックはジェイミソンとライトの辞書を推奨し、次のように序文を結んでいる。

不完全な点があるのは避けられないにせよ、「純然たる古きスコットランドのために」着手され、完成された本書が、スコットランド土着のことばに対する真の愛国心に満ちた関心を蘇らせ、その精神を促進する助けとなりますように。また、スコットランド域内で、その土着のことばに関する知識とそれが使用されること、そして土着のことばに対する愛着が衰退するのを阻む助けとなりますように[57]。

ウォラックの辞書は語源と用例が記されておらず、定義が簡潔すぎると酷評されることもあるが[58]、ジェイミソンから *DOST* や *SND* までの時代をつなぐスコッツ語辞書として、その存在を過小評価すべきではないだろう。

　『スコッツ方言辞典』に続いて、スコッツ語の地域変種に関する研究が相次いで出版された。ジェイムズ・ウィルソン（James Wilson）の『パースシャーのストラサーン低地地方で話されているローランド・スコッチ』(*Lowland Scotch: As Spoken in the Lower Strathearn District of Perthshire*, 1915)、『エアシャー中央部で話されているロバート・バーンズの方言』(*The dialect of Robert Burns as spoken in Central Ayrshire*, 1923)、『スコットランド中央部の方言』(*The dialects of central Scotland*, 1926) である。1作目は、「有益で愛国的な」("useful and patriotic")[59]『スコッツ方言辞典』の編纂に役立てるという目的に加えて、ウィルソン自身の「母語への愛情」("a love for my native tongue")[60]から作成された。2作目はバーンズの用いたスコッツ語を扱ったもので、彼の主要な作品をスコットランド中央部の変種、エアシャーの変種、標準英語の3通りで表記し、発音も記載した。ウィルソンは、年配の人々が「日常話している訛りの強いスコッツ語で、昔のことを自然に話せるようにすること、そして、彼らが実際に言ったこととその一字一句の発音を、可能な限り正確に書き留めること」[61]を目指した。ウィルソンの著作にはクレイギーの序文が付され、彼がこのような地域変種の研究を歓迎し、その内容を高く評

価している旨が記されている。2作目と同じ年に、ジョージ・ワトソン (George Watson) の『ロクスバラシャー単語集』(*The Roxburghshire Word-Book*, 1923) が出された。『スコッツ方言辞典』と同様、本書にもクレイギーへの献辞が見られる。*OED* の編集に携わっていたワトソンは、ジェイミソンの『語源辞典』に不備があると指摘し、自らの故郷ロクスバラシャーの変種の情報を補うことを意図していた。彼はこの研究が、スコットランド方言委員会 (the Scottish Dialect Committee; 第 3 章参照) の活動とも関連していることを示唆している[62]。

　以上の研究書に共通しているのは、著者自身が当該の地域変種の話者であるという点、研究者だけではなくスコッツ語に関心を持つ一般の人々をも対象にしている点である。聖書以外のスコッツ語研究に限って言えば、本節で言及したものは全てクレイギーと何らかの接点を持っていることがわかる。「純然たるかつてのスコットランド」というウォラックのことばは、イングランドとの合邦以前のスコットランドを思い起こさせる。ウォラックとジェイミソンとに共通しているのは、スコッツ語を郷土愛の象徴として捉えている点である。ジェイミソンは、単なる好古趣味からスコッツ語研究を手掛けたのではなかった。『語源辞典』の執筆の傍ら、彼は古スコッツ語で書かれた初期文献の整理に貢献した。彼が校訂・出版した『ブルース』や『ウォレス』は、スコットが友人に薦めるほどの出来栄えであった[63]。古スコッツ語の名作を世に送り出し、人々の意識を土着語に向けさせようとする試みは、スコットランド啓蒙期の詩人ラムジーらと相通じるものである（第 1 章参照）。19 世紀後半から 20 世紀初頭にかけて辞書や聖書の形で現れたスコッツ語研究の中に、クレイギーの計画につながる思想の流れを見出すことができよう。ジェイミソンがスコッツ語を「救おう」とした精神は、20 世紀の辞書編纂者に受け継がれている。

注

[1] Landau, p. 2.

[2] John Skene, *De Verborum Significatione The Exposition of the termes and difficill wordes, conteined in the fovre bvikes of Regiam Majestatem*, ...(1597, 1599).

[3] *DOST* vol. I, p. ix.

[4] A. J. Aitken, "Scottish Dictionaries", Tom MacArthur, ed., *The Oxford Companion to the English Language* (Oxford: Oxford UP, 1992), p.902.

[5] R. Merkin, "The historical/ academic dictionary", p. 124.

[6] H. S. Jones, Preface to Henry George Liddell and Robert Scott, eds., *A Greek-English Lexicon*, New ed. by Henry Stuart Jones (Oxford: Clarendon Press, 1968; rpt. 1925-1940), p. iv.

[7] ジェイミソンの生涯に関しては以下を参照。David Donaldson, "Memoir of Dr. Jamieson" *Supplement to Jamieson's Scottish Dictionary* (London: Alexander Gardner, 1887), pp. 1-16.

[8] John Jamieson, "A Dissertation on the Origin of the Scottish Language", *An Etymological Dictionary of the Scottish Language*, (Edinburgh, 1808), p. 1.

[9] "illustrating the words in their different significations, by examples from ancient and modern writers; shewing their affinity to those of other languages, and specially the northern; explaining many terms, which, through now obsolete in England, were formerly common to both countries; and elucidating national rites, customs, and institutions, in their analogy to those of other nations."

[10] A. J. Aitken, 'Le Dictionnaire D'ancien Écossais: Aperçu de son Histoire', in *Tavola rotunda sui grandi lessici storic; Firenze, 3-5 maggio 1971* (Academia della Crusca, 1973), p. 38.

[11] Jamieson, p. x.

[12] Donaldson, pp. ix-x.

[13] Donaldson, p. vi.

[14] Donaldson, p. 13.

[15] Jamieson, p. xiii.

[16] この論文については米山 (2008a) を参照。

[17] Jamieson, p. 26*.

[18] Jamieson, p. 25*.

[19] Jamieson, p. 25*.

[20] Jamieson, p. 31.

[21] cf. C. I. Macafee and Colm Ó Baoill, "Why Scots is not a Celtic English"; Elisabeth Westergaard, "Gaelic Influence on Lowland Scottish", *Anglia* 61 (1942); Colm Ó Baoill, "The Scots-Gaelic Interface", Charles Jones, ed., *Edinburgh History of the scots Language* (Edinburgh: Edinburgh UP, 1997).

[22] J. Derrick McClure, "English in Scotland", Robert Burchfield, ed., *The Cambridge History of the English Language* vol. V (Cambridge: Cambridge UP, 1994), p. 59.
[23] Jamieson, p. 37.
[24] Jamieson, p. 38.
[25] Jamieson, p. 25*.
[26] Colin Kidd, "*The Strange Death of Scottish History* revisited: Constructions of the Past in Scotland, *c.*1790–1924", *Scottish Historical Review*, vol. LXXVI (1997), p. 93.
[27] Kidd, "*The Strange Death of Scottish History* revisited: Constructions of the Past in Scotland, *c.*1790–1924", p. 93.
[28] Jamieson, p. 31.
[29] Jamieson, p. 31.
[30] Jamieson, p. vii. 前述のようにスコッツ語には複数の呼称があり、引用文中の"Scottish language"も既出の"Scots"も同じことばを指す。
[31] Jamieson, p. vii.
[32] Jamieson, p. vi.
[33] Murray G. H. Pittock, *Celtic identity and the British image* (Manchester: Manchester UP, 1999), p. 60.
[34] Pittock, p. 58.
[35] Jamieson, pp. vi–vii.
[36] Jamieson, p. ix.
[37] Jamieson, p. vi.
[38] Jamieson, p. vii.
[39] William Ferguson, *Identity of the Scottish Nation: Historical Quest* (Edinburgh: Edinburgh UP, 1998), p. 260.
[40] Ferguson, p. 261.
[41] Donaldson, p. ix.
[42] Donaldson, p. vi.
[43] Donaldson, p. 13.
[44] Robert Cawdrey, *A Table Alphabeticall* (1604).
[45] John Bullokar, *An English Expositor* (1616).
[46] Nathan Baily, *An Universal Etymological English Dictionary* (1721).
[47] Charles Richardson, *A New Dictionary of the English Language* 2 vols. (1836–1837).
[48] 主なものに初期英語文献刊行協会 (the Early English Text Society, 1864–)、チョーサー学会 (the Chaucer Society, 1868–)、新シェイクスピア学会 (the New Shakespeare Society, 1873–1890) などがある。
[49] Joseph Wright, Preface to *English Dialect Dictionary*, p. v.
[50] Joseph Wright, Preface to "the Grammar", *English Dialect Dictionary*, pp. iv–v.

51 A. J. Aitken, "The Lexicography of Scots: The Current Position", Karl Hyldgaard-Jensen und Arne Zettersten, eds., *Symposium on Lexicography III: Proceedings of the Third International Symposium on Lexicography*, May 14–16, 1986 at the University of Copenhagen, (Tübingen: Max Niemeyer Verlag, 1988), p. 327.
52 T. Edmondston, Preface to *An Etymological Glossary of the Shetland and Orkney Dialect* (London: Asher & Co., 1866), p. vi.
53 Edmondston, p. vi.
54 Edmondston, p. vi.
55 Edward Sapir, "Dialect", David G. Mandelbaum, ed., *Selected Writings of Edward Sapir in Language, Culture, and Personality* (Berkeley: University of California Press, 1949), p. 87.
56 Alexander Warrack, *The Scots Dialect Dictionary*, p. v.
57 Warrack, p. viii.
58 Aitken, "The Lexicography of Scots: The Current Position", p. 329.
59 James Wilson, *Lowland Scotch: As Spoken in the Lower Strathearn District of Perthshire* (London: Oxford UP, 1915), p. 3.
60 Wilson, *Lowland Scotch*, p. 3.
61 Wilson, *Lowland Scotch*, p. 6.
62 George Watson, *The Roxburghshire Word-Book* (Cambridge: Cambridge UP, 1923), p. vi.
63 H. J. C. Grierson, et al., eds. *The Letters of Sir Walter Scott* (London: Constable, 1932–1937), vol. 3.

第 3 章
DOST 編纂の計画及び
DOST と関連する研究事業

　辞書が完成に至る過程には、「計画」(planning)、「執筆」(writing)、「製作」(producing) の三つの段階がある[1]。これらの段階は、「記録」(recording)、「記述」(description)、「提示」(presentation) と呼ばれることもある[2]。ハートマン (R. R. K. Hartmann) によると、「記録」とは、辞書編纂の基礎を成す語彙を限定し、収集すると共に、整理するための諸々の活動である。コーパスを蓄積し、それがどのような性質のものなのか、またどの程度の範囲に及ぶものなのかを決定する。「記述」は、「記録」されたコーパスの資料を利用者に提示できるように体系化し、特色を持たせる作業である。集められた語彙からリストを作成し、系統立った計画に沿って分析・精選して配列する。「提示」は、これらの過程を経た資料を出版できるように整える最後の段階である。
　本章と次章では、これらの段階を追いながら *DOST* 編纂史の全体的な流れをつかむ。第 3 章では *DOST* の「計画」から「記述」までを扱い、第 4 章では「提示」について述べる。

第 1 節
DOST の計画

1.1　計画の端緒

　DOST の計画は、クレイギーが年代別の辞書を構想し、編集準備を整えていた 1919 年に遡る。1919 年、*OED* の編集主幹であったクレイギーは、*OED* 完成後の「新しい辞書計画」("New Dictionary Schemes") に

ついて言語学会で講演した。この講演では、古英語期、中英語期など年代別の英語辞書の作成と共に、アメリカとスコットランドの語彙についても各々の辞書としてまとめるよう提案された（序章参照）。クレイギーは、これらの辞書群によって *OED* の内容が補完されることを意図していたのである。

　講演の中で彼は、14-17 世紀にわたる古スコッツ語期（"the Older Scottish period"）という区分を設けた[3]。そしてジェイミソンのスコッツ語研究の成果を称える一方で、ジェイミソンの時代以降、それまで手稿でしか読むことのできなかった文献の多くが印刷され、当時よりはるかに正確な状態で利用できるようになったと述べている。また、*OED* や『英語方言辞典』によってジェイミソンの『語源辞典』の内容が補われてきた点も認めている。しかし、これらの辞書においてもスコッツ語の単語が、使用された年代の異なるイングランドの語彙と同種に扱われている例が多いと指摘している。クレイギーは、スコッツ語にも *OED* の「歴史的原則」に基づいた大辞典が早急に必要であると説いた。

　　非常に多くのスコッツ語文献が編集・再編集されている今となっては、古スコッツ語自体の辞書の準備がこれ以上先延ばしされねばならない理由は全くない[4]。

クレイギーのスコッツ語辞書計画は、この講演を契機として公式に発足した。実に完成の 83 年前のことである。

1.2 目的

　DOST 第 1 巻の序文で、クレイギーは *DOST* の目的を次のように述べている。

　　本辞書は、1600 年まで、及び 18 世紀の英語の一般的な用法と一致

しない場合に限っては 1700 年まで継続するスコッツ語史において、文学、文書、その他の記録に残された古スコッツ語の全ての語彙を示し、説明するものである[5]。

2 代目編集主幹のエイトキンは更に具体的に、「現存する証拠で可能な限り、単語の細分化された語形、意味、コロケーションの全てを示すと共に、年代、場所、ジャンルにどのように分布しているのかを示す」[6]ことを目的に掲げた。これらの情報は、「第 1 に、原典から精選した引用を豊富に配列・提示することによって」、そして「第 2 に、見てすぐにはっきりとわからないような単語の語形、用法、分布の特徴を指摘する編集者の注や解説によって」[7]示される。しかしクレイギーの目指す *DOST* の姿とは、単にことばの情報を網羅したものではなかった。彼は以下のように明言している。

　　本辞書が単なることばの記録ではないことは、すぐにわかるだろう。本辞書が収録する多くの単語は、歴史あるいは法律に関するものである。これらはスコットランド国民の昔の生活と深く結びついたり、スコットランドの特徴を表したりしている。従来、これらの単語の多くは充分に歴史を遡って調べられてこなかったが、*DOST* がより詳細に示した証拠によって、大いに解明の光が投じられるのである[8]。

DOST には、土着のスコッツ語で記録されたスコットランド王国の営みが凝縮されている。*DOST* の最後の編集主幹ダローは、クレイギーが中世のスコットランド社会に特別な関心を寄せていたことを評して、彼を「机上の百科事典編纂者」("closet encyclopaedist")[9]と呼んでいる。古スコッツ語の記録としての役割に加えて、中世スコットランドの風土記としての役割を思い描いていた時点で、クレイギーは、*DOST* 編纂にはかの年代別辞書よりも強い動機を抱いていた。「この仕事を企画し、実

行するに当たって、私は非常に幼い頃からスコッツ語に慣れ親しんでいたこと、そして12歳の時から古スコッツ語の文学に関心を抱いていたことを強みに感じていたと言っても誇張にはならないかもしれない。」[10] 彼はDOST第1巻の序文をこのように締め括っている。

1.3 記述範囲―年代の範囲と資料の範囲

　発刊当初、DOSTが収録する語彙の年代範囲は、クレイギーが序文に記しているように基本的には1600年までであった。また、初出が1600年以降の単語も「当時の英語として普及していない場合、同じ語義で用いられていない場合、スコットランドの歴史・生活と特別な関連がある場合」[11]には収録された。第7巻以降では、「スコッツ語文献における初出が17世紀であっても、それより少し前に英語文献に見られた単語」[12]が収録されるようになった（第4章参照）。

　DOSTの年代の扱い方は、年代別辞書の中でも特色あるものとなっている。クレイギーの辞書計画から生まれた一連の年代別辞書は、次の二つの型に分類できる。一つは、「該当する年代と地域に関して精選した語彙を収録し、事実上、OEDの補遺として機能する辞書」[13]である。SNDは、この「補完的」(supplementary)辞書に当てはまる。もう一つは、「あらゆる単語とその用例を一語ももらさず、つまり包括的な語彙を記録し、その辞書の年代範囲に関してはOEDを凌ぐ辞書」[14]である。これは「包括的」(comprehensive)辞書と呼ばれる。DOSTの場合、1700年以前に関しては「包括的」辞書であり、古スコッツ語期の過渡期である1600-1700年に関してはOEDの「補完的」辞書である。

　DOSTの言語資料は、「基礎コーパス」(basic corpus)と「増補コーパス」(extended corpus)とに大別される。「基礎コーパス」には古スコッツ語の代表的な文献が含まれ、それ以外のものは全て「増補コーパス」に属する。コーパスのジャンルは文学作品にとどまらず、以下のような分野に及んでいる。

1. 権利証書 (cartularies) の類
2. 王室・国家の記録文書 (records: crown and states)
3. 法律 (law)
4. 地方の記録文書 (records: local)
   - 自治都市の出納簿・議事録 (burgh accounts and records)
   - 自治都市の裁判録 (burgh courts records)
   - 占有・遺言記録 (records of sasines and testaments)
   - 教会の記録文書 (ecclesiastical records)
5. 商業・職業・産業 (trades, occupations, industry)
6. 一族の記録文書・出納簿・資産目録 (family papers, account books, inventories) など
7. 文学・歴史・神学・議論に関する散文 (literary, historical, theological and polemical prose)
8. 詩 (poetry)
9. その他
   - フリーメイソン (freemasonry)
   - 園芸・畜産農業 (gardening and husbandry)
   - 保健・医学 (health and medicine)
   - 紋章 (heraldry)
   - 言語・語法 (language and grammar)
   - 音楽 (music)
   - 伝承 (traditional lore)

多くの公文書を含んでいるという点で、*DOST* のコーパスは、*SND* と大きく異なる。合邦以後も独自の法、教会、教育の体系が保たれたとは言え、近代スコッツ語期には、スコッツ語の使用域が非常に限定されたものとなった。古スコッツ語と近代スコッツ語との違いは、*DOST* と *SND* のコーパスの違いにも表れている。

第2節
記載項目の記録

　OED や *SND* と同様に、*DOST* も用例収集には多くのボランティアの閲読者を募った。*DOST* 最終巻には、多数の協力者の名前が列挙されている。そのうち、引用者として謝辞が送られているのは78名だが、それは数百名いた協力者のごく一部に過ぎない。協力者のほとんどは、文献学や歴史学の専門家ではなく、大学教授、公務員、エンジニア、主婦など様々な職業の人々であった。彼らは無償で閲読作業に参加し、その唯一の報酬は「この奉仕活動に関心を抱いているということ、そして愛国的な仕事をしているという満足感だけであった」[15]。閲読者の中には、クレイギーの妻や妹も含まれていた。クレイギーの義理の妹にあたる I. B. ハッチェン (I. B. Hutchen) は、1921–1945年まで作業に従事した。彼女は500もの印刷文献と数百の手稿を読み、書き取った引用は10万例を超えた。

　エイトキンによる文献閲読計画の拡大（第5章参照）で引用文献の数は1295に上り、50名の引用者が増員された。引用者は割り当てられた文献を読み、実際に使われた単語の形、それが使用されたコンテクスト、引用文献や用法に関する情報などをスリップカードに記入する。編集側から出された指示は、「非常に綿密であるが、同時にかなり漠然」としており、「要するに稀少語を選ぶように」というものだった[16]。収集の対象とされたのは、以下のような例である。

- 珍しい用法で用いられている単語。
- スコットランド語法、特に単語・語形・意味がスコットランドに限定されているように思われる場合。
- 通常、それ自体で意味が明白になる単語・用法の初期の例。
- 「文化に関する」("cultural") 単語、あるいは古物に関する単語。

引用者によって記録された用例は、大体次のような基準で分類される[17]。

- 意味、イディオム、コロケーションなどの点で新しい用法が当てはまるもの。
- 新しい綴りで文献に現れたもの。
- 初出例又は最終例を更新するもの。
- 既に収集された用例よりも内容的にすぐれているもの。
- コンテクスト自体が意味を示すもの (self-defining examples)。
- 社会、文化、古物に関して付加的な情報を提供するもの、あるいは面白みのあるもの。
- 拡大コーパスで頻出する単語が基礎コーパスにも現れた場合。

上記の基準に当てはまらないものは、一般的な機能語の通常の用法も含め、対象外とされた。OEDの場合も、コンテクストによって単語の意味が説明される例を収集するように求めたが、マレーは、稀少語と共に一般的な語についてもできるだけ多く引用することを引用者に指示した[18]。これらの基準の判断は、引用者自身の「直観」(intuition) のみに委ねられた。当然のことながら指示の解釈は引用者によって様々であり、編集員の要望が満たされるとは限らなかった。

> 確かにほかの歴史的辞書の編集員は、引用者が文章を短縮したために、より完成度の高い文章の中でその項目語が示すのとは異なる品詞、もしくは用法があると思わせてしまう巧妙なやり方に熟知するだろう。しかし、DOSTに取り組んでいる我々ほど、この巧妙なやり方に熟知する者はいないだろう[19]。

このように、「記録」された引用資料から収録語項目を「記述」する過程で、編集員は引用者が陥りがちな誤りに細心の注意を払わなければならない。それでもなお引用者の存在は不可欠であり、収集された資料を整

理する編集員の技量は計り知れない。DOST第3巻の序文には「ボランティアの閲読者たちの労によって、DOSTに膨大な量の資料が追加されることになった」[20]という謝辞が記されている。

第3節
語彙情報の記述

3.1 収録語項目例―DOSTのミクロ構造

編集は、辞書作成の中でも中心となる作業である。編集方法について述べる前に、ある収録語を例に挙げ、一般的な収録語項目にはどのような情報が含まれているのか見てみよう。収録語項目は、綴りや文法など単語の形式に関する情報と、語源や定義など意味に関する情報で構成されている。これらは、辞書全体の構造（マクロ構造）に対してミクロ構造と呼ばれる。図4の例には、見出し語、品詞、異綴、語源、定義、引用、その他の参照事項が記載されている。

この例の場合、見出し語には"Gif"と"Gyf"の2通りの綴りが挙げられている。次に品詞ごとに情報が記載される。この語には接続詞として

図4　DOSTのページ見本

Gif, Gyf, v. Also: **giff, gyff, gife, gyfe**. P.t. **gaf, gaff, gaffe**. P.p. **gifin, -yne, -en**, (gif), **giffin, -yn(e, -en, giffne; gyfin(e, gyffin(e, -yn(e, -yng, -en**. [ME. *gyf, gyfe, gyffe, gif, gife, giffe,* early *gifen* (c 1200), OSw. *giva* (Sw. *gifva*), ODa. *givæ* (Dan. *give*), varying in vowel from ON. *gefa,* Gefe, Geve. The double *f* is most frequent in disyllabic forms as *giffis, gyffis, giffin, g yffyn,* etc.] To give, in various senses.

1. *tr.* With some material thing as object. (a)　Homines prestabunt [*gl.* sal gif], etc.; *a* **1350** *Facs. Nat. MSS.* II. 14. I sall gif hym my chartyre; *c* **1380** *Charter* (Reg. H.). It that thu gifis … Thu gifis for thu ma nocht away ber it; *Leg. S.* xliv. 75. Gifand till him … the remane therof gif ocht be attour; *Acts* I. 369/2. Kepe thaim fra giftis to gif or craff; *Gud Wyf & D.* III. Thai … said thai wald nocht gif him the hous; *Asl. MS.* I. 217/30. I gif me to the feynd all fre; DUNB. xxxiv. 28. [To] gif fra thame all armour and sic geir; STEWART 38285.

（以下省略）

の項目もあるが、ここでは動詞の項目のみを取り上げる。[ ] 内には語源が記されている。この語は、古ノルド語の "gefa" に遡り、古オランダ語、古スウェーデン語、中英語を経てスコッツ語の語彙に入ってきたことがわかる。"ff" のように f が重なるのは、二音節語に頻出する綴りであることも付記されている。この後に、「様々な意味において与えること」とだけ定義され、細かい意味ごとの引用が続く。"Gif" のような基本語の場合、どの程度の情報量が掲載されているのか示すために、巻末にこの項目全体を掲載した。

3.2 編集の工程[21]

上掲の項目を参照しつつ、編集作業の各工程について述べていく。実際の編集は、語義の分析、定義づけ、その配列という順序で進められる。引用は、これらの作業と同時進行で選別される。

まず、引用者から集めたスリップカードが整理される。編集員は、スリップカードの束を語義ごとに分け、意味上の結びつきや派生語の関連がある語義を識別する。語義によって細分化された単語は、更に語形の異なるもの同士、つまり綴りの違いによって区分される。続いて文献のジャンルごとに下位区分され、コンテクスト、独特のコロケーション、年代、場所、使用域などの分布が示される。語義と語義とをどこで区分するか、どこまで下位区分するかを判断する際には、これらが相互にどのように関連しているのかを考慮する。

次に、コンピュータ・データのコンコーダンスで、先行例などの見落しがないか調べる。資料で確認された異綴は収録語項目の冒頭で示すが、その中から、音韻論や歴史言語学の見地に基づいて見出し語となる形が選ばれる。母音は「スコッツ語母音の長さの法則」("Scottish Vowel-length Rule") に基づく綴り字が採用され、子音は通常、最も一般的な中世スコッツ語の形が採用される。稀少語の場合は、実際に見られた一つないしは二つの綴りのみが見出し語となる。古スコッツ語は音素上の

異形が極めて多いため、DOSTでは別個の収録語として区分される。音素の違いを示さない異綴は原則として区分されないが、これはDOSTの特徴の一つである。異綴リストは、第3巻までは巻末に別表で付けられ、第4巻以降はアルファベット順に辞書本体に収録されている。

更に、該当する単語の同族語についてOEDの引用を参照する。ジェイミソンの『語源辞典』やSNDなどからも、語義の区分や、単語を「取り巻く」("surrounding")歴史を示すのに役立つ情報を探す。動詞の場合、自動詞／他動詞、受動態／能動態、人称動詞／非人称動詞、目的語の数などが区分の基準となる。名詞の場合には、可算／不可算、生物／無生物、物質名詞／非物質名詞、人称／非人称などの点を考慮する。最も重視するのは、OEDの語源の記述が妥当であるか検討することである。また、特に用法については、古典ラテン語、中世ラテン語、古フランス語、中世フランス語、中世オランダ語、近代オランダ語、中世低地ドイツ語、古ノルド語、ゲール語をはじめとする諸言語の辞書やグロッサリーで更に調査する。語源については、古英語、中英語、初期近代英語のほか、ラテン語、フランス語、中世オランダ語などの比較資料からも証明できるよう遡って調べる。単語の位置づけを更に広い言語学的コンテクストの中で示すのに役立つ場合には、後世のスコッツ語に関する情報も記載する。

3.3 語義の分析と定義づけ

語義(sense)とは、「共通の意味あるいは文法の特徴を共有するコンテクストの集まりで、その単語が使用されたあらゆる古いコンテクストと区別する」[22]ものである。語義の分析とは、「比較的豊富な実例と参照事項を精選し、それらを配列することによって、語形、統語的状況、慣用的なコロケーションなどの言語学的な面と、年代、地域、ジャンルなどの言語学の範囲を超えた面とに関わる多くの諸相の中で、意味上・文法上の用法の全範囲を示す」[23]ために、引用を複数の語義に区分する作

業である。語義の分析は、正確な定義づけをするために不可欠な段階であり、DOSTのように単語の歴史的な意味の変遷を扱う辞書では特に重要である。語義を分析する際には、単語を直接支配するコンテクストと共に、名詞の修飾語、動詞の主語と目的語、形容詞の支配語など、その単語と最も密接に結びついた文法事項も考慮する。このように、語義の分析は収録語項目全体を視野に入れて行われる。

「語義の見取り図」("the word's semantic map")[24] が明らかにされた後、定義 (definition) が書かれる。定義は単語の意味上の発達を示すものであり、その意味が使用された年代の早い順に記される。多くの場合、最も初期に記録された例が単語の骨格となる基本的な意味を含んでいる。定義は品詞によって、また意味上・統語上の指標によって分類され、用法についても言及している。定義はできるだけ簡潔であるべきで、通常大きな活字で20語までとされる。小さな活字で脚注が組まれて定義を拡充することもあるが、引用自体が定義を不要とする場合もある（次節参照）。定義は、その単語がどのような種類のコンテクストに置かれているかを示し、類似する単語同士を厳密に区別する。各定義は便宜上分類されているが、本質的に独立したものではなく、ある連続性を持ってその単語の意味を構成している。ほとんどの定義は、通常の辞書に見られるような、言い換えによって表現するものである。語義が分析され、定義づけされると、それらの記述は年代等を考慮した順序に配列される。年代に関しては、OEDに記載されている年代以前の先行例を提示することが特に重視される。

次に、単語が実際にどのような機能を果たすのか、その用法 (application) を示す。これは主に単語の意味の区別と、独特の慣用法について記す作業である。語形と同様に、通常、各用法の初出例と最も新しい例は必ず記載される。「韻文のみ」、「初期のみ」、「スコットランドのみ」など、使用が限定される場合は該当する定義に続いて示す。

3.4 引用の選択

　引用は、DOSTが様々な利用者を対象とした歴史的辞書であること、年代や場所などによって語義の分布が適切に示されることを意識して選択されなければならない。編集員の目標は、「引用によって、それぞれの意味を区別しあう諸例を提示する」[25]ことである。つまり、ある意味が、別の引用で使われている意味とは異なる意味であることを明らかに示さねばならない。引用は、年代、場所、原典のジャンルのほか、特に散文であるか、または韻文であるかという点、コロケーション、語順、文の構造などの統語論的な点を考慮して、それらの要素が含まれた引用を適宜散在させる。DOSTは編集作業中も新しいテクストから引用しつづけるため、後の方のアルファベットの項目は、より詳細に扱われる[26]。つまりSやTで始まる単語の方が、AやBで始まる単語よりも多くの用例が扱われることになる。アルファベットの最初の方の内容に関しては、補遺で補われる。このように、複数巻から成る大部な辞書では、通例、「記録」、「記述」、「提示」の段階が同時に進行する。SNDや『中英語辞典』と同様に、DOSTも仕上がった順に分冊の形で出版しながら編集を続けた。

　定義を具体化する引用は可能な限り採用するが、古物研究や歴史に関する情報を加えるものが優先される。ジェイミソンの『語源辞典』、ライトの『英語方言辞典』、ラディマンが『エネアドス』のスコッツ語訳に付けたグロッサリー（第1章参照）などによって、補足すべき引用を選ぶ。引用の精選には、その単語の地理的な分布を示すコンテクストが考慮される場合もある。基本的に、1項目の引用の数は12例までとされている。エイトキンの次のことばには、定義より引用そのものを重視するDOSTの方針が表れている。

　　DOSTほど充分に用例を示した辞書では、定義ではなく引用こそ本辞書の負う主要な任務であり、主要な関心を寄せるものである。実

際に本辞書は、引用がアルファベット順に索引化され、分析された集まりであり、本辞書の利用者は原則として定義に頼らなくとも、ただ引用とその配列から自分自身で単語の意味の範囲や年代における分布、地域的な分布などを解明することができるはずなのである[27]。

3.5 古スコッツ語を扱う際の問題点

DOST 編集員は、日常的に古スコッツ語特有の難点と向き合ってきた。エイトキンは、特にテクストに関する問題として以下の点を挙げている[28]。年代の古い文献に共通することだが、古スコッツ語の場合も入手できるのは原典と推定されるテクストの校訂本に限られる。つまり、古スコッツ語期の書き手が残した自筆の文献はほとんどない。しかし、校訂本の中には信頼性に欠けるものもある。正書法が確立されていないことに加えて、それぞれの校訂者の手書きの文字を判読するのが非常に困難である。「我々の仕事は（中略）証明されたスコッツ語の語彙の用法を示すことであって、我々が単なる筆写者の大失敗や印刷業者の落ち度と判断した記録を提示することではない」[29] とエイトキンが述べているように、記述主義が原則であるとは言え、必要な場合には引用を校合する。原文には、書き手個人の特徴が多く含まれているので、編集側で統一した句読法・縮約形を用いて一貫性を持たせる。*DOST* が扱う文献には、同一語源から分かれた音素上の二重語及び異形 (phonemic doublets and variant) が頻出するため、読み取りには特に注意を要する。たとえば、国勢調査書 (Domesday Book) などの記録文献には、現在では標準化された "ʒ" と "y"、"y" と "th"、"u" と "v" と "w" などが混在し、略語も多用されている。

このような文献から正確な情報を抽出するために、編集員は各自の主観に基づいて単語の意味を捉える[30]。辞書は、ことばに関する事実を順序立てて配列したものに過ぎないと考えられがちだが、決してそうでは

ない。たとえば、その配列の方法一つとっても、編集員の主観が反映されることがある。編集員の主観に基づいて理解され、分析された意味が、個々の語義として示されるのである[31]。

　ランドウは定義者に必須の要素として、「ことばに対する感覚」("a feeling for the language")すなわち「語感」("Sprachgefühl")を挙げている。引用者が集めた無数の資料を分析し、系統立てていくのは、ひとえに編集員の「語感」にかかっている。「語感」とは「表現の適切さやニュアンス、文体、慣用表現を正しく認識する力」[32]である。歴史的辞書の編集者の手腕は、多くの引用を「歴史的原則」に則っていかに効率的に配列するかという点だけに表れるのではない。曖昧な意味を表す用例を、「互いに限定しあう語義のグループ」("mutually exclusive sense-groups")に確実に分類すること、つまり、それぞれの用例を厳密に区別しあう語義に分類することにこそ、彼らの主観と経験が反映される。数々の文献に対処してきた経験と、それを通して磨かれた「語感」が編集上の難題を解決してきた。エイトキンの次のことばは、DOSTの編集員に求められる資質を言い当てている。

　　歴史的・文化的な枠組みの中で単語の意味全体を適切に理解するために、出版されうるもの以上の相当な背景知識が求められる。出版物として直接目に見える形となるのは、このうちのごくわずかに過ぎないが、語義の順番と定義の多くは、この背景知識によって決定される[33]。

　辞書の編纂とは、ことばそのものについて幅広い見識を備えているだけではなく、そのことばが形成してきた言語共同体の歴史や文化についても様々な背景知識を必要とする。しかし、無分別に細部まで調べ尽くそうとするのは時間と労力の浪費であり、いたずらに完成を延期することになる。豊富な情報を選り分け、何を優先させて処理するべきか判断する能力が、作業の進行を円滑に保ち、記述内容の質を高めるのである。

第 4 節
DOST と関連する研究事業

DOST の編集の工程を概観したところで、*DOST* と関連の強い近代スコッツ語の主要な研究と、*DOST* とは扱う語彙の年代が重なる英語辞書について述べる。

4.1 『スコティッシュ・ナショナル・ディクショナリー』(*SND*)

SND の収録語の年代範囲は *DOST* の年代範囲を継続するもので、編纂の目的や記述形式などは基本的に *DOST* と変わりがない。唯一異なる点として、*SND* が音声資料を収録していることが挙げられる。これは、後に *SND* の編集をクレイギーから引き継ぐことになるグラントの目的意識と関わりがある。グラントは、アバディーン教員養成学校 (Aberdeen Teachers' Training College) の音声学講師であり、スコットランド方言委員会 (the Scottish Dialect Committee) の委員長を務めた人物である。スコットランド方言委員会は、1907 年に英語学会 (the English Association) のスコットランド支部によって設立された。この背景に、スコッツ語への学術的関心を喚起するクレイギーの演説があったことは特筆すべき点である。グラントのもとで委員会はスコッツ語の調査に着手し、(1) まだ辞書に記録されていない単語、意味、用例を集める、(2) 現存するスコッツ語の発音を正確に記述する、(3) 発音の違いによってスコットランドを諸方言地域に分けるという目的を掲げた[34]。このような活動を通して、スコッツ語の語彙や用例、地域ごとの発音に関する情報が集められ、*SND* の資料として活用されることになる。

1920 年代には文献からも語彙が収集されはじめたが、*SND* に関して言えば、当初は同時代の音声資料が主な調査対象であった。近代スコッツ語は、スコッツ語を取り巻く環境の変化から話しことばとしての側面を強めてきた。発音の差異は自ずと地域変種の分類の基準となり、*SND*

が音声資料を収録するのも理に適っていると言える。グラントの後任に就いたミュリソンは、地域ごとに記載していた引用を年代順に配列するという方式に改め、*DOST* と同じ体裁にした。この変更は、両辞典の利用者に利便性の向上をもたらしただけではなく、スコッツ語の全年代を扱う両辞典のつながりの強さを改めて認識させるものとなった。

4.2 『スコットランド言語地図』

現代のスコッツ語と直接重なり合う *SND* のようなプロジェクトが促進されたことで、地域変種に関する新しい研究事業が発足した。スコットランド言語調査 (Linguistic Survey of Scotland) は、エディンバラ大学英語・一般言語学教授のアンガス・マッキントッシュ (Angus McIntosh, 1914–2005) らが中心となり、地域変種の分布を特に音声面から綿密に調査したプロジェクトである。この成果は、地域変種を詳細に区分した『スコットランド言語地図』(*The Linguistic Atlas of Scotland*)[35] としてまとめられた。これにより、古スコッツ語の発音を近代スコッツ語の発音からある程度推測することが可能となった。

現在もエディンバラ大学では、スコッツ語辞書編集部と共に、スコットランド言語調査やスコットランド研究所 (School of Scottish Studies) などが大学の敷地内の一画を占め、スコットランドの言語研究の拠点となっている。「これらのプロジェクト同士が結びつき（中略）共時的な手法が歴史的アプローチにおいて発展し、適用されてきた」[36] ことは、スコッツ語研究が学問領域の枠を超えて多角的に取り組まれていることを表している。共時言語学と通時言語学とが相関的な研究成果を生み出す中で、*DOST* もこれらのプロジェクトの一翼を担ってきた。

4.3 『スコッツ語訳新約聖書』

言語学的な研究ではないが、*DOST* や *SND* の編纂と同時期に、新約

聖書がスコッツ語に翻訳されたことに触れておこう。第2章で述べたスコッツ語聖書の取り組み以降、20世紀後半になって、ようやく新約聖書の四つの福音書全てを含む翻訳が出版された。訳者のウィリアム・ロリマー(William L. Lorimer, 1885-1967)はダンディー(Dundee)の出身で、セント・アンドルーズ大学ギリシア語学の教授であった。彼は度々 SND の記載の不備を指摘した経緯で、編集部に校閲者として迎え入れられた。1947年に SND 協会に加わり、1953年に会長に就任したロリマーは、渉外役として資金援助の交渉などに奔走した[37]。

　ロリマーが『スコッツ語訳新約聖書』(*The New Testament in Scots*, 1983)[38]の構想を抱いたのは1945年頃で、1957年頃から翻訳に取り組みはじめた。ロリマーの訳はギリシア語原典からの翻訳であり、『欽定訳聖書』や既存のスコッツ語訳聖書の改訂ではないという点に独創性が見られる。ロリマーは、原典が必ずしも標準的なギリシア語の文語で書かれたものではないと考えていた。そのため彼が重視したのは従来の翻訳聖書に求められたような格調の高さよりも、文語になりすぎない口語的な表現を用いることであった。このようにして、民衆のことばで記された原典の特質にスコッツ語の土着性が合致した聖書が誕生した。ロリマーは存命中にほぼ翻訳を終えていたが、その死後、校訂・編集作業は息子に引き継がれた。初版は1983年で、用途別のスコッツ語中型辞典(第6章参照)が相次いで出版される時期に先駆けての刊行となった。2000年までに4回ほど再版され、2008年には、朗読を収録した CD が発売されている[39]。ロリマーの定評あるスコッツ語訳は、21世紀に音声でも鑑賞できるようになった。

4.4 『中英語辞典』[40]

　中英語の辞書編纂は、クレイギーの「新しい辞書計画」以前から素地が整えられていた。中英語を専門に扱う辞典としては、既にストラトマン(Francis H. Stratmann, d. 1884)の『古英語辞典』(*A Dictionary of the*

Old English Language, 1867)が出版されていた。1891年には、クレイギーより先に *OED* の編集員となっていたヘンリー・ブラッドリ (Henry Bradley, 1845-1923; 第5章参照)によって、この増補・改訂版が出された。その後、アメリカ言語学会 (the Modern Language Association) の後援により、1925-1930年はコーネル大学 (Cornell University)、1930年以降はミシガン大学 (University of Michigan)を中心に編纂が進められてきた。

ミシガン大学に編纂の拠点が移ると、クレイギーはオックスフォード大学出版局が所有する中英語の引用資料を全てミシガン大学出版局へ移管した。「新しい辞書計画」の一環として、『中英語辞典』(*Dictionary of Middle English*, 1952-2001) の編纂が本格的に開始されたと言ってよいだろう。詳細については省略するが、当初の計画よりはるかに大部な辞書 (総ページは15,000ページ) として完成に至った点、長期間に及ぶ編集作業が資金や編集員の不足で難航した点、編集部の置かれた大学が作業の運営に密接に関与してきた点、様々な助成金を基に運営してきた点など、*DOST* の場合と共通している部分が多い。1952年から分冊が出版された『中英語辞典』は、ムーア (Samuel Moore)、ミーチ (Sanford Brown Meech)、キュラス (Hans Kurath)、キューン (Sherman Kuhn)、ルイス (Robert E. Lewis; 第4章参照) など歴代の編集主幹のもとで2001年に完成した。

簡単に *DOST* の記述内容との比較を述べておく[41]。綴りについては、*DOST* は、特に第6巻までは異綴を詳細に区別して見出し語にしているのに対して、『中英語辞典』は語源に基づいて項目を分けている。一例を挙げれば、*DOST* は "y" と "i" を区別しているが『中英語辞典』は区別していない。語源については、*DOST* が可能な限り最終的な語源まで遡って記述しているのに対して、『中英語辞典』では多くの場合、中英語が直接派生した語源に重点を置いて記述している。

対象とする語彙の年代 (1100-1500年) が *DOST* と重なる辞書として注目すべき点は、『中英語辞典』には古スコッツ語がほとんど収録され

ていないという点である。それに対して*DOST*は、古スコッツ語の単語が中英語と初期近代英語の語形や語義とどのように対応しているのかを考慮した記述になっている。『中英語辞典』の分冊の刊行初期に、利用者からバーバーの『ブルース』(第1章参照)に現れる単語の扱いが不充分であると指摘されたキュラスは、スコッツ語文献に関しては『中英語辞典』の出版より15年前に出版されはじめた*DOST*に掲載することになっていると述べ、これは合衆国とグレートブリテンでは「周知のこと」("common knowledge")[42] であるという回答を示している。研究誌上におけるこのやり取りには、『中英語辞典』がクレイギーの「新しい辞書計画」を意識した事業であることが明言されている。図5に、*DOST*の"Gif"(図4)と対応する『中英語辞典』の"yēven"の項目の一部を示した。

　インターネット上では、『中英語辞典』事業の集大成となるオンライン化が進められてきた。印刷版の『中英語辞典』、『中英語辞典』の引証文献表に基づく『中英語ハイパービブリオグラフィー』(*HyperBibliography of Middle English*)、『中英語散文・韻文コーパス』(*Corpus of Middle English Prose and Verse*) の三つを合わせた『中英語コンペンディアム』(*The Middle English Compendium*) によって、多機能の検索が可能となっている。

　ミシガン大学では、1927年からC. C. フリーズ (Charles Carpenter Fries) を中心に『初期近代英語辞典』(*Dictionary of Early Modern English*)[43]の編纂も行われてきた。印刷版の辞書としては完成していないが、主要文献のデータベース化と語彙目録の作成が進められてきた。1996年からは『初期近代英語辞典データベース』(*Early Modern English Dictionaries Database: EMEDD*) がオンラインで利用可能となり、1999年に完成した。その後、2000年にはインターネット上の『初期近代英語語彙目録』(*Lexicons of Early Modern English: LEME*) の作成が開始され、2004年から順次公開されている。

図 5 『中英語辞典』のページ見本

yēven (v.) Also yeve, yevene, yewen, yef(e, yeffe, yeave, yive(n, yif(e, yiffe, yove, yofe, yven (e, yf, ȝeve(n, ȝewe, ȝef(e(n, ȝeffe, ȝeif, ȝive(n(e, ȝif(e(n, ȝiffe, ȝe(n, geve(n, gef(e, geffe, geife, give(n, giwe, gif(e(n(e, giffe, gief, gen, gin, eve(n, ive, h)if & yēve, ȝēve, (N) gēve & (chiefly early) ȝieve(n(e, ȝief(e(n, (early) ȝevan, ȝefve, ȝifven, ȝifæ(n, gifan, gievan, hyef, (early SWM) ȝeove(n(e, (early infl6.) givende & ȝon, ȝuue, ju, ȝeem, ȝyuer; sg.1 yeve, etc. & ȝivis, ȝeuen, ȝiuen, ȝifuen; sg.2 yevest, etc. & yefst, ȝefste, ȝifst, ges; sg.3 yeveth, etc. & yewet, yefth, yifth, ȝevit, ȝevid, ȝefth(e, ȝeft, ȝifth, gifves, gith, (N) ges, gis(e & (early) ȝived, ȝifæð, ȝiefð, gifð & ȝif, geuees; pl. (incl. impv.) yeveth, etc. & yevet, ȝevi(3)t, ȝeftis, githe, gis, (16th cent.) giffon, ges, (early) yeft & (error) ȝeuyf; p.sg. yef, yeave, yeaf, yave, yaf(e, yaffe, yove, yf, ȝeve, ȝef, ȝave, ȝaf(e, ȝaffe, ȝahf, ȝaufe, ȝove, ȝof, geve, gef(e, gav(e, gaf(e, gaffe, gove, gof, af, (N) gaif, (early) ȝeave, ȝeaf, ȝæf(e, ȝaif, ȝiaf, geaf, gæf, giaf, iæf, iaf & ȝevede, ȝevid, giwid, (early) gived; pl. yeve, yave(n, yaf(e, yove(n, ȝeve(n, ȝefen, ȝeif, ȝave(n, ȝavun, ȝaf(e, ȝove, ȝovin, ȝofen, geven, gefe, gave(n, gaf(e, gafin, gaffe, gove(n & (early) geaven, geafen, geafon, iæfen, iaven, iafen, (SWM) ȝefven, ȝeoven, (Orm.) ȝæfenn, gæfenn; ppl. yeve(n, yevine, yevone, yewe, yef (en, yeffin, yeaven, yeoven, yive(n, yif, yove(n(e, yowe, yowin, yofe, yoeven, ȝeve(n, ȝevun, ȝewin, ȝef(un, ȝeffe, ȝeife, ȝive(n, ȝif(e(n, ȝiffen, ȝove(n, ȝovun(e, ȝovn, ȝowin, ȝofen, ȝoffe, ȝon, geve(n, gevon, gewin, gef(en, geffe, geffin(ne, give(n, givine, givon, giwe, giwin, gif(e(n(e, gifun, giffen(e, gifhen, gove(n, gowine, gofe, gen(e, (N) gifein, gin(e, gien, (NEM) gein, (16th cent.) yffen, gon, (early) ȝefve & yeft, yoved & ȝeifi, govym, yolvyne. Contractions: yemme, emme (= yeve me); gevet (= yeve hit); ifstow (= yevest thou); gafs (= yef us); yovenet (= yeven hit); giffner (= yeven hire).

[From two sources: (1) OE gifan, giefan, gefan, gyfan; p. geaf, gæf, gaf; pl. gēafon, gēfon; ppl. gifen, gyfen & (2) ON: cp. OI gefa, OSwed. gifa, ODan.givæ.]

1a.

(a) To give alms, gifts, etc., give something voluntarily, make a gift; give generously (to sb.); give alms, gifts, etc. (to sb.) in response to a request; also, in partitive construction: ~ of, give of (one's means, goods, etc. to sb.);

(b) to give (sth. material) gratuitously and unconditionally, transfer ownership or possession of (an object, property, etc.) without recompense, give (alms, a gift, etc.), bestow; -- usu. with indirect obj.; also iron.; ~ awei, give (sth.) away;

(c) to convey ownership of (sth. material to sb.) in response to a request or plea, grant; give (sb. a requested gift);

(d) to convey ownership of (sth. material) for the accomplishment of a specified purpose or cause, contribute; donate (money, a gift, etc. to a religious house, God, etc.);

(e) to convey ownership of (sth. material, sth. to sb.) in accord with or in violation of a bequest; distribute (an estate); also, alienate (property from the heirs or possessor);

102

(f) to assign future ownership or disposition of (goods, property, etc.) by testament; bequeath (sth. to sb.); also, promise (sb. sth.) [1st & 2nd quots.]; also in fig. context [quot. a1500(?a1450)];

　(g) to reward (an inferior) with (sth., a woman), give (sb. sth.) in response to some service or good deed, in the hope of cultivating fame, etc.; also used iron.; also, reward (sb.) for services rendered (as distinct from rendering payment owed) [quot. c1300(c1250)]; ~ mede (reward);

　(h) to supply (sth.) as a dowry; dower (sb.) with (sth.);

　(i) to give (sb. sth. as an award or a prize), award (sb. a prize);

　(j) in proverbs and prov. expressions.

　　(a)　?c1200 Orm.(Jun 1) 12190: Þe deofell ... nass hiss mahhte nohht o þa To ifenn ne to sellenn.

　　a1225(?a1200) Trin.Hom.(Trin-C B.14.52) 9: Gief þe nedfulle.

　　a1225(c1200) Vices & V.(1) (Stw 34) 11/29: We sculen bliðeliche iuen ... alle ðe ... us for his luue besecheð of ðan ilche gode.

　　a1325(c1280) SLeg.Pass.(Pep 2344) 567: iueþ vs of oure oyle ffor oure lampes beoþ oute.

　　(1340) Ayenb.(Arun 57) 198/2-4: Ne þe ilke ne heþ herte to yeuene: þet ne yefþ er me acsi, þe ilke deþ wel þet yefþ to þe poure þet acseþ, ac he deþ bet þet yefþ wyþoute aksinge.

　　(c1384) WBible(1) (Dc 369(2)) Deeds 20.35: It is more blessid for to yue, more than for to receyue.

　　(c1387-95) Chaucer CT.Prol.(Manly-Rickert) A.225: Vn to a poure ordre for to yiue Is signe that a man is wel yshryue.

　　(c1387-95) Chaucer CT.Prol.(Manly-Rickert) A.487: Ful looth were hym to cursen for his tithes But rather wolde he yeuen ... Vn to his poure parisshens aboute Of his offrynge and eek of his substaunce.

　　(c1390) Chaucer CT.Pars.(Manly-Rickert) I.810: The speces of misericorde ben as for to lene and for to yeue and to foryeuen and relesse.

　　　　　　　　　　　　(以下省略)

4.5 『古英語辞典』[44]

　トロント大学 (University of Toronto) を編纂の拠点とする『古英語辞典』(*Dictionary of Old English*) は、キャメロン (Angus Cameron) を中心に 1969-1970 年頃に作業が開始された。当初からコンピュータを利用した作業が行われてきたことは、年代別の辞書の中で顕著な点である。碑文や手稿を含む 700-1200 年の古英語文献がコンピュータに全て入力さ

れ、1986年から作成されたマイクロフィッシュ版で、現在F項まで利用することができる。1997年からは、インターネット上のコーパス検索ツール『ワールドワイドウェブ古英語辞典』(*The Dictionary of Old English Corpus on the World Wide Web*)の計画が着手された。2007年には『古英語辞典オンラインA〜G』(*DOE: A to G online*)が利用できるようになり、また2008年にはCD-ROM版でA–G項までの検索が可能になっている。

＊　＊　＊

　これらの取り組みに共通するのは、作業が長期間に及びながらも、目的や理念が着実に継承されてきた点である。もたらされた成果は、完成に費やされた時間よりも更に長く学術的な要求に応え、社会の関心に耐えうるものであることが証明されている。また、それぞれの取り組みが進展する中で関連するプロジェクトが拡充していく点、コーパスなどのデータベース化や、一般市民に対する研究成果の公開と提供にコンピュータが活用されている点も共通の特徴として挙げられる。スコッツ語に関しては、*DOST*と*SND*の語彙収集によって、スコットランド文献協会(the Scottish Text Society)などを中心にスコッツ語文献の大規模な校訂・刊行事業が進められた。クレイギーをはじめ、*DOST*と*SND*の編集員はスコットランド文献協会の活動にも深く関わっている。グラントのことばを借りれば、「我々のいにしえの国民の話しことば」("our ancient national speech")[45]が、これらのスコッツ語研究を通して、新たな形で息を吹き返すことになったのである。

第 3 章 *DOST* 編纂の計画及び *DOST* と関連する研究事業

注

[1] Sidney I. Landau, *Dictionaries: The Art and Craft of Lexicography*, 2nd ed. (Cambridge: Cambridge UP, 2001), p. 354.
[2] R. R. K. Hartmann, ed., *Lexicography: Principle and Practice* (London: Academic Press, 1983), p. vii.
[3] *DOST* の副題にも示されているように、実際に収録されているのは 12 世紀以降の語彙である。
[4] W. A. Craigie, "New Dictionary Schemes presented to the Philological Society", *Transactions of the Philological Society* (1925–1930), p. 9.
[5] *DOST* vol. I, p. vii.
[6] A. J. Aitken, "DOST: How we made it and what's in it" presented at the Third International Conference on Scottish Language and Literature, Medieval and Renaissance, University of Glasgow, 1981.
[7] A. J. Aitken, "DOST: How we made it and what's in it".
[8] *DOST* vol. I, p. viii.
[9] Marace Dareau, "DOST: Its History and Completion", *Dictionaries* 23 (2000), p. 220.
[10] *DOST* vol. I, p. ix.
[11] *DOST* vol. I, p. vii.
[12] *DOST* vol. VII, p. vi.
[13] A. J. Aitken, "The Period Dictionaries", R. R. K. Hartmann, ed., *Lexicography*, p. 105.
[14] A. J. Aitken, "The Period Dictionaries", p. 105.
[15] A. J. Aitken, "Completing the Record of Scots", *Scottish Studies* 8: 2, (1964), p. 138.
[16] A. J. Aitken, "On some deficiencies in our Scottish dictionaries", W. Pijnenburg and f de Tollenaere, eds., *Proceedings of the Second International Round Table Conference on Historical Lexicography* (Dordrecht: Foris, 1980), p. 36.
[17] A. J. Aitken, "On some deficiencies in our Scottish dictionaries", p. 38.
[18] K. M. Elizabeth Murray, *Caught in the Web of Words: James Murray and the Oxford English Dictionary* (New Haven: Yale UP, 1977) p. 347.
[19] A. J. Aitken, "Textual problems and the dictionary of the older Scottish tongue", P. G. J. van Sterkenburg, ed., *Lexicologie, een bundel opstellen voor F. de Tollenaere* (Groningen: Walters-Noordhoff, 1977), p. 15.
[20] *DOST* vol. III, p. vi.

[21] 詳細は以下を参照。A. J. Aitken, "The Process of Editing"; "Editing process (Paper 9)"; *DOST* vol. XII, pp. clxxv–clxxxviii; A. J. Aitken, "Sense-analysis for a historical dictionary", H. Scholler and J. Reidy eds., *Zeitschrift für Dialektologie und Linguistik* 9 (Beiheft: Neue Folge, 1973); A. J. Aitken "DOST: How we made it and what's in it".

[22] A. J. Aitken, "Sense-analysis for a historical dictionary", p. 5.

[23] A. J. Aitken, "Sense-analysis for a historical dictionary", p. 5.

[24] A. J. Aitken, "DOST: How we made it and what's in it"

[25] A. J. Aitken, "Sense-analysis for a historical dictionary", p. 8.

[26] A. J. Aitken, "The Period Dictionaries", p. 108.

[27] A. J. Aitken, "Sense-analysis for a historical dictionary", p. 11.

[28] A. J. Aitken, "Textual problems and the dictionary of the older Scottish tongue", pp. 13–14.

[29] A. J. Aitken, "Textual problems and the dictionary of the older Scottish tongue", p. 13.

[30] 主観的なアプローチと対照的に、客観的に意味を分類したシソーラスのような辞書もある。cf. A. J. Aitken, "Sense-analysis for a historical dictionary", p. 8.

[31] A. J. Aitken, "Sense-analysis for a historical dictionary", p. 8.

[32] Landau, *Dictionary*, p. 354.

[33] A. J. Aitken, "The Process of Editing".

[34] J. Y. Mather and H. H. Speitel, eds., *The Linguistic Atlas of Scotland*, vol. 1 (London: Croom Helm, 1975), p. 5.

[35] J. Y. Mather and H. H. Speitel, eds. *The Linguistic Atlas of Scotland*, 3 vols. (London: Croom Helm, 1975, 1977, 1986).

[36] *The Linguistic Atlas of Scotland*, vol.1, p. 6.

[37] K. J. Dover, "William Laughton Lorimer 1885–1967", *Proceeding of the British Academy*, vol. LIII, 1967 (London: OUP, 1968), pp. 443–445.

[38] William Laughton Lorimer, *The New Testament in Scots* (Edinburgh: Southside, 1983).

[39] *The New Testament in Scots*, 12 vols. CDs. (The Lorimer Trust and Wild Goose Publications, 2008).

[40] 出版の経緯や編集方針については以下を参照。Henry Bradley, Preface to *A Middle-English Dictionary* by F. H. Stratmann (1878), A New Edition, Re-Arranged and Enlarged by H. Bradley (Oxford: Oxford UP, 1891), pp. v–xi; H. Kurath and S. M. Kuhn, eds., *Middle English Dictionary Plan and Bibliography* (1954), *Dictionaries: Journal of the Dictionary Society of North America* 23 (2002).

[41] Paul Schaffner, "*DOST* and *MED* and the Virtues of Sibling Rivalry", Christian J. Kay and Margaret A. Mackay, eds., *Perspectives on the Older Scottish Tongue* (Edinburgh: Edinburgh UP, 2005), pp. 120–129.
[42] Hans Kurath, "Some Comments on Professor Visser's Notes on the Middle English Dictionary", *English Studies* 41 (1960), p. 253. この経緯については N. F. Blake (2002) を参照。
[43] 出版の経緯や編集方針については Bailey (1980) を参照。
[44] 編集方針やほかの「年代別辞書」との関連については以下を参照。Frank and Cameron (1973); Cameron and Amos (1977); Healey (1985).
[45] William Grant and James Dixon, *Manual of Modern Scots* (Cambridge: Cambridge UP, 1921), p. xx.

第4章
DOST 編纂史
―完成に至るまでの執筆作業と問題点

　クレイギーの「新しい辞書計画」の演説から11年経った1931年、*DOST* と *SND* の最初の分冊が出版された。第1次世界大戦後の経済不況で、編集作業は難航した。クレイギーは、関連団体に *DOST* の購入を求める手紙を500通余り出したが、返事が返ってきたのは2通のみで、しかも断りの文面であった。スコットランドの学術界のこのような反応は、クレイギーをひどく落胆させた。

　DOST は1～2年に1冊ずつ分冊が出され、各巻は以下のような進度で出版されてきた。

　　第1巻 A–C (1937)　　　第2巻 D–G (1951)
　　第3巻 H–L (1964)　　　第4巻 M–N (1972)
　　第5巻 O–Pn (1983)　　 第6巻 Po–Quh (1986)
　　第7巻 Qui–Ro (1990)　 第8巻 Ru–Sh (1999)
　　第9巻 Si–Sto (2001)　　第10巻 Stra–Toere (2002)
　　第11巻 Tra–Waq (2002)　第12巻 War–Zur (2002)

第1巻から第2巻が出版されるまでは14年、第2巻から第3巻が出版されるまでは13年を要した。以後、次の巻が出版されるまでにかかった年数は、第3巻から第4巻が8年、第4巻から第5巻が11年、第5巻から第6巻が3年、第6巻から第7巻が4年、第7巻から第8巻が9年、第8巻から第9巻が2年、第9巻から第10巻・第11巻・第12巻が1年となっている。最終段階に、最も短い年数で出版を急いだことは、編集部の苦境を物語っている。

第1節
シカゴ大学出版局との関係

　*DOST*の初期の出版事業に携わったのは、クレイギーが勤務していたシカゴ大学である。シカゴ大学出版局は第1巻から第4巻まで印刷と出版の費用を全て負担し、クレイギーが煩雑な事務に時間を取られないよう配慮した。このことは、クレイギーが*DOST*に取り組みつづける大きな支えとなった[1]（第5章参照）。しかし第2次世界大戦中に、物資の不足から第2巻のD項の終わり近くで印刷が中断した。奇しくも"dull"（不振な）という語の後のところで、作業は頓挫してしまった。クレイギーは、自らの存命中に*DOST*を完成させるのは無理だと悟った。

　クレイギーの引退間際になって、シカゴ大学出版局は、厳しい財政状況を理由に*DOST*の出版継続に難色を示した。シカゴ大学出版局のヒメンズ（R. D. Hemens）がクレイギーに宛てた1952年3月25日付の書簡には、次のように書かれている。

　　完成まで出版を継続することに、我々が関心を持ちつづけているという点に変わりはありません。しかし、あいにく財政問題が改善されないのです。私はこの数年間、財政問題についてあなたに何度もお手紙を差し上げてきました。我々は分冊の販売価格を値上げしましたが、相対的に見て販売部数は少ないので、気づかぬうちに増加する経費に吸い取られています。*DOST*の作成及び出版計画を継続させるために必要な費用について話し合うと、時として落胆したり、気が滅入ったりしてしまいます。数年前のことですが、私は一度この計画を中止し、オックスフォード大学出版局への発注を取り消すようにという指示を受けました[2]。私は頑なにこの指示を無視しました。*DOST*の出版を完了させるのに、我々にできうる手立ては全て尽くすべきだと思っております。その気持ちは変わりません。私

は、何かよいことが起きて財政的な見通しを変えてくれるだろうという希望を持っておりましたが、私にできることはそれだけでした。あいにく、そのようなことは起こっておりませんし、むしろ財政は悪化しております。

この2年ほど前から、クレイギーはシカゴ大学出版局の同意を得て、エディンバラ大学に DOST の資料を寄贈する手配を整えていた。スコットランド諸大学の中でも、特にエディンバラ大学は様々な面から DOST のプロジェクトを支えていた。同大学の英語学・一般言語学教授のアンガス・マッキントッシュ(第3章参照)が、編集部の人事をはじめ、DOST に関するあらゆる事柄を率先して取り計らっていた。エディンバラ大学は、次第に DOST のプロジェクトの中核的な存在となっていく。エディンバラ大学総長からシカゴ大学出版局への1952年6月3日付の書簡には、DOST の運営基盤をめぐる新たな動きと、それに対する具体的な提案が記されている。

本学は、長年 DOST の業務を見直してまいりましたが、これは1950年10月5日の合意によって我々の共同義務となったので、DOST の編集員に関する諸問題に対して我々が新しい取り組みを行っているということをお知らせする時が来たように思います。近年、ご存知のように、サー・ウィリアム・クレイギーには A. J. エイトキン氏という助手がついており、その給与の一部はエディンバラ大学が支払っております。本学はまた、エイトキン氏に生活の場を提供しており、書籍と諸経費の面でいろいろ便宜を図ることができるようになりました。本学がこれ以上のことをするのは不可能ですし、近々、実際にこの財源からこれ以上援助を増やすお約束もできません。エイトキン氏は時折、カーネギー基金から一時的に少額の支援を受けてきましたが、近々この基金から充分な助成金が得られるとは到底考えられないのです。

この時期、*DOST*のプロジェクトは、明らかにスコットランドを中心に進められていた。エディンバラ大学は、編集員の補充をスコットランド4大学会議に申し出た。スコットランド4大学会議では、*DOST*と*SND*が直面している窮境への対応策が話し合われた。手紙には、同会議による勧告の主旨が示されている。まず、両辞典の編集作業はエディンバラ大学で行われるべきであり、アバディーン大学で作業をしている*SND*の編集員がエディンバラ大学へ移ることが促されている。次に、スコットランド4大学と両辞典との代表から成る新しい合同委員会「スコットランド辞書合同委員会」(the Joint Council for the Scottish Dictionaries) の設立が提唱されている。これに伴い、スコットランドの4大学は両辞典への妥当な財政支援を請うこと、そして手始めにフォード財団にその申し入れをすること、またアメリカとイギリス両国において、ほかにも財政支援をしてくれる可能性のある機関を直ちに調査することが盛り込まれた。これらの提案は、クレイギーとエディンバラ大学の連名のもとに提示されている。*DOST*の作業の進度を上げ、シカゴ大学出版局の負担を軽減するために、編集主幹とエディンバラ大学が緊密な体制をとっていることを印象づける書面であった。
　エディンバラ大学側は、あくまでも「*DOST*の著作権はシカゴ大学出版局にある」という点を変更せずに、「合同委員会は編集面に関してのみ発言する権利を持ち、それはイギリス国内において行使されるものとする」ことを提案した。そして合同委員会が「印刷面に関しては干渉しない」ことも付言した。更に、シカゴ大学が合同委員会の代表権を持つか、それとも現行通り編集員に作業の進展を報告させるに留めるのか、選択肢を提示した。つまり、合同委員会に加わるか否かの判断はシカゴ大学出版局側に委ねられたのである。1952年6月24日付のシカゴ大学出版局からエディンバラ大学への書簡には、次のような回答が述べられている。

　6月4日付のお手紙を拝受し、文面について熟慮致しました。我々

は長い間、DOSTだけではなくSNDの財政的な窮状を存じております。両辞典のための新しい合同委員会を設立し、エディンバラ大学に編集部を置くという計画は、編集作業の資金問題を解決するのに理に適った、望ましい方法です。我々はDOSTの作成と出版の資金調達に関して、現実的な問題に直面しております。印刷費用が更に高くなり、分冊の数が増したので、最初の出版計画は完全に行き詰まり、崩れ去ってしまいました。合同委員会の代表であることは、シカゴ大学出版局にとって何の利点にもなりません。機会を与えて下さることには感謝致しますが、編集員が現行通り作業の進捗状況を報告しつづけて下さるのが、この件を処理する最善の策と考えます。

その後も合同委員会はシカゴ大学にDOSTの運営状況を報告してきたが、半年も経たないうちに次のような書簡が届いた。1953年11月9日付で、シカゴ大学出版局から合同委員会に宛てられたものである。シカゴ大学出版局は、かねてからこの意向を伝える時機を窺っていたようであった。

1953年6月の覚書では、DOST完成まで15年かかる案が推奨されています。これによれば、おそらく合同委員会もエイトキン氏もDOSTにかかる全期間と仕上がりの進度について満足のいく合意に達したということになります。1931年に最初の分冊の出版に着手した時、25分冊ほどが約10年で完成するものと見積もられていました。戦争やその他の要因が、この計画を妨げたのです。20年が経過しました。14分冊が出版されました。25分冊という当初の見通しは、あまりにも甘かったようです。印刷と出版の費用は一気に膨れ上がり、当初の予算を使い果たしてしまいました。恐縮ですが、DOSTの出版に必要な我々の補助金の金額が、多少とも我々を助けるために軽減されるという旨をあなたの要請に加えた場合、あなた

の立場が危険にさらされるとお考えになるかどうかお尋ね致します。

　これは事実上、シカゴ大学出版局が DOST のプロジェクトから身を退くという意思表明であった。しかし、DOST 側も簡単には引き下がらなかった。1ヵ月後の 1953 年 12 月 7 日付の書簡で、合同委員会はシカゴ大学出版局に、フォード財団へ資金援助の申し入れをしたと報告した。財団の方針に照らしてみても助成金が認可される望みは薄かったのだが、それを承知の上で、委員会は敢えて申請を試みたのだった。そして、財団とは親しい間柄であるシカゴ大学からも申し入れをしてほしいという一縷の望みを託した。以下の文章には、何としてでも DOST の完成までこぎつけたいという委員会の強い決意が表れている。

　　少なくとも我々の眼には、合同委員会が設立されて以来、今後の見通しは改善されてきたと喜んで申し上げることができます。スコットランド諸大学の総長たちは、フォード財団のような団体への嘆願がどのような結果になろうと、力の及ぶ限り、妥当な年数内に両辞典を完成させるのに最善を尽くすことで合意しております。全て失敗した場合には、「スコットランド諸大学のためのカーネギー基金」から助成金を得ようと努力してみるつもりです。この場合、助成金は我々が望む額よりも少なくなり、両辞典の出版費用が他の方法で賄われなければならないことは間違いありません。しかし、適任の編集員が確保されるという保証が得られれば、当然のことながら、現在 DOST に関わる全ての人々には大きな励みになるのです。

　これまでも度々指摘してきたが、この書簡は DOST の編集・運営部門と、出版部門との間に大きな溝があることを露呈している。1950 年代に、長期にわたる大きな企画の拠点が国を隔てていること自体、進行の障壁となりうる。その拠点を結ぶ要の編集主幹が引退しようという時に、相互の関係が脆くなるのは致し方ないことかもしれない。出版の続行に

消極的になっているシカゴ大学出版局に対して、今となっては合同委員会も憤りをあらわにした。

> あなたのお手紙は、実際、合同委員会に新たな問題を提起しました。と申しますのも、合同委員会は、*DOST* の出版に関する諸問題をシカゴ大学出版局が自由裁量で処理なさりたいのだろうと思って、これまでそれらの問題については全く考えてこなかったからです。実際のところ、ここにいる我々が、シカゴ大学出版局とオックスフォード大学出版局との取り決めや、作成費用、販売価格がどのように設定されるのかという点、販売組織などについて全く存じ上げないことを認めて下さると思います。おそらく最初になさるべきことは、これらの件に関して、あなたが委員会にとって有益とお考えになるあらゆる情報を私にお知らせ下さることです。また、私見を交換する会合を設けたいと存じます。

合同委員会は今後の見通しについて具体的な数字を提示し、シカゴ大学出版局の説得に努めた。*DOST* が開始された当初と同じ学術的規模及び水準を保ちながら、42 分冊で完了することを委員会は想定していた。この時点であと 28 分冊残っており、完成まで 14 年かかると見積もられたが、正確な予測はできなかった。委員会は、シカゴ大学出版局の協力がなければ見通しさえ立てられないのだと書き添えた。

　合同委員会の強い姿勢に、シカゴ大学出版局は第三者の意見を求めることにした。1955 年 6 月 3 日付で、ヒメンズはオックスフォード大学のレン (Charles Leslie Wrenn, 1895–1969) に書簡を送っている。レンは、かつてクレイギーも着任していたアングロ・サクソン語学教授 (Rowlinson and Bosworth Chair of Anglo-Saxon)[3] の職にあり、『ベーオウルフ』のテクストを校訂するなど古英語研究に貢献していた。当時、彼は言語学会 (第 2 章参照) の副会長を務めていた。

サー・ウィリアム・クレイギーによって編集されている*DOST*に関して、ご意見とご助言を賜りたく存じます。ご存知のように、私共は何年も前にこの出版に着手し、1931年に第1分冊が出版されました。2ヵ月後には、第16分冊が出版される予定です。これはサー・ウィリアムが編集する最後の分冊です。今後の分冊は、この数年来サー・ウィリアムと仕事をしてきたエイトキン氏によって編集されます。全プロジェクトは、スコットランドの諸大学に引き継がれております。見積もりによると、辞典は全体で40分冊ほどから成り、完成まで約15年かかるとされております。原稿を準備する費用はカーネギー基金によって確保されておりますが、出版を援助する資金の都合はついておりません。出版事業は、私共が損益を負担して続けられてきました。損失はそれほどの額ではありません。しかし*DOST*の出版には、ほかの企画に使用されたはずの資金を使ってしまったのです。

ヒメンズはレンから端的な答えを引き出そうとしている。

あなたはもう私の質問を予想なさっておられることと存じます。*DOST*は一体どれほど重要なものなのでしょうか。*DOST*が学術界に格段に重要な貢献をするのを見ることになるのでしょうか。*DOST*の出版の資金調達について、あなたのご提案をお待ちしております。しかし、私共が本当に望んでおりますのは、*DOST*に対する非常に著名な研究者の評価です。評価を頂いたら、私共は*DOST*のために限りある資金を使いつづけるのか、それをほかの企画に転用するのか判断することができます。ご意見・ご助言を賜れば大変ありがたく存じます。

*DOST*の評価を下す人物としてクレイギーの教え子であるレンが選ばれたことは、*DOST*関係者にとって幸いであった。レンは、ヒメンズか

らの要請をマッキントッシュに内密に知らせ、1955年6月17日付でマッキントッシュから次のような返事を受け取っている。

> ヒメンズ氏からの手紙について、提案するチャンスを与えて下さり大変感謝しております。私自身が合同委員会側の人間なので、おそらくヒメンズ氏がこの件について私に手紙を寄こすことはないでしょう。そのため、尚更ありがたく存じます。この件については合同委員会のメンバーやエイトキンに知らせずに、全く私自身だけから回答するのが、おそらく最もよいと思われます。

マッキントッシュは、シカゴ大学出版局側に訴えたい要点を書き連ねた。まず彼が筆頭に挙げたのは、*DOST* が間違いなく重要であること、合同委員会を通してスコットランド4大学から支援を得ながら *DOST* の高い水準が維持されることは、多かれ少なかれ保証されているということである。レンは編集部の人事採用について相談に応じたこともあるので、プロジェクトの堅実性を示すような、直接知っていることを付言してほしいとマッキントッシュは頼んでいる。また、「全体的な *DOST* の真価」("its *full* value") は完成まで明らかにはならないことも強調している。弱い立場にありながら、マッキントッシュは「シカゴ大学出版局が放棄した場合、ほかの出版社が名乗りを上げて *DOST* の残りの巻を出版し、多大な賞賛を得るだろうということ、そしてそれはある意味で遺憾であるということを、おそらくほのめかせるでしょう」と述べ、シカゴ大学出版局にプレッシャーをかけようとしている。

　彼は更に、*DOST* の完成には、単独の辞書としての価値と、ほかの辞書を補完する辞書としての価値が見出せると指摘する。特に『中英語辞典』については、語彙の収録年代は *DOST* と重なるが古スコッツ語の資料を対象としているため、*DOST* の存在が不可欠であると述べている。*SND* や『中英語辞典』は *DOST* と密接に結びついており、これらの辞典の重要性と卓越性は、ある意味で *DOST* の完成にかかっていると

マッキントッシュは力説している。また、エディンバラ大学のスコットランド研究所が推進している辞書以外のプロジェクトと *DOST* を関連づけ、より大きな枠組みで *DOST* の重要性を継続的に捉えるよう求めている。「中世・ルネサンス期の北西ヨーロッパ文化の見取り図」[4]において、スコットランド研究が主要な位置を占めていることに着目し、*DOST* の認知度を更に高めるのに役立つと呼び掛けている。以上のような説明の後で、マッキントッシュはシカゴ大学側に非難めいた一言を付け加えた。

> 近年、*DOST* の編集側が大変な苦労と素晴らしい努力の末にようやく基盤を築き、それがヒメンズ氏を安堵させた後で、正にこの時になって、スコットランド4大学が揃う会議に、要の一員が突然、しかも（スコットランド4大学にとっては）説明もつかないまま退くと報告しなければならないとしたら、合同委員会は多少当惑し、落胆するはずです。

彼はこの書簡を次のように締め括っている。このことばこそ、*DOST* の完成を切望する彼の本心であろう。

> ご存知の通り、この6年間、私はこの全体的な問題について考えに考えを重ね、膨大な時間と努力を注いできました。それゆえ私は、この段階での頓挫を避けたいと望んでいるのです。シカゴ大学出版局が *DOST* の宣伝に関してこんなにも信じられないくらい投げやりであることは、最初からわかっていました（たとえばアメリカの教養雑誌は一誌として見本を受け取っていないのです）。もっとよく努力して宣伝すれば、シカゴ大学出版局が「わずかな損失」と認めている額を、少なくとも少額の利益に変えられるだろうと確信しております。

驚いたことに、レンはマッキントッシュのこの書簡の記述をほとんどそのまま用いて、ヒメンズへの返事を書いた。それに対してヒメンズからは 1955 年 6 月 28 日付で、以下の返事が届いた。

> 6 月 20 日付のお手紙ありがとうございました。特に、これほど長い分量を書いて下さったことに感謝申し上げます。頂いた情報は私共が DOST の出版を継続するか否か判断するのに役立つでしょう。私は、DOST の宣伝に関するあなたのご意見を、販売・宣伝部門に回覧させました。これは私共が度々話し合ってきたことです。記録によれば、我々は分冊を発行するごとに一貫して見本を送付してまいりました。しかし、出版される見本の部数は、悲惨なほど少ないのです。第 16 分冊が出されたら、それはまもなくですが、何か注意を促すことができるだろうと考えております。私も、我が社で出版が続けられるよう願っております。決定がなされたら、喜んでお知らせ致します。

結局、シカゴ大学出版局は DOST の事業から退くことを踏み止まった。クレイギーの恩義を忘れなかったレンの配慮、そしてその配慮を最大限に生かしたマッキントッシュの機転が、功を奏したと言えよう。その後、1969 年にロンドンのオックスフォード大学出版局は、販売・流通の協定を簡素化するため、DOST の出版権をロンドンのシカゴ大学出版局と共有することになった。DOST のプロジェクトは一命を取りとめたものの、慢性的な編集作業の遅延と財政危機の状態に変わりはなかった。これらの問題は表裏一体の関係にあった。作業の遅延が経費を増し、資金不足で充分な編集員が確保できず、更なる遅延が財政を圧迫するという悪循環に陥っていた。資金を得られないことだけが、編集作業を思うように進めることのできない理由ではなかったが、確かに主要な原因の一つであった。

1980 年代は、編集者が入れ替わり、DOST の運営・編集方針が変動

した過渡期である。クレイギーが提案し、実現にこぎつけたスコッツ語辞書計画であったが、彼自身が出版を見届けたのはわずか 2 巻であった。*DOST* より比較的早く作業が進んでいた *SND* の場合も、完成したのはクレイギーが亡くなって 17 年後のことである。補遺の作成に取り組む SND 協会 (the Scottish National Dictionary Association; 第 6 章参照) に対し、その頃 *DOST* は 4 巻目を出版したところであった。

第 2 節
「*OED* 依存型の編集法」("*OED* Depended Method")

　1981 年 1 月 28 日付の編集部のメモには、作業にかかる費用と期間を切り詰めるために、エイトキンが「*DOST* 独自の編集法」("Autonomous Method") を見直して、「*OED* 依存型の編集法」("*OED* Depended Method") の素案をまとめたと記されている。この方法では、基本的に *OED* の意味分析と語義をそのまま利用し、*DOST* の豊富な古スコッツ語資料に照らして正確な語義を再検討することはない。合同委員会が作業の簡略化を促したのに応じた妥協策であったが、完璧主義者のエイトキンには耐え難いものであった。エイトキンがこのような案を捻り出さねばならないほど、*DOST* は苦しい状況にあった。この時、エイトキンは次のように 20 年前を振り返っている。

　　1962 年、カーネギー基金から「より低い水準」を採択せよと課された条件に、私がもっと熱心に対応していれば、間違いなくもっと速い進歩が見られたはずである。もし「*OED* 依存型の編集法」のような効率のよい特別な方法をとっていたとしたら、我々は編集の速度を大いに増していたかもしれない[5]。

　「*OED* 依存型の編集法」は、古スコッツ語を扱うのに適した「*DOST* 独自の編集法」よりも辞書学的分析の水準を非常に低め、作業の自主性が

当然損なわれる。しかし作業時間をかなり短縮し、費用も大きく削減されることは確かであった。

　1981年2月20日の合同委員会では、「OED 依存型の編集法」の導入が正式に検討された。その場で「1994年までに編集を終え、印刷用原稿の確認と校正に1年かけること」、「T–Z 項については、これまで OED に記録されていない古スコッツ語の語形と意味だけを提示するという辞書学的分析の非常に低下した基準を用いること」が議題に挙がった[6]。「OED 依存型の編集法」では、DOST の資料に直接基づいた語義の分析ではなく、それに相当する OED の定義が転記される。語源についてもほとんど記されない。DOST 独自の定義が与えられるのは、DOST の早い巻に収録された単語の変異として語源が辿れるものと、「OED 依存型の編集法」で処理できない単語と用法に限られる。では、新たに DOST が古スコッツ語の辞書として編纂される意義はどこに見出せるのだろうか。「OED 依存型の編集法」を用いる場合にも、DOST の豊富な資料を生かすことができるのは主に引用である。DOST のように、ことばの歴史的使用を重視した辞書では、引用自体が定義の代わりとなることは第3章で述べた通りである。特別な用法や、語形・綴りに関する付随的な情報など OED に含まれていない内容も記される。合同委員会では、「OED 依存型の編集法」を採用すれば1994年以前に完成するだろうと予測された。

　「OED 依存型の編集法」を実施する最終的な決定を下す前に、合同委員会はシカゴ大学出版局の同意を得る必要があると考えた。しかし、シカゴ大学出版局は1981年3月に DOST のプロジェクトから遂に撤退した。前節で述べたように一時は持ちこたえたものの、同大学がクレイギーを招聘して作成した『アメリカ英語辞典』の完成後40年近くを経て、またクレイギーの死後四半世紀を過ぎて、自らの役目は果たしたと判断したのであろう。ただ、この時期の撤退は DOST 側にとって「全く予想していなかった」("totally unexpected")[7] ことであり、数週間前にエイトキンと交わした書簡の趣旨とも反するものであった。

シカゴ大学出版局の撤退後の動向を話し合うため、1981年4月23日に合同委員会が開かれた。再び「OED依存型の編集法」について議論が重ねられた[8]。この席で、現行の独自の辞書学的分析に関する前回の委員会の提案が一部修正された。新たに検討された辞書学的分析は、「OEDの辞書学的分析に厳密に従い、OEDの補遺で現代英語に用いられた方法のような形式でOEDの古スコッツ語資料を補う」というものである。ただ、「OED依存型の編集法」は、大きな収録語項目の記述内容に相当な質の低下を招くことが指摘された。原則として語源の記述は省略されるため、OEDで語源が得られない場合のみ新たな調査が行われる。その調査の範囲は最小限に留められる上、引用の下位区分も少なくなる。記述内容の質を維持するためには、「OED依存型の編集法」が回避されるべきであることは歴然としていた。しかし、そうすれば「2020–2030年頃まで完成を延期し、今の世代が完成した辞書を手にすることはできない」こともまた明らかであった。編集部は、簡略化した編集方法で編集期間を短縮するか、時間と費用を犠牲にしても独自の編集方法を貫くかという苦渋の選択を迫られた。

合同委員会では、同じ月にエイトキン、スティーヴンソン、ワトソン(Harry D. Watson)の3名の編集員が、それぞれ10日間、4.5日間、8日間、実際にこの方法で作業を試行した結果、編集作業が現在より2～2.5倍速くなることが報告された。彼らが「OED依存型の編集法」でSc項から最後まで編集し、3名全員がDOSTの完成まで作業を継続できる場合、1988年までに完成することが予測された。1年間に処理するスリップカードの枚数から計算すると、1986年か1987年に終了することになるが、スティーヴンソンが1984年に、エイトキンが1985年に引退し、その人員が補充されない場合には、1986年か1987年までにS項が仕上がるだろうと考えられた。但し、ワトソンがその頃までに現在の仕事の率を上げているとしても、彼一人でDOSTを完了させるには更に10–11年ほどかかってしまう。「OED依存型の編集法」の利点は、この方法が「古スコッツ語文献と古スコッツ語の歴史、生活、

実例 (realia) に関して幅広い知識を備えた「*DOST*独自の編集法」に劣らないほど、あるいは勝るとも劣らないほど必要とされている一方で、文献学や語源に関する同様の専門知識を全く必要とせず、語義を分析し、定義を示すという辞書学的技術もそれほど求められない」ことであった。合同委員会では「*OED*依存型の編集法」に変更しても、*DOST*には「実質的に現在とほとんど同じ資料が含まれるので、利用者自身が語義を分析できる」という肯定的な意見が挙げられた。更に、*DOST*が「現在、*OED*やその他においても得られないような語形成の歴史、年代・場所・ジャンルにおける語と語の用法の分布、コロケーションの適用、ニュアンス、意味に関する膨大な量の情報」を提供するという点には変わりがないと指摘された。

　最終的に合同委員会は、「現況下で委員会が唯一採ることができる現実的な計画は、「*OED*依存型の編集法」の採用に同意することである」と判断した。「*OED*依存型の編集法」は、あくまでも*DOST*プロジェクトの継続を優先させるための妥協の産物であり、この編集法では編集部が目指すべき結果が得られないという本音は変わらなかった。しかし「*DOST*独自の編集法」に固執することで、完成が更に数十年遅れるか、さもなければ完全に断念されるという事態だけは避けたかった。当初、*DOST*は「*OED*の古スコッツ語に関する補遺」となるために計画されたが、60年後、編集部は「*OED*依存型の編集法」をスコッツ語辞書に適用することが、「*DOST*独自の編集法」に劣る結果をもたらすと考えるようになっていた。クレイギーの時代から、*DOST*は多くの意味で変化を遂げていた。

第3節
1981年の査定

　1981年7月、マッキントッシュは*DOST*の窮境を第3回中世・ルネサンス期スコッツ語・文学国際学会 (the Third International Conference on Scottish Language and Literature, Medieval and Renaissance)で報告した。これは既に、同年4月23日の合同委員会で提案されていたことであった。マッキントッシュは、学会の参加者が「*DOST*について最も熟知している研究者たち」であり、「*DOST*が「*OED*依存型の編集法」で完成した場合に被る損失を最もよく判断できる」[9]と考えたのである。彼の期待通り、会場のスターリング大学では、「*OED*依存型の編集法」が*DOST*の独自性を損ない、スコッツ語辞書としての価値を著しく低めるという意見が挙がった。彼らの反応は、日刊紙「スコッツマン」の第1面（7月11日付）で*DOST*のプロジェクトの危機が報じられるきっかけとなった。「資金難が古スコッツ語辞典を脅かす」("Cash crisis threatens Old Scots dictionary")と題された記事は、分量としてはそれほど多くないが、*DOST*のプロジェクトが置かれた現状やマッキントッシュの発言の内容を詳しく説明している。

> 初期のスコットランドの生活を知る上で重要な貢献となる取り組みの完了が、大学の支出からの削減を理由に危機に瀕する可能性がある。世界中の60名の専門家が*DOST*のプロジェクトへの資金が削減されるかもしれないことを非難する公開書状に署名した。削減されれば、「スコットランドの学術界のひどい汚点」となるだろうと書かれている。書状にはこのように記されていた。「研究生活を通して、我々は文学と言語学の素晴らしい学術的取り組みの一つとして*DOST*に敬意を払ってきた。そして、スコットランドと世界の文化的な生活のために*DOST*が完成することを楽しみにしているのである」[10]。

この記事を通して、*DOST*を支持する人々はスコットランドの大学、銀行、金融機関、保険会社、その他の企業や関心を持った個人に、*DOST*のプロジェクトをできる限り支援してほしいと訴えた。マッキントッシュは、スコットランド人の自尊心を奮い立たせるように呼び掛けた。

私が知っているヨーロッパ諸国ではどこでも、この種の辞書が存在しているか、もしくは現在作成中です。その中でスコッツ語の辞書は資金提供が最も少ないのです。(中略) ヨーロッパの遺産に対する重要な取り組みとして、欧州経済共同体 (EEC) から資金が得られるかもしれません。(中略) しかし、地元であるスコットランドから多大な支援が得られなければ、私は DOST の将来を悲観してしまうのです[11]。

　この記事で言及されたように、学会から約2ヵ月後、9月1-3日にかけて、DOSTの進路を見極めるために外部の専門家による査定が初めて行われた。同年2月20日の合同委員会議事録には、「編集員の実施したことが、DOSTの質を宣告できる外部の学識ある査定者に査定されるべきである」[12]という記述がある。エイトキンとスティーヴンソンはまもなく定年を迎えることになっていたが、上級編集員 (senior editors) である彼らを可能な限り長く DOST 編集部に留める方策が検討された。ただ一人残るワトソンに比べて、高い技術と豊かな知識が備わった彼らには、短期間で高度な仕上がりを期待できたからである。資金の提供が定まらない場合には、彼らが引退した後、どちらか一人、あるいは両方とも給与を下げて、非常勤の助手扱いにすることも考えられた。当然、編集員に対する合同委員会のプレッシャーもあった。迅速な判断と調査の短縮化が求められた結果、「事実上、新しい資料が次第に取り入れられなくなっていった」とエイトキンは回顧している。しかし彼によれば、これらの応急処置は「著しくアウトプットを加速したわけではなかった」[13]。

　合同委員会は、優れた辞書編纂家と古スコッツ語研究者を招いて、DOSTの編集方針に関する報告と今後の進路への助言を求めた[14]。査定に参加したのは、OED補遺の編集主幹であるバーチフィールド (R. W. Burchfield)、エディンバラ国立考古学博物館 (National Museum of Antiquities, Edinburgh) のフェントン (A. Fenton)、トロント大学教授の

フォックス (D. Fox)、オックスフォード大学出版局のグレア (P. G. W. Glare)、グラスゴー大学 (University of Glasgow) 教授のライアル (R. J. Lyall)、『中英語辞典』のロビンソン (J. L. Robinson) の 6 名である。
　合同委員会は次のような選択肢を掲げた[15]。

- (a) 「*DOST* 独自の編集法」による 1995 年の完成。
- (b) 「*DOST* 独自の編集法」による 1994 年の完成。
- (c) 現在の編集員の引退後、スタッフが縮小することを踏まえた「*DOST* 独自の編集法」による次世紀の完成。
- (d) 「*OED* 依存型の編集法」によるより速い完成。

そして、(1) *DOST* は完成させられるべきか、(2) 従来通り編集が継続されるべきか、(3) 編集が代替方法 (「*OED* 依存型の編集法」) に替えられるべきか、という 3 点について査定団に尋ねた。エイトキンとスティーヴンソンは、(c) の選択肢をとった場合、完成するのは 2007 年頃だろうと考えていた。3 日間にわたる査定の結果、査定団は、*DOST* が完成するまで編集作業を継続すべきであると報告した。彼らは *DOST* の学術的な価値を認めた上で、「「*OED* 依存型の編集法」は極めて劣った選択肢である」[16] という結論を出した。しかし今回の査定では、その他の選択肢に沿って具体的な完成予定時期を確定するには至らなかった。プロジェクトを貫徹させることと、従来の編集方法を継続させることが、査定団の回答であった。
　査定後、1981 年 11 月 16 日に開かれた合同委員会では、次の点が確認された[17]。

- (1) 1 名の編集員 (エイトキン) が行っていた「*OED* 依存型の編集法」の試行は中止する。
- (2) 今後は全て「*DOST* 独自の編集法」によって作成する。
- (3) 委員会は遺憾ながら、上級編集員の引退後、後任者には資金を

提供しないというスコットランド諸大学の決断を承認せざるを得ない。
(4) 委員会はスコットランド諸大学に対して、上級編集員の引退後に編集員1名と事務処理をする助手1名への資金提供を継続することと、そのような形で諸大学がプロジェクトに携わっている証を示すことを要請すべきである。仮にどこかの出版社が関心を示すことがあったとしても、あるいは外部から資金が得られるかもしれないという望みがあったとしても、諸大学へはこのことを要請する必要がある。

また、助成金の支給を受けている英国学士院に年次報告を送付したことに伴い、今後「*OED* 依存型の編集法」を採用しないという旨を学士院側に伝えることが合意された。

　1981年の査定では結局、編集方法を変更せずに、*DOST* のプロジェクトを続行することが確認されるに終わった。しかし、「*OED* 依存型の編集法」への変更が持ち上がったことは、*DOST* のプロジェクトが初期の頃より独自性を強めてきたことを裏づける指標にもなった。「*OED* 依存型の編集法」では、*OED* の記述に古スコッツ語の情報が充当されるに留まり、*OED* の内容を補完する以上のものは生まれない。本来、クレイギーが提唱したスコッツ語辞書は、このようなものであった。それが再び考案・検討されるということは、*DOST* が当初とは違った姿で歩き出していることを示している。目に見える進歩はわずかでも、「*DOST* 独自の編集法」に基づいて、質の高い辞書作りが半世紀以上続けられてきた。窮状を耐え抜きながら、*DOST* はいつの間にか *OED* の補遺的な存在を超える水準を目指すようになっていたのである。

第4節
新規巻き直し──エイトキン引退後の*DOST*

　査定が実施されてから2ヵ月後、合同委員会の取り計らいでアバディーン大学出版局が印刷と出版事業を引き継ぐことになった。第5巻、第6巻、第7巻はその他の巻と比較して短い年数で刊行されているが、これらはアバディーン大学出版局によって出版されたものである。編集部とアバディーン大学出版局との関係は良好であったが、同出版局はあいにく1992年に倒産してしまった。残りの巻については、1983年まで印刷を手掛けていたオックスフォード大学出版局が請け負うことで最終的に落ち着いた。その紆余曲折を反映して、第7巻から第8巻の間は出版に再び年数がかかっている。

　印刷・出版の段階になって発行元が転々とした点からも、編集時から完成時まで一貫して*DOST*に対する理解や期待が充分であったとは言い難い。複数巻の歴史的辞書の企画が、一般の辞書より甚大な時間と費用を要することが、事業への参画を躊躇する一因であったと考えられる。それを割り引いても、*DOST*による古スコッツ語研究への学術的貢献は、堅実な支援をなかなか得られなかった。しかし、完成間際になってからの経済状況は比較的恵まれていた。作業の加速化という問題に直面しつづけたとは言え、スコットランド行政府やスコットランド芸術審議会（序章及び第6章参照）など公的機関の援助を確保できたからである。

　1981年の査定で運営面の脆弱さが指摘されてから、人事に関しても見直しが求められた。エイトキンの引退後、主要な編集員として作業を引き継いだのはワトソンとダローである。編集部の人事異動については表2を参照してほしい。本書では、編集の中心的役割を担った人物を「編集主幹」と呼んできたが、正式には、クレイギーもエイトキンも*DOST*編集部の記録では単に「編集員」(editor)である。初期の頃は、編集部内で全てを統括する人物だけに「編集員」の肩書きが与えられていた。「編集員」の下には「准編集員」(associate editor)が1名おり、その他

のスタッフは「編集助手」(junior assistant editor または assistant editor) と呼ばれていた。"editorial assistant" とは、実質上「事務助手」(clerical assistant) を指した。1981 年の査定後は、「上級編集員」(senior editor) の下に、それ以外の「編集員」が置かれるようになった。運営面の責任者は「編集長」(editor-in-chief) と呼ばれていたが、「主任」(director) に改められた。完成間近になると、上級編集員の役割を「運営主任」(administrative director) と「編集主任」(editorial director) とに分割した。

エイトキンという大黒柱を失い、編集部は、時間を節約しながら DOST の質を維持するというバランスを取るのに必死だった。エイトキンから編集を引き継いだ時、ワトソンは編集部に入って 8 年目、ダローは中断を挟みながら 10 年目を迎えていた。DOST はエイトキンの在任中から数々の危機に直面してきたが、完成に向けた最終段階で状況は更に切迫していた。やがてワトソンは運営主任となり、ダローは編集作業を統率する役割を担うようになる。

エイトキンが引退して最初に第 7 巻が出版された 1990 年は、「改革とプレッシャーと、最終的に加速した進展」("reform, pressure and, ultimately, accelerated progress")[18] がもたらした最終段階の幕開けであった。第 7 巻には、以前の編集方法を刷新した点がいくつか見られる。ダローが編集主任になってから、DOST 編集部は、単語が使われた中世スコットランドの社会的な背景を特に重視するようになった。ダローは、「スコッツ語の社会言語学的側面」を「編集の過程における根本的に重要な要素の一つ」と考えた。彼女の言う「スコッツ語の社会言語学的側面」とは「社会における単語の機能」、つまり実際の社会で単語がどのように使用されたか、ということを指す。この編集方針は、項目の配列や語義の説明に反映され、古スコッツ語を専門に扱う DOST の独自性が更に強まった。たとえば、エイトキンが編集した "service" という語義の配列を、ダローは再検討した。エイトキンはこの単語の語義を OED と同じように配列していたのだが、ダローは、スコットランドではこの語が第一に封建的な意味合いで用いられたと考え、OED の記載

ではそれが適切に表されていないことに気づいた。彼女は、スコットランドで使用された語義を優先して項目を組み直した。

　ダローが編集主幹になった 1986 年以降、DOST 編集部は、単語が使われた中世スコットランドの社会的文脈を特に重視するようになった。この編集方針は、見出し語の配列や語義の説明に反映され、古スコッツ語を専門に扱う DOST の独自性を前面に出すこととなった。

　音韻上の変種より意味上の変種が優先して扱われるようになったのも、変更点の一つである。

　　　クレイギーは音韻上の多様性を表記する際に、何か袋小路のように見える所へ入り込んでしまった。そのため、たとえすぐには明らかにならないとしても、音韻上の多様性と同様に、興味深い特徴を持った意味上の多様性を扱うのに大いに支障が出ることになった[19]。

これを改善するため、音韻上異なる変種でも意味が一致する単語は、同じ見出し語の下に記載するようにした。語源に関しては、従来の「時代遅れのスコッツ語観」("the outmoded view of Older Scots")[20] を一新した。それまで DOST では、古スコッツ語が初期の英語の形に由来するかのように扱われていたが、第 7 巻以降は、単語の原型及び発達と関連のある諸言語の語源が記されるようになった。

　また、ダローたちは「DOST の収録語は、それが同じ形で英語にも生じたか否かにかかわらず、それ自体が古スコッツ語の語彙の蓄積であるはずである」[21] と考えて、収録する語彙の年代範囲を緩やかにした(第 3 章参照)。DOST は古スコッツ語期に現れた全ての語彙を収録しているが、中にはイングランドで使用されたものも含まれている。この理由をクレイギーは、「単語や語義を完全にスコットランド語法のみに限定してしまうと、[語彙の]選択が度々困難に、あるいは独断的なものになり、スコットランドとイングランドの言語が互いに最も異なっていた時代の両者の関係を充分に示すことができないからである」[22] と説明して

いる。第7巻以降も、「その時代のスコットランド人が話したり書いたりしたものを何でもスコッツ語と認めることは、おそらく更に寛容な考え方であろう」[23] という見解に基づき、既に英語文献に現れている単語が17世紀のスコッツ語文献に初めて現れた場合も、その単語を収録するようになった。

　次に第8巻が出されるまでは、前述の事情によって9年も要しているが、その後わずか3年間で残りの4巻が出版された。この最後の10年間には、1994年と1996年に相次いで査定が行われた。1回目の査定 (1981年) が、第1巻が出版されて半世紀後であったことを考えると、2回目の2年後に3回目の査定が行われたことは、非常に画期的であったと言えよう。

第5節
1994年の査定

　編集方法の変更こそされなかったものの、1981年の査定は *DOST* のプロジェクトが改善される兆しをもたらした。1984年には、査定に携わったフェントンが「DOST 友の会」(the Friends of the Dictionary of the Older Scottish Tongue) を設立した。これは主に資金を集めるために作られた団体だが、2回目の査定の必要性を促したのはこの会である。「*DOST* の財政的な後援者に堅実な運営計画を示すために」[24]、1994年3月に2回目の査定が行われた。今回は次のような目的が掲げられた。

(1) 確実な完成日を定め、それをどのように達成するかについて勧告する。
(2) 編集部及びスタッフの仕事の手順と編集方針を調査する。
(3) 人員配置の水準について勧告し、設備の交換または追加を検討する。

第1の目的は、前回1981年の査定で達成されなかった目的である。今回の査定に先立ち、完成期限の大体の目安とされていたのは2000年末であった。前回の査定に参加したバーチフィールドは、1994年2月18日付の書簡で、「何とか*DOST*を完成させるべきであり、2000年までにそうするための方策が見つかることを強く希望する」と述べている。今回の査定の呼び掛け人であるフェントンも、2000年までに完成させることを編集員に迫っていた。このように、2回目の査定の最も重要な課題は、編集した原稿を2000年末までに印刷に回せるようにする方策を検討することであった。

　今回査定を実施したのは、エディンバラ大学言語学名誉教授のアッシャー（R. E. Asher）、オックスフォード大学出版局辞書部長のベンボウ（T. Benbow）、アバディーン大学英語学講師のマカフィー[25]、合同委員会委員長でダンディー大学英語学教授のスクレコヴィック（Victor Skretkowicz）の4名である。査定団は、エディンバラ大学内の*DOST*編集部で編集員と1名ずつ面接した。面接から、以下のような編集部の現状が明らかとなった。

　まず、*DOST*編集部では全体的な編集作業の手順が文書化されていなかった。また、各自が分担する作業についても明確な指示が示されていなかった。更に重大なことに、編集部の合意に基づく編集方針が事実上無いに等しい状態であった。現在の編集方針が文書としてまとめられたのは1971年であり、1979年に内容が補足されたままになっていた。1981年の査定時に「*OED*依存型の編集法」への変更が見送られた後も、従来の「*DOST*独自の編集法」について編集部全体で詳細を再確認することはなかった。編集員は1970年代の編集方針に従って作業していたが、それぞれの解釈は一様ではなかった。

　査定団に最も深刻に受け止められたのは、編集の各過程に明確な生産計画が示されていないことであった。編集員は、自分の担当した作業内容が全体としてどのようにまとまりつつあるのか、そしていつまでに仕上げなければならないのか具体的に認識していなかった。自分たちが

淡々とこなしている流れ作業が、やがて一つの形に組み立てられていく姿を思い描いていなかったのである。面接の前に各編集員は、簡単なアンケート用紙への記入を求められていた。その記述からも、編集員同士で互いの仕事内容への認識が食い違っていることが明らかになった。ほかの編集員がどのような仕事をどのくらいの期間行っているのかということについて、きちんと把握している者はいなかった。この原因は、編集部内で充分にコミュニケーションがとれていないためであると指摘された。

　査定の結果、DOST 側に課された課題は主に三つある。第1に、2000年末までの完成を目指すこと、第2に、「DOST のプロジェクトをより堅実に運営するための体制を導入すること」、第3に、「コンピュータと外部の会社を適切に利用すること」である[26]。編集員は、これらの勧告に対して次のような回答を示した[27]。完成予定は、査定の前から懸案されていた 2000 年 12 月 31 日を目標に定めた。そして現在、合同委員会委員長のスクレコヴィックを監事（manager）として迎え入れ、運営面を強化することとした。作成計画に関しては勧告通り、更に作業を進めるのではなく、S 項の出版用原稿を 1995 年末までに提出することと、データ入力に外部業者を利用することに同意した。T-Z 項の編集作業についても、2000 年末の出版に向けて効率化を図ることが確認された。アウトプットの目安は年に 2 分冊で、編集員は週単位で進捗具合を報告する。また、編集部内のコミュニケーション不足への対策として、毎日 10 分程度の会合を設けることにした。個人作業に陥りがちな編集員たちにとって、進度の報告や相談をする習慣を日常の業務に組み入れたことは重要であった。

　査定団からは、編集員の仕事の負担を軽減するために「教養あるアマチュアの起用」（"use of educated amateurs"）も提案された。辞書編集者として専門的な訓練は受けていなくても担当できるような仕事、たとえば現在、編集助手が行っているような仕事を彼らに分担させようという考えである。これについて編集員たちは、スリップカードを年代順に並

べたり、既に引用された参考文献から新たに引用を探したりする作業なら、「教養あるアマチュア」にも可能であろうと述べている。また、勧告では OED の CD-ROM 版の利用が促されたが、これに対して編集員たちは、将来的には重視するかもしれないが、現在の進行状況では必要ないかもしれないとの見解を示した。

編集方法に関しては、2000 年末の完成を実現させるために「根本的に異なる編集・確認方法」[28] が導入された。通例はスリップカードの半数が原稿として生かされ、残りの半分は却下される。以前の方法では全ての資料が処理され、編集が完了した後で、印刷する必要のないものが却下されていた。つまり、却下される項目にかけた時間と労力は無駄となっていた。新しい方法では、その項目を採用するか却下するかが最初に判断されるようになった。従って、その後に編集する資料が少なくなり、時間と労力の節約につながった。しかしこれは「部分的に成功したに過ぎない」[29]。というのは、大部分の語は非常に複雑な要素を持っており、編集初期の段階で多くの資料を削除してしまうのは危険を伴うからである。それでもなお、重複する内容の資料を早い段階で却下することは時間の短縮に効果があった。

また、語義の下位区分を簡略化することによって引用の数を減らした。そのほか、従来、編集員は自分の初稿が仕上がってから半年後にその校正をしていたが、1994 年以降は別の編集員が直ちに校正をすることになった。難しい問題の中には初期段階で解決できないものもあったが、作業の流れを止めずに解決に導こうとすることで、編集部は常に活気のある雰囲気に保たれた。

今回の査定には、『新簡約オックスフォード英語辞典』(*New Shorter Oxford English Dictionary*) 編集主幹のブラウン (L. S. Brown) も、特別顧問として別途参加した [30]。査定の翌 4 月に DOST 編集部を訪れたブラウンは、報告書の冒頭で「DOST の編集員に、可能な限り速やかに、財政面で本当に切迫している状態を充分に伝えるべきである」と述べた。丹念に仕事を進めている点は申し分ないが、自分たちが直面している危機

に対して自覚が足りないとみなしたのである。そして、作業にかかる時間を短縮するために、コンピュータへの手書き原稿の入力を外部の請負業者に委託するよう勧告した。まだ処理されていない1万枚ほどのスリップカードに関しても、同じ作品への全ての言及が確認でき、引き出せるように入力作業を委託することを指示した。

更に、「編集作業を中断し、全ての編集員は印刷された紙面の校正と、引用の確認及び拡充に専念すること」、「この確認作業が完了もしくは完了間近になったら、新しい編集手順の指針が、現在の編集員によってではなく、現在の編集員との相談の上で作成されること」、「必要であればこれに伴って編集員の必要条件と今後の編集員募集について見直すこと」が勧告された。完成原稿を少しでも速く印刷に回すために、一旦編集作業を中断するという大胆な提案は、早速実行に移された。また、編集部を視察したブラウンは、非常に旧式のコンピュータが設置されているのに驚いた。ブラウンは作業を行う設備を改善すべきであると考え、編集助手に1台ずつ、最低3台のパソコンとプリンター1台が必要であると述べた。

ブラウンは勧告の中で、「編集員は更に切迫した状況下で作業しているほかの辞書編集員と連絡を取る機会を持つべきである」と示唆した。彼女は査定後の6月8日に、DOSTの編集員をオックスフォードにある『新簡約オックスフォード英語辞典』編集部に招いた。これはブラウンの編集部で使用しているソフトウェアを視察するためでもあったが、DOSTの編集員にとって直接参考になるようなことは得られなかった。『新簡約オックスフォード英語辞典』はOEDの縮約版であり、DOSTとはあまりにも異なる類のプロジェクトであったからである。ブラウンからコンピュータ設備についての勧告を受けた編集部は、DOSTと同様の長期プロジェクトを進めている辞書の編集部に、コンピュータの利用が編集作業を効率化するのに役立つかどうか意見を求めた。DOSTの上級編集員ワトソンは、6月末に『中英語辞典』と『アメリカ地域英語辞典』(*The Dictionary of American Regional English*, 1985-2013) の編集主幹に書簡

を出した。『アメリカ地域英語辞典』の編集主幹キャシディ (Frederic G. Cassidy) からは 7 月 21 日付で返事が届いた。手紙の冒頭でキャシディは、査定で定められた DOST の完成予定時期について一蹴した。

「DOST を今世紀末までに完成させる」とは、無理な注文です。編集法を変更して、更にその変更にかかった時間をわずか 5 年間で取り戻すと言うのですか。

同様のプロジェクトを主導する編集主幹として、彼は DOST の編集がいかに年月を要するものであるか認識していたのである。『アメリカ地域英語辞典』の編集部では、数値を計算したり、地図上にデータを重ねて表示したりする作業にコンピュータが使用されていた。彼はコンピュータの有用性に理解を示しつつも、その利用範囲は限られると考えていた。

『アメリカ地域英語辞典』に関して言えば、編集員全員があらゆる便利な機能を搭載したパソコンを机上に置いていますが、いまだに引用スリップを用いて編集しています。我々の基本的なファイルは、1965 年から 70 年に行ったフィールドワークと、その他の資料（一部は印刷されている）から収集した 450 万以上のスリップカードです。我々には、収集した証拠資料を単一のコンピュータ・ファイルに保存するための時間と資金を作り出す余裕はありません。仮にそのようなファイルがあったとしたら、迅速に利用できるでしょうが、それぞれの「項目記事」に含めるべき証拠資料を選び出すのは、やはり編集員の手によらねばならないでしょう。

『中英語辞典』の編集主幹ルイス（第 3 章参照）も大体同じ意見であった。彼は 8 月 8 日付の書簡に次のように書いている。

『中英語辞典』の編集部では、私が1980年代初めに編集部に加わった直後にコンピュータを使いはじめましたが、それはあくまでも原稿の作成用であって、編集用ではありませんでした。我々にとっての主な問題は、データがコンピュータに入力されていないということでした。特に作業が終盤にさしかかったところだったので、テクストを全てコンピュータに入力するなど思いもよらないことだったのです。DOSTのデータについても同じことが言えると思います。

1960年代に行われた実験によれば、コンピュータによる編集は従来の方法より時間がかかることが判明したという[31]。そのため、『中英語辞典』の編集部ではコンピュータ編集への転換は行われなかった。また『新簡約オックスフォード英語辞典』は、既に完成してコンピュータにデータが入力されているOEDを基にしており、その縮約版であるという点がDOSTや『中英語辞典』と非常に異なるので、同様の編集方法がDOSTに適切かどうかは疑問であるとの回答であった。

辞書の規模や扱う資料の特徴に共通点があり、DOSTと同じような問題に直面してきた辞書編集員の見解は、DOST編集部にとって非常に参考になるものであった。両辞典の編集部はコンピュータを利用した経験から、画面上で編集作業を行うのは不便であると考えていた。これは、DOST編集部が予測していた答えと一致していた。DOST編集部は「このことによって、我々自身の同様の感想が確かなものであり、我々の方法を根本的に変えようとしても得られるものは何もないと確信した」と述べている。

編集部での作業を全面的にコンピュータ化する案が見送られた一方で、データ入力を外部業者に委託する案については、早速実行された。1994年12月14日の合同委員会で、スクレコヴィックはマニラのSAZTEC社との交渉について説明している[32]。エディンバラで丸一日かけて行われた会合において、SAZTEC社がDOSTのプロジェクトに関心を示していること、この種の仕事をこなす能力があることが確認さ

れた。そして正式に申し入れをするに至ったが、翌1995年5月23日の合同委員会では、次のような懸念が示された。

　　*DOST*側の要求に対して、SAZTEC社の事業部長が示した態度と理解には非常に安堵した。フィリピンのSAZTEC社の社員が*DOST*のスリップカードをどのくらいよく読み取れるかという点については、不明のままである[33]。

1995年7月から試用期間に入ったが、SAZTEC社による入力ミスを減らすため、編集部では個々に従事していた作業を中断し、6名のスタッフを総動員して確認作業を行った。この作業は1996年1月から4月まで続き、後述のように、諸般の理由で業者を変更することになった。

　最後に、編集過程のどの段階においても合同委員会の監督下で作業が行われることという勧告に対して、編集員たちはこれを歓迎し、「我々には、これまで合同委員会との関係が非常に疎遠であるように思われた」と述べている。発足当初から*DOST*のプロジェクト・チームは少人数で編成されてきたが、だからと言って、まとまりのよい組織であるとは限らなかった。特に、プロジェクトが暗礁に乗り上げそうになる度に、実際に作業をする編集部と運営側の合同委員会との間を取り持ってきたのが、マッキントッシュであった。今や彼も高齢となり、両者はつなぎ役を失って問題ばかりが肥大していった。この最終段階において、マッキントッシュの存在の大きさが改めて認識された。近年では、今回の査定にも参加したスクレコヴィックがマッキントッシュに代わる役割を果たすようになってきていた。先述のように彼は監査に就任することになり、従来の役割を一層充実させることが期待された。編集員たちは次のように述べている。

　　この査定は非常に得るところが多かった。特にスクレコヴィック氏からの助言が極めて重要であった。*DOST*のスタッフとスクレコ

ヴィック氏との間に育まれてきた関係は、これ以上良くはならないと思われるほど良好であり、この状態が維持されれば、成功裡に完成にこぎつける見込みは充分にある。

以上のように、1994年の査定は DOST 編集部が辞書作成に新しい考え方を導入するきっかけとなった。査定に参加したオックスフォード大学出版局のベンボウは、DOST に高い学術的重要性があると強調し、同出版局が完成まで責務を全うすることを予見させた。1994年の査定は、DOST が「かつてない困難な時期を乗り切った」と感じることができるような自信を編集部にもたらした。

第6節
1996年の査定

1995年12月19日の合同委員会で、スクレコヴィックは2回目の査定が近年中に実施されることを提案した。今回の査定は、前回のように従来の欠点を羅列するのではなく、新しい体制がどのように進展しているのか評価するために行われることになった。

2回目の査定は1996年6月17-18日で、査定団には以下の人々が指名された。前回も参加したエディンバラ大学言語学名誉教授のアッシャーと合同委員会委員長のスクレコヴィック、それにグローニンゲン大学英語学教授のマクドナルド（A. A. MacDonald）と、合同委員会事務局長でエディンバラ大学英語学教授のウィリアム・エイトキン（William Aitken。編集主幹のアダム・ジャック・エイトキンとは別人）の4名である。目的は、(1) 1994年の勧告で導入された手順を査定し、2000年末の完成が本当に可能なのか判断すること、(2) 査定後に作成された DOST が査定前の質を凌駕しているか、という点に絞られた。

編集員からは以下のような回答が得られた[34]。完成予定時期は、前回定められた2000年末に変更はなかった。編集部はスクレコヴィックと

共に新しい編集方針を立て、1994年8月-11月にこれを試行した。運営組織の基盤を確立するという点に関しては、合同委員会がエディンバラ大学英語学教授のギリーズ（William Gillies）を企画監事（project manager）に任命した。彼は1995年1月に*DOST*のプロジェクトに参画して以来、新しい編集方針の実施を監督し、合同委員会とエディンバラ大学との連絡役として貢献している。編集員たちは、委員長のスクレコヴィック、事務局長のウィリアム・エイトキン、そして企画監事のギリーズから日常的に受ける助言を通して、合同委員会が*DOST*の活動にこれまでで最も深く関わっていると感じるようになっていた。編集部と合同委員会の関係は、この2年間でより密接なものに発展した。

データ入力の委託に関しては、SAZTEC社からSPIテクノロジー社（SPI Technologies Inc）という業者に変更した。SPIテクノロジー社もマニラを拠点とする企業だが、スコットランド南部のエアシャーのアーヴィン（Irvine）にヨーロッパ営業技術局を置いている。アメリカに本社を置くSAZTEC社とSPIテクノロジー社は親会社と子会社の関係にあり、変更は滞りなく行われた。後に（1997年11月）、ウィリアム・エイトキンがマニラのSPIテクノロジー社を訪問するなど、*DOST*の完成まで良好な関係を築いていくことになる。

編集部内の問題について見てみよう。前回の査定では編集員同士の情報交換が不足していると指摘されたが、1994年から日課となった打ち合わせには、週に1回、企画監事が出席するようになった。各自がほかの編集員の仕事の内容と進度を把握するために、仕事の進行状況と、作業時間に影響するようなほかの仕事を日誌に記録し、その報告は基本的に週1回回覧されるようになった。「教養あるアマチュア」の起用については、校正などは将来的に行われるかもしれないが、編集に直接関わる作業は非常に専門的で安易に委ねられないとの見解が示された。ほかのプロジェクトとの連携や*DOST*完成後のプロジェクトを展開させていくことについては、視野に入れられてはいたものの、この段階ではまだ着手されていなかった。

以上の回答と編集部の視察を通して、査定団はプロジェクトが計画通りに進捗し、その質は以前の作業に少なくとも比肩していると評価した[35]。そして2000年末の目標を達成できるという強い自信を示した。アッシャーとマクドナルドは、部外報告書を別途作成している[36]。それによると、彼らはこの査定で、編集と関連作業を2000年上半期までに終えることができると考えた。そのためには、1年に1分冊という現行の出版状況を改め、1997年以降は1年に1巻（通常5分冊分）を出版するようオックスフォード大学出版局に働き掛けることを合同委員会に勧告した。彼らの計画によれば、最終巻が2000年に出されることになる。期限は、あと3年半後に迫っていた。

＊　＊　＊

　2回目の査定を経て、DOST編集部は1999年に第8巻を出版した。1996年の査定の部外報告では進度が楽観視されたが、編集・校正・確認の最終段階で非常に厳しい作業をこなす中で、進度を速める余裕はなかった。総仕上げの作業と同時に、DOST完成後のプロジェクトを見据えた課題も生じてきたためである。編集部は、予定通り2000年12月に編集作業を終えた。翌年に第9巻が出版され、残りの巻の校正と確認作業も2001年6月に完了した。そして2002年、第10巻から第12巻までが出版され、遂にDOSTは完成した。

参考までに、図6にDOST/SNDの収支の推移を示した。

図6　DOST/SND の収支の推移

年度	1993/94	1994/95	1995/96	1997/98	1998/99	1999/2000
収入	£44,154 (約8,830,800円)	£62,258 (約12,451,600円)	£191,252 (約38,250,400円)	£204,544 (約40,908,800円)	£180,364 (約36,072,800円)	£202,801 (約40,560,200円)
支出	£130,826 (約26,165,200円)	£137,218 (約27,443,600円)	£148,043 (約29,608,600円)	£195,252 (約39,050,400円)	£224,953 (約44,990,600円)	£280,930 (約56,186,000円)

図7　DOST 編集部の主要人事異動

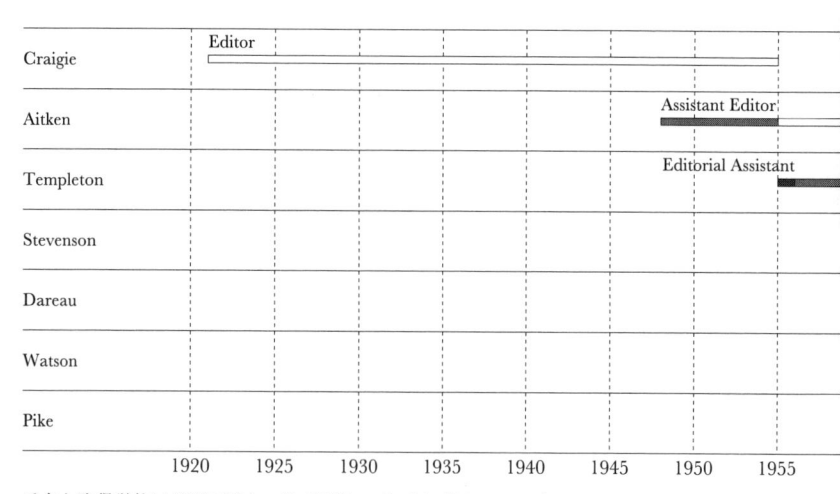

Craigie	Editor	(1920–)
Aitken		Assistant Editor (1950s)
Templeton		Editorial Assistant (1950s)
Stevenson		
Dareau		
Watson		
Pike		

(横軸：1920　1925　1930　1935　1940　1945　1950　1955)

氏名と取得学位は以下の通り：Sir William Craigie (1867–1957), LLD, DLitt, FBA.
Professor Adam J. Aitken (1921–1998), MA, BLitt. Janet M. Templeton, MA.
James A. C. Stevenson (1917–1992), MA, PhD. Margaret G. Dareau (1944–), MA.
Harry D. Watson (1946–), MA, BA, DipEd, AIL. Lorna Pike (1956–), MA.

第 4 章　*DOST* 編纂史

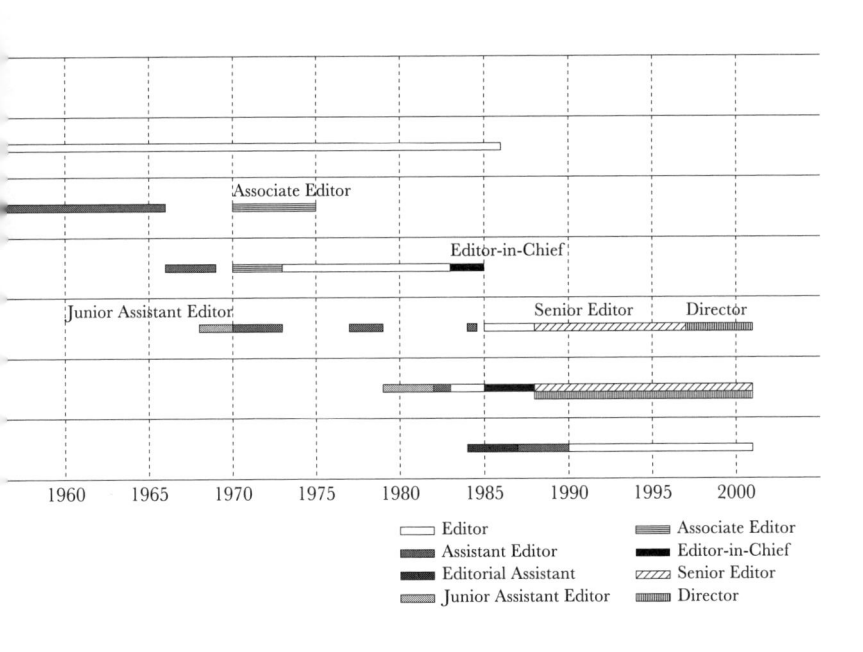

Associate Editor

Editor-in-Chief

Junior Assistant Editor　　　　　　　　　　Senior Editor　　Director

| 1960 | 1965 | 1970 | 1975 | 1980 | 1985 | 1990 | 1995 | 2000 |

- Editor
- Assistant Editor
- Editorial Assistant
- Junior Assistant Editor
- Associate Editor
- Editor-in-Chief
- Senior Editor
- Director

図8 *DOST* 編集部の人数（1948-1975）

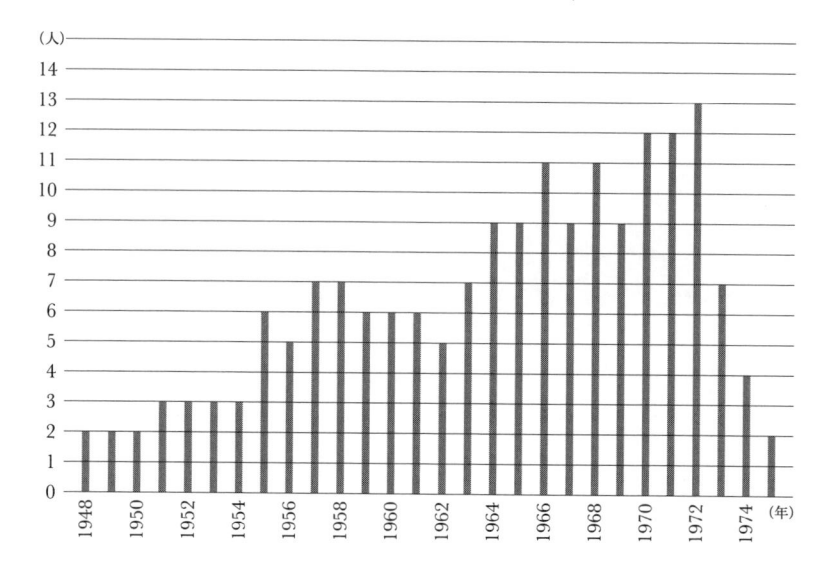

図9 *DOST* 編集部の人数（1976-2001）

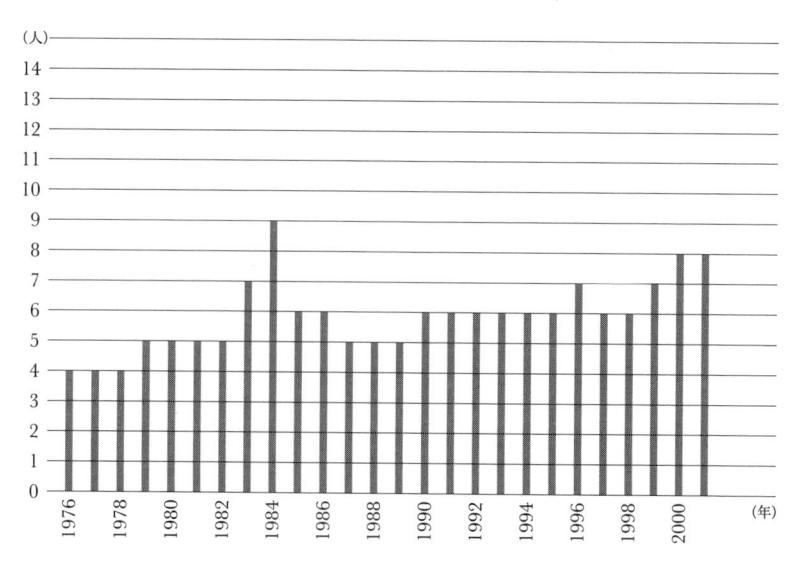

注

[1] J. M. Wyllie, "Sir William Craigie 1867–1957", *The Proceedings of the British Academy* 47 (1962), p. 277.

[2] オックスフォード大学は第 5 巻 (1983) まで *DOST* の印刷を請け負っていた。

[3] クレイギーの後任が、ライト (第 2 章参照) を師とするトルキーン (J. R. R. Tolkien, 1892–1973) で、彼は就任前の 1918–1920 年に *OED* の編集助手を務めている。

[4] "the picture of NW European Culture in the Mediaeval and Renaissance periods"

[5] A. J. Aitken, "Some Aspects of the History of DOST: a Personal Statement" May, 1981.

[6] Scottish Dictionaries Joint Council (81) 1st Minutes.

[7] Briefing for the External Review Committee, 1981 (15 May, 1981) Paper 2.

[8] Scottish Dictionaries Joint Council (81) 2nd Minutes.

[9] Margaret Dareau, "History and Development of *DOST*", Christian J. Kay and Margaret A. Mackay, eds., *Perspectives on the Older Scottish Tongue* (Edinburgh: Edinburgh UP, 2005), p.30.

[10] *The Scotsman*, 11 July, 1981.

[11] *The Scotsman*, 11 July, 1981.

[12] Scottish Dictionaries Joint Council (81) 1st Minutes.

[13] A. J. Aitken, "Some Aspects of the History of DOST: a Personal Statement" May, 1981.

[14] Margaret Dareau, "History and Development of *DOST*", p.30.

[15] A Dictionary of the Older Scottish Tongue, External Review Committee, 1981 Paper 1.

[16] Margaret Dareau, "History and Development of *DOST*", p.30.

[17] Scottish Dictionaries Joint Council (81) 3rd Minutes.

[18] *DOST* vol. VIII, p. v.

[19] The staff of DOST, "A Re-editing of Gif", p.27.

[20] *DOST* vol. VII, p. vi.

[21] *DOST* vol. VII, p. vi.

[22] *DOST* vol. I, p. vii.

[23] *DOST* vol. VII, p. vi.

[24] *DOST* vol. VIII, p. v.

[25] 第 1 章、第 5 章及び第 6 章参照。マカフィーはアルスター辞書プロジェクトの一員で、1996 年にアルスター・スコッツ語の『簡約アルスター辞典』(*A Concise Ulster Dictionary*) を出版した。

[26] *DOST* vol. VIII, p. v.

[27] 1994 Review: Response of Editors.
[28] *DOST* vol. VIII, p. v.
[29] *DOST* vol. XII, p. xxvii.
[30] L. Brown, "Completion of the Dictionary of the Older Scottish Tongue: Recommendations".
[31] J. Robinson and D. Bailey, *Computers and Old English Concordances* (1970).
[32] Minutes of the Meeting of the Joint Council for the DOST, 14 December, 1994
[33] Minutes of the Meeting of the Joint Council for the DOST, 23 May, 1995
[34] 1996 Review Response of Editors.
[35] *DOST* vol. VIII, p. v.
[36] R. E. Asher and A. A. MacDonald, "*DOST* External Review of Progress and Prospects", June 1996.

第 5 章
DOST の編纂者—クレイギーとエイトキン

　DOST は、計画の立案から完成まで一貫した方針に基づいて製作されてきた。しかし第 3 章及び第 4 章で述べたように、編集部を取り巻く状況の変化によって、編集作業を統率する編集主幹は臨機応変の対応を迫られた。その中で、方針の見直しや転換を図る場面もあった。本章では、クレイギーと彼の後任者エイトキンを中心に、彼らのスコッツ語観と辞書編纂の思想を考察する。

第 1 節
クレイギーとスコッツ語辞書

1.1　世界を巡る「博言学者」[1]

　クレイギーは 1867 年、スコットランド中部のダンディーに生まれた。彼は幼少からことばに対して強い関心を持ち、母方の祖父からスコットランド・ゲール語の手ほどきを受けた。ジェイミソンの『語源辞典』を傍らに置き、古スコッツ語の文学を読みはじめたのもこの頃である。1883 年にセント・アンドルーズ大学に進学してからは、独学も含めてフランス語、ドイツ語、オランダ語、アイスランド語などヨーロッパ諸言語の知識を身につけた。大学図書館には古スコッツ語の蔵書が豊富にあり、古スコッツ語文献に接する機会に恵まれた。卒業後、オックスフォード大学[2] で優秀な成績を修めたクレイギーは、1892–1893 年にかけてスカンディナヴィア諸語研究の目的でコペンハーゲンに派遣される。現地でスカンディナヴィア文学について造詣を深めたことは、スカ

ンディナヴィア諸国とのつながりが強かったスコットランドの歴史、言語、文学を研究する上で大きな糧となった。

　帰国してセント・アンドルーズ大学のラテン語学教授助手となったクレイギーは、1897年、OEDの編集に参画するよう依頼される。幅広い言語の知識が認められ、1901年から正式に編集者としてQ項の記述に取り掛かった。その後、オックスフォード大学でスカンディナヴィア諸語とアングロ・サクソン語講師を務めながら、OEDの編集に従事した。クレイギーを師とするレン（第4章参照）は、「先生はあくまでも、大変心のこもった批評をなさってから、時々、正にスコッツ語を思わせるような生き生きとした正確且つ明快なことばで、ご自分の意見を述べられたものでした」[3]と回想している。1925年、シカゴ大学の英語学教授に就任したクレイギーは、1919年に発表した「新しい辞書計画」（序章参照）の一環として『アメリカ英語辞典』（*The Dictionary of American English*, 1936-1944）の作成に着手する。OED全12巻の完成時には、その功績を称えてナイト爵（knight bachelor）が授与られた。

　DOSTの計画が実際に動き出したのは、クレイギーの渡米後のことである。クレイギーが英国学士院会員となった1931年に、DOSTの最初の分冊が出版された。しかし第1次世界大戦、第2次世界大戦と前後して開始された編集作業は、戦争の影響を避けられなかった。DOSTの第1巻は『アメリカ英語辞典』の刊行が始まった翌1937年に出されたが、第2巻の半ばで印刷の中断を余儀なくされた（第4章参照）。戦後、印刷が再開されてからも、クレイギーは当初の熱意を取り戻せなかった。1947年に夫人を亡くしたことは、大きな精神的打撃であった。クレイギーはDOSTのほかにアイスランド語辞典の補遺や、アイスランド語の詩選集の編纂などを手掛けていたが、これらの仕事への熱意も失われたままであった。編集作業の継続を求めて、スコットランドの諸大学は有能な助手探しに着手し、それを受けてクレイギーはようやく作業を再開した。クレイギーは1954年までI項を担当し、翌年、編集主幹の任をエイトキンに譲った。90歳で死去したのは、その2年後のことであった。

クレイギーはデンマークへの留学以来、アイスランド、オランダ、ノルウェー、スウェーデンなどを度々訪れ、現地の研究者たちと親交を結んだ。1921年には、ルーマニア、インド、合衆国で講演を依頼され、その足で中国と日本にも立ち寄っている。「博言学者」クレイギーは世界を旅して、言語と社会の関係について更に見識を拡げた。歴任した役職の数々は、多岐にわたる彼の活動の一端を物語っている。主なものだけでも、英語地名協会会長 (President of the English Place-Name Society)、スコットランド文献協会会長 (President of the Scottish Text Society)、アングロ・ノルマン語文献協会会長 (President of the Anglo-Norman Text Society) などがある。ただ、晩年は学術界から遠ざかり、孤独な余生を送った。

1.2 クレイギーのスコッツ語観―古スコッツ語は「言語」

　DOST と *SND* を構想した当初、クレイギーが意図していたのは *OED* の記述を補うための辞書、つまり英語史を補完するための辞書であった。彼は、スコッツ語を英語の一変種と考えていたのだろうか。*DOST* 第1巻の序文の中で、クレイギーは古スコッツ語と近代スコッツ語の本質的な違いに言及している。以下の引用における強調及び [ ] 内の補足は、全て筆者によるものである。

> [*DOST*の] 記録資料を1700年までとするのは、以下のような事実上の根拠に基づいている。すなわち、1700年以降、古スコッツ語文献はほとんど残っていないし、スコッツ語は方言として生き残っているに過ぎず、語形も語彙もそれ以前の標準とは非常に異なっているので、古スコッツ語期と近代スコッツ語期とは、完全且つ矛盾がないように、あくまでも別々の辞書で扱われなければならない[4]。

ここで彼は、王国のことばとして機能していたスコッツ語と、合邦後のスコッツ語とを別個に捉えている。「言語」("language")と「方言」("dialect")というキーワードに着目して、クレイギーのスコッツ語観が表れている文章を追ってみよう。

　スコッツ語について考える時、ことばを取り巻く外面史の点においても、ことば自体の内面の変化の点においても、18世紀は大きな区切りとなる。クレイギーは、スコッツ語が多くの独自性を示していたのは1700年までであり、それ以後は「自律した社会的地位」("an independent status")[5] を失ったと述べている。「スコットランドの言語は18世紀初めまでは英語への完全な同化を免れた」[6] ものの、スコットランド王国のナショナル・ランゲージとしての役割を終えた時点で、「話しことばあるいは書きことばの方言」("a spoken or written dialect")[7] となったのである。クレイギーは、1967年刊の『チェンバーズ百科事典』(*Chambers' Encyclopaedia*) で「スコッツ語」の項目を執筆している。その中で、「方言」という語で言及しているのは近代スコッツ語である。一例として「スコッツ語の発音は、16世紀中葉までには今日の方言の発音と非常によく似ているものとなっていた」[8] という文章が挙げられる。そして執筆当時のスコッツ語の使用状況を次のように記している。

　　今日に至るまで都市部の多くの人々は、スコッツ方言に関しては、かろうじて読める程度の知識しか持たず、専ら標準英語を話すか、もしくは、特に労働者階級ではそうなのだが、英語とスコッツ方言が混ざり合ったことばを話すかのどちらかである。しかし多くの地方、特にバハンやシェトランドでは、より混じりけのない豊かなスコッツ方言が今も一般に広く使用されつづけている[9]。

これに対して、「言語」という語で言及されるのは古スコッツ語に限られる。たとえば以下のような記述においても、両者の区別は明らか

である。14世紀から16世紀にかけて、スコッツ語と英語の語彙の違いは「非常に大きくなり、事実上二つの異なった言語を形成するほどになった」[10]。

このことは度々、スコットランドやイングランドやヨーロッパ諸国の当時の著述家に書き留められた。その頃までにスコッツ語は、国王から日雇い農夫まで、スコットランド王国のあらゆる階級の日常的な話しことばであったばかりではなく、確立された文学の言語でもあり、今日の標準的な英語の書きことばと同じ地位にあった[11]。

近代スコッツ語が「非常に明確に区別される多くの地域方言」("a number of well-defined regional dialects")に分かれているのとは対照的に、古スコッツ語期には標準形が確立され、書きことばとしても充分に機能していた。しかし、古スコッツ語期に遡ることができる語は少数で、「現代の方言で一般に使われる多くの単語は歴史が浅く、単に話しことばにしか用いられない」[13]。このように、古スコッツ語と近代スコッツ語との間の線引きは、年代だけを考慮したものではない。DOSTの扱う年代はスコットランドとイングランド両国のことばの相違が最も際立つ時期であり、だからこそ私たちは、DOSTを通して古スコッツ語の本質をはっきりと認識することができるのである。

古スコッツ語を「昔のスコットランドのナショナル・ランゲージ」("the old national language of Scotland")[14]と呼んだクレイギーは、国家としてのスコットランドについてどのような見解を抱いていたのだろうか。DOSTとSNDの書名に関する興味深いエピソードがある。クレイギーがシカゴ大学に転任する直前に、スコットランド方言委員会の委員長ウィリアム・グラント（第3章参照）は、近代スコッツ語の辞書の編纂を任せてほしいと申し出た。クレイギーは自分の方法論を詳しくグラントに説明し、いずれ古スコッツ語の辞書につけようと考えていた書名についても語った。ところがグラントは、相談もせずにこれを自分が

任された辞書のタイトル (*The Scottish National Dictionary*) にして、クレイギーより先に宣伝文書を作成してしまった。クレイギーはこれに大変驚き、1929年5月14日付の手紙でグラントに苦言を呈している。

> 例の［近代スコッツ語の］辞書に付けられたタイトルは不本意に思われます。「近代の」という重要な但し書きを付記せずに「ナショナル」という語を用いれば、暗にこの辞書が同じ分野のどの辞書よりも優先することを示すことになるでしょう。これを認めれば、私自身の［古スコッツ語の］辞書が低く見られるように思われますが、そうしたくはありませんし、当地［アメリカ］で本辞書の準備を奨励し、支援してくれている両機関（シカゴ大学及び全国教育委員会）に対しても失礼になるでしょう。

DOST の最古の引証文献の時代、つまり古スコッツ語の最も初期の文献が書き記された時代に、スコットランドが国家として輪郭を明らかにしはじめるのは、決して偶然ではない。トレヴェリアン (G. M. Trevelyan) が『イギリス社会史』(*English Social History*, 1944) の冒頭で「イングランド語」の誕生に言及しているのも、それが「チョーサーの生きたイングランドにおいて初めて、近代が中世と混ざりあい、イングランドそのものが独自の国家として登場」[15] したことと深く関連しているためである。

> 「チョーサー自身の作品は、我々の言語が誕生し、一般に受容され、サクソン語とフランス語の単語がうまく混ざり合って最終的に「あらゆる者が理解」する「イングランド語」となり、従って学校教育や裁判の言語として使用されるようになったという近代最大の事実を明示している」[16]。

その頃、スコットランドにおいても古英語から古スコッツ語の発展が始

まり、スコットランド王国の成長と共に豊かなことばとなっていく過程は DOST の用例に表れている。

「とにかくスコットランドは 1700 年以前に国家("nation")だったのだ。1707 年には国家が終焉したのだ」[17]とクレイギーが強調するように、文献の多彩さ、豊富さという点で古スコッツ語が近代スコッツ語に勝るのは正にこのためであり、彼が構想時から当然のように古スコッツ語と近代スコッツ語の辞書を分けて考えていたことは既に述べた通りである。『スコティッシュ・ナショナル・ディクショナリー』という題名には、クレイギーが両辞典の区別にこだわった「言語」という語も「方言」という語も含まれず、ことばを表す語が掲げられていない。グラントに "national" という語を取られたクレイギーは、古スコッツ語辞書のタイトルに "tongue" という語を選んだ。結果的にことばを表す語が掲げられたことは、古スコッツ語の辞書にふさわしいタイトルとなったのではないだろうか。

1.3 スコッツ語とヨーロッパ諸語との関連

1921 年の年頭に、ロンドン・バーンズ・クラブの地方語同好会 (the Vernacular Circle of the Burns Club of London) で、クレイギーは「スコッツ語の現状」("The Present State of the Scottish Tongue") について講演を行った。この会は、「ローランドのスコットランド人の精神が最もよく表現されるスコッツ語を完全な消滅から守るために」[18]結成された。それは、「新しい辞書計画」の講演の翌年のことであった。クレイギーは全体を通してやや感情的にスコッツ語の衰退を危惧し、「特有の言語を持たない国民には、国民性の最も明確な特徴の一つが欠けているのだ」[19]と述べている。そしてバーンズのような国民的詩人の作品を理解しようとする時、スコットランド人がイングランド人と同様にグロッサリーに頼らなければならない現状を嘆き、言語の復興に効果的な方策を次のように列挙した。

まず「学校教育と教材」について、この会がスコットランド教育省に陳情書を提出し、教育現場でスコッツ語が充分に扱われるよう求めるべきだと提案している。次に、スコッツ語で楽しめる文学がバーンズやスコットの作品に限られていることを指摘し、手軽に読める「安価な一般向けの出版物」を用意すべきだと述べている。そして古典文学の廉価版が入手しやすくなるよう諸関連団体に呼び掛けている。

クレイギーが最も力説しているのは「スコッツ語の歴史に関する学術研究と辞書の準備」についてである。ここで彼は、ジェイミソンの『語源辞典』と共に OED やライトの『英語方言辞典』、ウォラックの『スコッツ方言辞典』の存在に触れている。そして「新しい辞書計画」と同様の指摘を繰り返し、従来の辞書を補うために DOST の準備が進行中であると述べている。また、スコットランド方言委員会のグラントによってスコッツ語の語彙と音声データが収集されていることにも言及している。最後にクレイギーは、「新しい国民文学の開拓」について述べている。彼は特に演劇作品でのスコッツ語の使用と、小説の会話部分以外にもスコッツ語を用いることを奨励している。スコットや「菜園派」などの作品において、スコッツ語の使用は非常に限定的なものであった（第1章参照）。クレイギーは、スコッツ語の幅広い表現力を示すことも必要だが、それには適切なジャンルを選んで着実に社会の理解を得ていくことが望ましいと述べている。

豊かな言語の知識に基づいたクレイギーの具体的な提言は、現代の言語政策として掲げても違和感はない。彼は学生時代から、スカンディナヴィア諸語やアイスランド語に堪能であった。OED の編纂者として推薦されたのも、彼の「英語以外の諸言語に関する比類なき知識」[20] が評価されたためである。英語との近似性が最も強い言語として、クレイギーはフリジア語 (Friesian) の研究にも取り組んだ。ゲルマン諸語の一つであるフリジア語は、オランダの一部で話されることばで、使用地域は北海に隔てられたイギリスの対岸に位置する。1909 年にフリースラントを訪れた時、フリジア語の復興運動が盛んに行われていたのを目にし

たクレイギーは、この言語に強い関心を抱いた。彼は復興運動を支援し、1938年にフリジア学士院が創設された際には名誉会員として認められている。

　古スコッツ語期のスコットランドがヨーロッパの中の一王国であったように、クレイギーはスコッツ語をヨーロッパ諸語という枠組みの中に位置づけた。彼は、スペインのカタルーニャ語、ベルギーのフラマン語、フランスのブルターニュ語など各地で存続の危機に直面している言語の状況と対比させながらスコッツ語の問題を捉えようとした。スコッツ語の現状に対する彼の見解は、ヨーロッパ諸地域で実践されている言語振興策の成果を踏まえたものであった。現在、ヨーロッパの少数言語を再活性化させようとする動きは、個々の地域や言語だけではなく、ヨーロッパ全体を視野に入れて取り組まれている。クレイギーの言語観には、時代を先取りするような考えが見られる。

1.4　初代編集主幹として

　DOST の編集主幹としてクレイギーを特徴づける点は、主に二つある。第1に、マレーの下で直接 *OED* の編纂に携わった点、第2に、ヨーロッパという枠組みの中でスコッツ語を捉えようとした点である。

　クレイギーの追悼文を著したウィリー(J. M. Wyllie)は、もしクレイギーが *OED* に携わっていなかったとしたら、「彼はマレーの方法論を知っているという有利な点を生かすことなく *DOST* を編集しなければならなかっただろう」[21] と述べている。*OED* 編集主幹としてのマレーの権力は絶大であった。彼はクレイギーに対しても、またクレイギーより先に編集員であったヘンリー・ブラッドリ(第3章参照)に対しても、高圧的な態度で細かい指示を与えた[22]。マレーは、自分の意に反してクレイギーが編集部に採用された経緯もあり、当初から彼に良い印象を抱いていなかった。クレイギーとマレーの往復書簡を眺めてみると、彼らの間柄が良好であったとは言い難い。後述する言語観の違いから、編集

方針をめぐって対立したこともある。

　しかし、たとえ二人の見解に齟齬が生じたとしても、クレイギーはマレーに従うしかなかった。クレイギーは、マレーのスリップカード・システムについて「基本的に修正する必要もなく50年間の試用に耐え、最後まで適切な方法であることがわかった」[23]と述べ、マレーに敬意を表している。クレイギーが *OED* 時代に断念させられた方法を、自ら主唱したプロジェクトに積極的に採り入れようとしたのは自然な流れであろう。特に初期の *DOST* には、クレイギー独自の編集方針が反映されている。

　まずクレイギーは、新しいスリップカードの方式を採り入れた。時間の節約を狙った「回送」("sending on")と呼ばれる方法である。通常、収録語となるキーワードと引用が記されたスリップカードは、その引用に含まれるキーワードの数だけ複写され、各キーワードのアルファベットごとに仕分けされる。たとえば、引用に三つのキーワードが含まれる場合、同じ引用のカードが3枚作られ、各キーワードの頭文字ごとにカードがそれぞれ分類される。全てが手仕事であった時代に、これらの複写作業が膨大な時間を要したことは想像に難くない。クレイギーの考案した「回送」方式とは、キーワードが複数含まれるスリップカードを複写する代わりに、同じスリップカードを何度か再利用するというものである。最初のキーワードに割り振られたスリップカードの記述が活字に組まれると、すぐに次のキーワードのアルファベットに再び分類されるのである。しかし、クレイギー自身も後年の編集員も認めているように、この方式は「当初の *DOST* の編纂法の弱点」[24]であった。扱う資料が増大する中で、スリップカードが編集部と印刷所を行き来することは、同時進行の作業を更に過密化させた。「回送」方式は、後述するエイトキンのコンピュータ・アーカイヴの導入によって一掃されることになる。

　比較言語学に関心を持っていたクレイギーは、特に語源や綴りにこだわった。彼は、単語が綴りによって異なる語源に由来すると考え、綴りが何通りかある単語の場合、語義や語法が同じであってもそれぞれ

別々の見出し語を充てた。OEDでは通常、英語史上の変異形を近代英語の綴りの下に一括して記しているが、この点でDOSTはOEDと異なる。「発音とは、単語が実際に生きている形であって単語そのものである。その語に用いられている綴りは、ただのしるしである」[25]とマレーが述べているのに対して、クレイギーは「綴り同士がどれほど相反していたり、現在の発音に反したりしていても、証明されている限りにおいて、[綴りの]特色の多くは歴史的根拠に基づいている」[26]と主張した。変異形が多い古スコッツ語の特徴を考慮し、OEDの「歴史的原則」に基づきながら独自の編集方法を採用したのである。但し、彼の綴りの扱い方は、DOSTのように扱う年代が長い歴史的辞書の場合、語義の分類や配列を煩雑にする恐れがあった。後にDOST編集員は、この方法について再検討している（第4章参照）。

　クレイギーは、比較言語学の研究において語彙の問題がいかに重要であるかを説いた。

> 言語及び方言の比較研究は、概して語形の比較研究であった。私が知る限り、これまで語彙の問題はほとんど注目されてこなかったが、語彙の問題は語形の問題よりも扱いにくい。というのは、法則や型通りの用法にまとめるのが容易ではないからである。しかし歴史的に、また言語学的に、語彙も語形と同じくらい重要である。二つの言語あるいは二つの方言において人々の使用する単語が異なるということは、同じ単語の発音の仕方が異なるのと同じくらい興味深いことなのである[27]。

発音を重視したマレーに挑むかのように、クレイギーは、語彙の問題の解明に辞書がどのような役割を果たせるのか、そして辞書において語彙はどのように扱われるべきなのか、DOSTの編纂を通してその答えを模索しつづけた。

第2節
エイトキンとスコッツ語辞書

2.1 スコッツ語研究の父

　1953年11月9日付のシカゴ大学出版局からスコットランド辞書合同委員会への書簡には、「エイトキン氏が後継者として承認されたことを嬉しく思います」という一文が見られる。エイトキンが正式な編集員として認められたのは、クレイギーが引退する2年前のことであった。助手時代を含めると、エイトキンが*DOST*の編集に携わった年月は38年間に及ぶ。これは歴代の編集員の中で最長であるが、単に年数の長さだけではなく、スコッツ語研究の権威として、エイトキンはクレイギーに劣らぬ貢献をした。

　エイトキンは、1921年、エディンバラに程近い炭鉱の村ラスウェイド (Lasswade) に生まれた。従軍のため中断の時期はあったが、エディンバラ大学で英語・英文学を修めた後、同大学とグラスゴー大学の講師となった。翌1948年に、彼は*DOST*の編集を補佐する特別研究員 (research fellow) となった。この年、エディンバラ大学では言語学の関連分野に新進気鋭の教授陣を迎え入れ、新たな学風を作り上げようとしていた。英語学・一般言語学教授となったマッキントッシュもその一人であり、エイトキンの採用はマッキントッシュの推薦によるものだった。大学での講義と*DOST*の編集を掛け持ちする生活は、25年間続いた。この間、エイトキンはエディンバラ大学におけるスコッツ語研究の比重を高め、スコッツ語研究者の育成に尽力した。彼の教え子の中には、エディンバラ大学歴史方言研究所 (the Institute for Historical Dialectology University of Edinburgh) でオンラインの『古スコッツ語言語地図』(*A Linguistic Atlas of Older Scots*, 2007) を作成したウィリアムソン (Keith Williamson)、アバディーン大学で古スコッツ語の語彙・音韻論を専門とするマカフィー（第1章及び第4章参照）らがいる。

また、エイトキンはDOSTの広報に努め、様々な場でスコッツ語研究への理解を求めた。辞書編纂を離れた場においても、エイトキンはスコッツ語研究の中心的存在であった。彼の名は、古スコッツ語の音韻法則にも残されている。スコッツ語の母音の長短は、ある一定の規則によって決定する。彼はそれを「スコッツ語母音の長さの法則」("Scottish Vowel-length Rule")として体系化した。これが「エイトキンの法則」("Aitken's Law")とも呼ばれる法則である。1979年に大学を辞めてDOSTの編集に専念したエイトキンは、1983年の定年後も非常勤として編纂に携わり、1986年に引退した。引き続きスコットランド文献協会への助言を行うなど、1998年に死去するまでスコッツ語研究に貢献した。奇しくもその前年にSNDの編集主幹であったミュリソンもこの世を去り、スコッツ語研究の巨星が相次いで失われることになった。

2.2　エイトキンの言語観―スコッツ語は「半言語」

　クレイギーは、古スコッツ語と近代スコッツ語をそれぞれ「言語」と「方言」として区別していたが、エイトキンはスコッツ語についてどのように考えていたのだろうか。エイトキンは「長年スコッツ語という用語は、用いられ方によってカメレオンのような変わりやすい性質を示してきた」[28]と述べ、ことばとしてのスコッツ語の位置づけが曖昧であることを認めている。「スコッツ語は言語なのか？」("Is Scots a Language?")という論文において、エイトキンはマレーとクレイギーの持論を引き合いに出している。
　エイトキンは、マレーがスコッツ語を「言語」であるとは認めず、イングランドのノーサンブリア方言の一つであると強硬に主張したことを挙げている[29]。マレーは、イングランドとスコットランドとの境界に程近いホイック(Hawick)に生まれ、幼い頃から、境界の両側で話されることばに疑問を抱いていた。境界のどちら側で話されることばも彼には同じように聞こえ、「何故一方は英語と呼ばれ、もう一方はスコッツ語

と呼ばれるのか理解できなかった」[30] という。後年、このボーダーズ地方の方言を調べたマレーは、「ボーダーズ地方のことばが実際にはノーサンバランドのことばと同じであり、境界線が言語的には意味がないことに気づいた」[31]。それに対してクレイギーは、「常に「スコッツ語」を「国民的な重要性」を持つ「言語」とみなし、従って「保持」あるいは「復興」に値するものと考えていた」[32]。スコットランド生まれの辞書編纂者という共通点にもかかわらず、二人の見解は全く異なっている。このことは、スコットランド人の間でスコッツ語に対する見解が一様ではないこともまた示している。

『英語方言辞典』を作成したライトも、言語とも方言とも断定しにくいスコッツ語の位置づけに迷うことが少なくなかった。

> 現在でさえ、特に書きことばと方言の両方に現れる語に関して、そのような正確な発音や様々な意味のニュアンスを確定するのが、時として非常に難しいと思われている。また、その場合、何が英語の方言であり何が英語の書きことばなのか、必ずしも判断しやすいとは限らない。つまり両者の間に明確な境界線はなく、一方がもう一方と部分的に重なり合っているのである [33]。

『ヨーロッパ言語百科事典』(*Encyclopedia of the Languages of Europe*, 1998) の編者プライス (Granville Price) は、言語と方言を「客観的に判断することができるような、いかなる場合にも適用できる基準はない」[34] と述べている。この事典では、スコッツ語が独立項目として扱われ、エイトキンがその執筆を担当している。エイトキンは、「スコッツ語には完全な言語としての、そして特にスコットランド内における公共のコミュニケーションに使う通常の言語としての属性がいくつか足りないとしても、単なる方言以上のものである」という立場をとった [35]。彼は基本的にクレイギーと同様、*DOST* の扱う時代にはスコッツ語は「言語」であり、*SND* の扱う時代には「方言」であると考えた [36]。「スコッツ語はそれ自体

の諸方言がある言語で、それらの諸方言のいくつかは各地域の標準形を創り出した」[37]。しかし、彼は言語上の特徴にはあまり言及せず、外面史的な根拠から判断している。

　　スコッツ語がイングランドの英語の諸地域方言と異なるのは、スコッツ語がかつてスコットランド国家の完全なナショナル・ランゲージであり、その隆盛と衰退の歴史を明確に辿ることができるという点においてである[38]。

スコッツ語の「隆盛と衰退の歴史」が今日も重要な意味を持っていることは、クレイギーも半世紀前に指摘している。彼は、スコッツ語の歴史を通して「言語の隆盛だけではなく衰退の跡も辿ることができる」[39] と述べ、隆盛と衰退を経験したスコッツ語に何らかの意義が見出せることを示唆している。

　あることばが以下の基準をどの程度満たしているか検討することは、そのことばが言語であるか方言であるかを判断する際に、一つの目安となる。ベル（Roger T. Bell）によると、「歴史性」(historicity)、「活性力」(vitality)、「標準化」(standardization) などの基準のうち、「自律性」(autonomy) は、その言語が持っているかどうか話者の主観によって判断される特性である[40]。つまり、その言語がほかの言語の規範に依存せず、独立した言語であると話者自身が意識すれば、それは自律的な言語と判断されるのである。スコッツ語には、特にこの「自律性」が欠けているとエイトキンは指摘する[41]。「標準化」については、書きことばでの試みは見られるが、話しことばではその段階にない。また、「少数言語」とみなされている状況では、スコッツ語には「活性力」が充分であるとは言えない。

　クレイギーがスコッツ語の復興について提言したことを思い出してみよう。彼はスコッツ語を教育に取り入れ、一般の読者向けにスコッツ語の出版物を出し、スコッツ語研究とスコッツ語辞書を充実させ、スコッ

ツ語で書かれた新しい国民文学を創り上げることを主張した。エイトキンは、「クレイギーによれば、（中略）スコッツ語の復興に向けた最初の重要な一歩として、あらゆる文学的・実用的な目的に適うように、スコッツ語の散文体を再生しなければならない」[42]と述べている。確かにクレイギーは近代スコッツ語の使用域を拡大しようとしたが、単にスコッツ語を多くの領域に使用することを意図したわけではない。たとえば、スコッツ語を公用語として認めることや、法律の条文、議事録などにスコッツ語を使用することには言及していない。1980年代以降徐々に進められてきたスコッツ語の振興運動では、スコッツ語をスコットランド議会や公文書で使用するように働き掛ける人々もいる。DOSTの引証文献には多くの公文書が含まれているが、スコッツ語を取り巻く現状は、DOSTが対象とする年代と大きく異なっている。クレイギーはことばの適性を重視し、スコッツ語がその社会にふさわしい言語領域で使用されつづけるべきだと考えた。

　エイトキンは、ヨーロッパの言語問題を議論する国際会議に度々出席し、他地域の言語状況に言及しながら、現代のスコットランドにおけるスコッツ語の使用について論じている。彼は『簡約スコッツ語辞典』の序文で次のように述べている。

　　スコッツ語と英語は、政治的あるいは社会的に言えば別個の言語であったが、言語学的に言えば、異なってはいるが非常に密接に結びついた方言であった。その関係は、今日のスカンディナヴィア諸語の場合とよく似ていた[43]。

クレイギーも英語とスコッツ語の関係について考える際に、スカンディナヴィア諸語の関係をよく例に挙げた。スウェーデン語、デンマーク語、ノルウェー語は、古ノルド語から分かれた言語で、言語構造が非常によく似ている。言語学的には多くの共通点があり、一つの言語の方言と見ることさえできるが、それを許さなかったのはこれらの言語が話される

地域の政治状況である。ノルウェーは20世紀初頭に独立を果たすまで、スウェーデンとデンマークに長年支配されていた。言語的にも両国から大きな影響を受けてきたノルウェーでは、ノルウェー本来の文化を守るためにも固有の言語が求められた。

2.3 スコッツ語と言語計画理論

　ここで言語と共同体の関係について考えてみよう。ある言語が、共同体の言語として機能するために、言語計画 (language planning) という過程を経ることがある。言語計画という語を最初に導入したハウゲン (Einar Haugen) は、この計画を「均質ではない言語共同体内で、書き手及び話し手の手引きとなる規範の正字法、文法、辞書を作成する活動」[44] と定義している。彼は、デンマークから独立を果たしたノルウェーが、ナショナル・ランゲージをめぐる様々な取り組みをしてきたことと関連させて言語計画論を提唱した。スコッツ語の状況と関連して度々言及されるのが、ノルウェーの言語問題である。ハウゲンが詳述しているように、独立後のノルウェーでは、支配言語であったデンマーク語の要素が強い「リクスモール (riskmål)／ブクモール (書きことば; bokmål)」と、ノルウェーの地方方言に基づいた土着性の強い「ランスモール (landsmål)／ニーノシュク (新ノルウェー語; nynorsk)」が提案され、長年議論されてきた。ハウゲンは、言語計画の各領域と構成要素を以下のように再検討した[45]。

	形式	機能
社会	(1) 選択	(3) 実施
言語	(2) 成文化	(4) 精密化

(1)「選択」("Selection")は、規範となる言語が政府や公的機関、または個人によって選ばれることである。選択された言語には、ある一定の社会的地位 (status) が与えられる。(2)「成文化」("Codification")には、表記法の体系化 (graphization)、規範文法の確立 (grammatication)、適切な語彙の精選 (lexication) が含まれる。(1)で選択された言語が規範として使用されるために、綴り字の制定や文法書・辞書の作成などコーパスに関する規定が盛り込まれる。(3)「実施」("Implementation")の段階では、法律やマス・メディア、文芸活動などを通して、(2)で具体化された規範の普及と定着が図られる。(4)「精密化」("Elaboration")の段階では、(3)の段階を経た規範が、現実社会で要求される有用性の水準に適うよう検討が重ねられる。ハウゲンは「精密化」の同義語としてクロス (Heinz Kloss) が用いた「造成；拡張」("Ausbau")[46] に言及している。「造成」には、「より優勢な、支配的な近接語から距離を保ち、できればそのへだたりをいっそう拡げるために、さまざまな工夫をこらして、優勢言語からの、文法、語彙、発音のあらゆる影響を入り込ませないように」[47]するという機能が含まれる。ハウゲンが、独立後のノルウェーにおけるナショナル・ランゲージの創出を例に言語計画論を提示した経緯を考えると、(4)の段階では、「造成」という概念が持つ意味合いがより強くなる。ハウゲンの言語計画モデルの(1)と(3)は社会が担うべき役割であり、(2)と(4)は作家や言語学者が果たすべき役割である。クロスは言語計画の領域を、社会的地位に関する計画 (Status Planning) と語彙に関する計画 (Corpus Planning) とに区分した。

ワインライク (Uriel Weinreich) は、クロスの見解に触れながら、隣接した言語間の関係を論じた。ワインライクは『言語間の接触』(*Languages in Contact*, 1953) の中で、複数の言語が並存状態にある場合、言語間の接触がどのような影響を及ぼすかについて述べている[48]。彼は、言語と、言語に対する忠誠心 (language loyalty) の関係を、国民性 (nationality) と国民意識 (nationalism) の関係にたとえて説明している。言語に対する忠誠心は、さしせまった言語移行 (language shift) に

際して、危機に瀕した言語を保持しようとする。ハウゲンが言うように、「選択」された言語には威信 (prestige) を与えられる。ラインライクは、その言語の能力が象徴化され、言語の使用者にも社会的地位が与えられると述べた[49]。

言語の発展を「表記法の体系化」("graphization")、「標準化」("standardization")、「近代化」("modernization") という三つの段階に分類したファーガソン (Charles A. Ferguson) は、ハウゲンによる上記の 4 区分のうち、(1)(2)(3) は「標準化」に相当し、(4) は「近代化」に相当すると述べている[50]。ファーガソンの言う「標準化」とは、ある言語の変種が、方言を超えた上位の規範として広く認められることである。また、言語の「近代化」とは、専門用語の選定などによって語彙の拡大をめざすこと、そして他言語の話者とのやりとりを可能にするコミュニケーションの道具として、談話の新しいスタイルと形式を発展させることである。

マクダーミッドの「合成スコッツ語」をこれらの言語計画論の中で考えてみると、「精密化」の範疇に入るだろう。彼は新しいスコットランドを創造するための手段として、19 世紀までのスコットランド社会を映し出す鏡であるジェイミソンの『語源辞典』を用いた。更に『語源辞典』の語彙を幅広い領域に使用できるように再検討し、新しい時代への適用を試みた。この点には、ファーガソンの「近代化」の意味も含まれている。スコットランド・ゲール語ではなく、スコッツ語こそスコットランドを象徴する言語であるとしたマクダーミッドは、SND の完成に際して、「近代ヨーロッパ文学は辞書編纂者に負うところが大きい」[51]と述べている。彼が想起したのは、やはりノルウェーやスウェーデンでの試みであった。

近代ヨーロッパ文学の担い手を自負していたマクダーミッドは、「頼りになるのがジェイミソンだけであった 1920 年代初期に、もし SND が利用できていたとしたら、我々の中に大変立派な業績を築き上げられた者が出ただろうということは大いに考えられる」[52]とスコットランド

文芸復興におけるスコッツ語辞書の重要性を認めている。記述主義に基づいて記録された*DOST*の場合、規範を定めるという辞書の役割は直接は当てはまらないかもしれない。しかし、特に学習用のスコッツ語中型辞典は、スコッツ語の普及を意図して綴りを「標準化」し、時代の「鏡」であると同時に「鑑」としての役割を果たそうとしている。このようにスコッツ語辞書においても「表記法の体系化」がある程度行われてきた。

デヴィット（第1章参照）は、「標準化」が言語使用の均一化に向けた二つの側面を持った動きであると述べている[53]。第1に、「正しい」言語の使用法を社会が定めるという側面、第2に、ある変種の使用や特徴が言語の歴史的な発達の中で減退し、次第に均質的な言語へと移行していくという側面である。デヴィットは、前者を「標準化というイデオロギー」("ideology of standardization")、後者を「言語の標準化」("linguistic standardization")と呼び、これらの「標準化の社会的な側面と言語的な側面との区別」("the distinction between the social and linguistic aspects of standardization")が最も重要であると述べている。言語計画によって「成文化」された言語には「標準化というイデオロギー」が付与され、そのことばを「選択」し、計画を「実施」した政府や学術機関などへの意識が、ことばへの意識と一体化することがある。一般に「成文化」は辞書の機能の一つとして考えられるが、*DOST*は言語共同体で育まれたスコッツ語の言語活動の貯蔵庫であると同時に、新しい辞書を生み出すデータベースとして、常に新語や異綴が追加できる状態を維持しなければならない。スコッツ語辞書の編集員によって主張されているように、スコッツ語が「現在使用され、変化しつつある言語」("living and changing language")であると話者が実感するためには、このことが不可欠なのである。

ことばが使われるうちに変化していくのは、言語の発達過程で当然生じるものであり、そこにことばの本質がある。スコッツ語に対するエイトキンの見解には、言語の内面においてスコッツ語と英語との差異が非

常に小さなものであること、そしてその差異は、言語の周辺を取り巻く要因によって拡大される場合も縮小される場合もあるのだという現実が示されている。

> 私は、今日の古スコッツ語がスコッツ語全体を構成する目立った一要素に過ぎないものであると考えたい。それは、英語の大変著しい民族的多様性と呼ばれてもよいのである[54]。

スコッツ語と英語との関係に加えて、スコッツ語の変種間の関係にも着目したエイトキンは、各地域変種だけではなく、特定の社会階級や年齢層に用いられる変種をスコッツ語の範疇に入れた。従来のスコッツ語の手引書は、いかにもスコッツ語らしい特徴を表した標準的なスコッツ語だけ使用することを奨励した。労働者階級や若者特有のスコッツ語は避けられ、発音、綴り、文法、いずれの点から見ても伝統的なスコッツ語の用法に基づいた「良いスコッツ語」が模範とされたのである。1921年に『近代スコッツ語教本』(*Manual of Modern Scots*) を出版したグラントとディクソンは、以下のように述べている。

> 現在、スコッツ語の方言はローランド全体において、発音、イディオム、語彙、抑揚が地域ごとに異なっている。しかし、スコットランドの多くの作家たちは、方言の一地方の形態に縛られるのを拒んできた。(中略)彼らはスコッツ語を用い、あらゆる場所のスコッツ語話者に語り掛ける。彼らはある教区や行政区だけではなく、スコットランド全域の国民に理解されることを意図している[55]。

『近代スコッツ語教本』はスコッツ語の発音と文法の解説書だが、規範として採用しているのはエディンバラを中心に使用されるロージアン方言 (Lothian dialect) である。その理由について、標準的な発音とは書きことばと一致していると考えられていること、そしてスコッツ語の書き

ことばがロージアン方言を基に確立されてきたことが挙げられている[56]。それは、エイトキンが約 60 年後に提唱した説とは、対照的である。

　エイトキンは、「良いスコッツ語」を「純粋な方言」("genuine dialect")[57] と呼び、「良いスコッツ語」として認められていないスコッツ語を「悪いスコッツ語」と呼んだ。しかし、これらの呼称はあくまでも便宜上のものであり、両者の間に絶対的な区別の基準があるわけではない。エイトキン自身の見解は、次のようなものである。

> それぞれの方言あるいは言語は、その他の方言の基準や、自ら権限があると認めているような者の規範によってではなく、その方言あるいは言語自体の基準によって判断されるべきである。従って、「悪いスコッツ語」の文法は、標準英語や「良いスコッツ語」の法則で判断されるべきではないと考える[58]。

概して人々が言語に対して抱く感情には、言語そのものというよりもむしろその話者を意識した感情が投影されている。

> 「悪いスコッツ語」のような方言に対して、だらしない、正確さを欠く、醜い、その他あらゆる侮辱的な表現で責め立てるのは、結局のところ、方言の言語としての資質に対する反応ではなく、方言を話す人々の階級に対する社会的な評価への反応を表している。「悪いスコッツ語」が悪名高いのは、このことばがスコットランドの貧民街で話されているからであり、それはちょうど英国王室や貴族や多くの中流階級の人々に話されているという事実のために、BBC 英語の評判が良いのと同じことである[59]。

エイトキンは、「良いスコッツ語」のような「完璧な」スコッツ語を実際に話す人はいないと述べ、これを「想像上の理想のスコッツ語」("an imaginary Ideal Scots")[60] と表現した。彼は、「スコットランドのローラ

ンドで言語が用いられる場面に、「良いスコッツ語」が復興、あるいは再現させられた形式を確立する」場合を想定して、どのような過程を経て計画を実現させていくか考えている。「まずノルウェーのランスモール（土地ことば）でオーセンが行ったように、書きことばとして」[61] 確立させた後、次第に話しことばとしても浸透させていくと言う。彼はこれを「新スコッツ語」と名づけ、「この新しく、実用的で文章体が確立されたスコッツ語の書きことばは、我々の新しい標準語となるだろう」[62] と述べている。更に、ノルウェーでの先行例とこの計画の共通点を挙げている。

> ノルウェーでは、多くの者がリクスモール（書きことば）を話しながら成長するのに対して、生まれた時からニーノシュク（新ノルウェー語）を話す者はいない——常にニーノシュクは幼年期以降に学習されなければならない——、この状況と同様に、スコットランドでも生まれた時から新スコッツ語を話す者はまずいないだろうし、多くの者は最初から英語を話すことになるだろう[63]。

スコッツ語の使用を促進する際に、英語とどのような関係を保っていくかという問題は避けられない。エイトキンは、スコッツ語と英語に見られる言語上の類似性をクレイギーよりも肯定的に捉えているように思われる。スコッツ語の将来を展望するエイトキンの見通しは、現実を直視したものである。

> いずれにせよ「新スコッツ語」が進展していくとしたら、政府の介入が必要となるので、もし本当に新スコッツ語を確立するという決意を固めているならば、高位言語としての標準英語を撤廃して、とことんまで「新スコッツ語」だけの状態に転向しなければならない。この移行は少しばかりトラウマとなるだろうが、いずれ、我々自身の特徴を示す高位言語に移行した新しい状況に落ち着くだろう。しかし標準英語をもう一つの高位言語として保持しようとするならば、

(中略)よくてもノルウェーの場合のように、とげとげしい競り合いが長く続くことになるだろうし、最悪の場合、「新スコッツ語」がうまくスタートを切ることはないだろう[64]。

エイトキンは、スコッツ語を「甦らせ」("revived")たり、スコッツ語を「生かしつづけ」("kept the language 'alive'")たり、「現在無視されている状態などからスコッツ語を救い出し」("'rescued' it from its current neglect")たりすることは、結局のところ、それによってスコッツ語を用いる人々がどう変わるのかという点に行き着くとほのめかしている。以下の文章には、言語学者としてのエイトキンの持論が展開されている。

言語とは、踏みつぶされたり痛めつけられたり復興させられたりできる生き物ではない。言語とは、法則と慣習から成る抽象的な体系なのである。(中略)もしこのような動きを正当化するとしたら、それはこの言語体系を生かし、慣習を担っている人々が、それらを変えた結果、これまで以上に幸せに、健全に、豊かになる見込みがあるからである。この場合、そのような人々が手にするのは自分たち自身のナショナル・ランゲージであり、その結果、おそらく彼らが民族としてのプライドを持つ助けとなり、またそれを高揚させることができるであろう[65]。

しかし、新たな言語を創り出して言語統制を行うことに彼は賛成していない。ことばを変えることによって話者の充足感を満たすのではなく、ことばに対する話者の意識を改善させようというのがエイトキンの目的であった。

我々が活力を注いでいくのは、新スコッツ語を創造することではない。(中略)現在ある全てのスコッツ語の変種に対して自由な態度を表明するよう奨励しつづけること、実際にあるがままの現代のス

コッツ語について、そして長きにわたる興味深いスコッツ語の歴史について更に学び、教えつづけることである。必要なのは、教育計画であり、言語操作計画ではない。準備はまだ充分に整ってはいない。しかし私の見解では、我々の活力と力量が発揮されるべき方針は正にここにある[66]。

彼が一般の人々に強く求めているのは、スコッツ語のあらゆる変種を正当に理解し、受け入れることである。

> 我々の取るに足らない努力で、方言と発音とに結びつく社会的な特別待遇と偏見の全容が変わることはないだろう。実際のところ、方言と発音に対する偏見は、有色人種に対する偏見よりもずっと強く我々の社会の伝統に根づいているが、それは社会が機能する上で内在し、存続していく一面なのかもしれない。それでもやはり我々は、「悪いスコッツ語」のような労働者階級の方言に対する、不公平で、社会的に不和を生じさせることになる偏見を更に助長するのではなく、また、この偏見を持ちつづけることにつながる作り話や迷信に与するのでもなく、自分たちの良心に従わなければならないのだ[67]。

現状を悪化させないように努めようというエイトキンの主張は、ナショナル・ランゲージとしての位置づけを前面に出す急進的なスコッツ語論と比べて、物足りない印象を与えるかもしれない。ただ彼は、スコットランドでスコッツ語と英語が話されているという状況に関しては、現状と過去200年間の実状にそれほど変化は見られないと考えている[68]。18世紀以降、スコッツ語が急速に英語に取って替えられていったというのは「作り話や迷信」に過ぎず、もし本当にそうであれば、今頃スコッツ語は完全に消滅してしまっているはずだとエイトキンは言う。古スコッツ語期と比較すると、「言語」として認識されるには充分な特性を欠いているかもしれないが、その歴史は、「方言」として位置づける

ことを躊躇するほど豊かな文学性に彩られている。エイトキンは、クロスが言及した「半言語」("Halbsprache")という語こそ、スコッツ語の特性を言い表していると述べている。「もしスコッツ語が今では完全な「言語」ではないとしたら、それは単なる「方言」以上のものである」[69]。

2.4 クレイギーの後継者として

　エイトキンがクレイギーから編集主幹を引き継いだのは、1955年である。エイトキンは、クレイギーによって耕された苗床に様々な種を蒔き、試行錯誤して開花に至らせた。彼は主に二つの点から *DOST* の新しい時代を切り拓いた。第1に引用文献の規模を拡大した点、第2に編集作業にコンピュータを導入した点である。

　DOST のコーパスは、エイトキンが編集主幹に就く前後から拡大してきた。彼は新しい閲読計画に着手した当初の心境を次のように語っている。

> 私は既に、当時の研究者の要求にふさわしくないように思われた *DOST* の学術的水準に満足していなかった。そして *DOST* の「百科事典的」な面を更に重視することも含め、あらゆる可能な策を尽くして改善に乗り出した[70]。

「*DOST* の学術的水準」の改善策の一つが、引用文献の拡充であった。エイトキンは、新たな文献が発見されたり、主要な文献が新たに校訂されたりする度にコーパスに取り入れた。第3巻の序文(1963)には、新たな古スコッツ語文献が数百件加えられると共に、既に充分読み込んだ資料も再調査していると記されている[71]。コーパスの数は巻を追うに従って増え、初期の巻に比べてはるかに多くなった。第1巻に付されたリストでは約550件だったが、第2巻では約40件追加され、第3巻では約700件追加されている。その後、第4巻では約90件、第5巻で

は約 70 件、第 6 巻と第 7 巻では約 10 件ずつ追加され、最終的に全 12 巻に引用された文献は 2000 件を超えている。

　新閲読計画に続いてエイトキンが取り掛かったのは、古スコッツ語文献のコンピュータ・コンコーダンスの作成である。「古スコッツ語文献アーカイヴ」(the Older Scottish Textual Archive) のプロジェクトは、1964 年にエイトキンとブラットリ (Paul Bratley) によって開始された。このアーカイヴは、オックスフォード近郊のディドコット (Didcot) にあるコンピュータ研究所で作成され、単語の出現頻度をリスト化したプログラムが利用できるようになった。1969 年に、エイトキンとハミルトン・スミス (Neil Hamilton-Smith) はこのアーカイヴをエディンバラの地方コンピューティング・センターへ移管し、引用文が付けられた複合コンコーダンスを作成した。第 4 巻の序文 (1971) には、DOST に頻出する 16 冊の文献が処理されたと記されている[72]。これによって、アルファベットのある領域にわたる単語の出現頻度を指定し、その範囲内で指定したテクストの単語にアクセスできるようになった。

　また、このアーカイヴに基づいて、個々の作家や作品のコンコーダンスが多く作成された。この結果、複数のキーワードが含まれる引用を 1 枚のスリップカードから何度も参照するという「回送」方式は一部廃止された。古スコッツ語文献アーカイヴは、1984 年にオックスフォード大学のオックスフォード文献アーカイヴ (the Oxford Text Archive) へ転送され、従来よりも広範囲の研究者が利用しやすくなった。但し、アーカイヴのテクストに選ばれたのは重要な作品ばかりで、既に徹底的に引用された文献であった。そのため、新しい用例を見つけるという目的でこのコンコーダンスが活用されることはほとんどなかったが、この取り組みが「辞書編纂にコンピュータを利用するというベンチャーの草分け」[73] であったことは、後任者たちも高く評価している。SND の編集主幹ミュリソンがコンピュータの利用に懐疑的であったのに対して、エイトキンが辞書編纂の手段として早くからコンピュータの可能性に目をつけ、積極的に導入した点は忘れてはならない。

その一方で、これらの新機軸に伴う作業の遅れと費用の増大は避けられなかった。コンコーダンスの作成費用は、エディンバラ大学の助成金とその他の寄付金で賄われたが、これらのプロジェクトで得られた結果は、費やした時間と費用に見合うものではないと批判されることもあった。これが従来の「回送」方式から全面的に切り替えるほど、効率のよい手段とはならなかったからである。エイトキンは、コンピュータ・コンコーダンスがそれほどすぐれたものではないと認めつつも、「回送」方式に比べて「より信頼性が高いし、徐々に扱いにくくなっていく度合いも少ない」[74] と反論した。しかし、新閲読計画に関しては、引用文献の「範囲を拡大したことは私の失態であった」[75] と述懐している。クレイギーは大規模な閲読計画に同意したものの、エイトキンは「おそらく彼の見解には反していただろう」とクレイギーの真意を推し量っている。

> 私は、これによって編集の完了までにかかる時間を大幅に延長することになると気づくべきであったし、おそらく思いとどまるべきであった。しかしそうはしなかった。その結果、1953年から10年間に処理しなければならない文献の数は2倍以上になった[76]。

エイトキンのこのような完璧主義が、*DOST* の完成を遅らせたことは確かである。しかしたとえそうした犠牲を払っても、先行する辞書を何らかの形で凌ぎ、改善させるからこそ、新しい辞書の価値が高まるのである。エイトキンはハード面とソフト面の両方から *DOST* の質を飛躍的に高めた。『三省堂国語辞典』の編纂において、様々なメディアから多くの用例を収集した辞書編纂者、見坊豪紀は、辞書における用例の重要性について次のように述べている。

> ことばの意味というものは、用例と密接に結びついたものである。過去と現在を問わず、思索と体験の一切をふくめた広い意味での生活体験は用例を媒介として意味と結びつく[77]。

クレイギーは、「スコットランド国民の昔の生活と深く結びつき、スコットランドの特徴を表した」古スコッツ語を通して、DOSTに中世のスコットランド社会の営みを投影しようとした（第3章参照）。「ことばの意味を深く見きわめるためには、なによりも豊富な用例が必要」[78]であるという見坊の主張には、編集作業の長期化を予測しながら、用例の充実を図るために引証文献の増大を敢行したエイトキンの英断と相通じるものがある。クレイギーの引退と同時にDOSTの編集部に入ったマイヤー（Hans Meier）は、「エイトキンのもとで、DOSTはこれまで以上に完璧な古スコッツ語文化の百科事典となり、スコットランドの歴史文献学の最高級の参考図書となった」[79]と述べている。

エイトキンの時代に見られるもう一つの変化は、編集部で複数の編集員が働くようになったことである。編集員の人数の変動については第4章の図3にまとめたが、エイトキンが編集員に就任した1948年以降、2001年までの53年間で編集に携わったのは、平均して6名から7名と非常に少ない。クレイギーの助手としてエイトキンが編集を始めた頃、エイトキンは27歳、クレイギーは既に81歳であったから、二人の年齢や経験の差を考えれば彼らは決して対等な立場ではなかった。いずれは自分の後を継ぐ助手を迎えるにあたって、クレイギーはなかなか積極的な姿勢を見せなかった。後任者は自分で選ぶと言い張ったクレイギーの態度は、かつてのマレーを髣髴とさせる。マレーもまた分業を好まず、助手の採用に消極的であった。時間と費用が切迫していなかったら、単独で作業を続けたかったに違いない。

将来の編集主幹たちが助手として実際に働きはじめてからも、マレーは彼らと距離を置いて接した[80]。特にクレイギーとは、彼の採用についてマレーに詳細が事前に伝えられなかったこともあり、あまり良い関係は築けなかった。マレーと編集員たちは「親密な一団」("a closely knit team")にはならず、「共同戦線」("a common front")も組まなかった[81]。「各自は相手がどんなことをしているのか知らないまま独り相撲を取っているようであった。」[82] このような描写が、そのままエイトキンとク

レイギーの関係に当てはまるかどうかはわからない。クレイギーは、渡米前も帰国後もオックスフォードに住んでいた。エイトキンがオックスフォードを訪問することはあったが、エディンバラで二人が共同作業をしたという記録はない。事情は異なるにせよ、マレーがほかの編集者たちと同じオックスフォードに暮らしながら、彼らと同じ仕事場で作業するのを頑なに拒んだことが思い出される。ただクレイギーとエイトキンの場合、書簡の文面は穏やかで、クレイギーがエイトキンを叱責したり、強く注意したりすることはなかったようである。また、エイトキンが、クレイギーに対して反発を抱いた形跡も見受けられない。

エディンバラの編集部では、*DOST* の完成まで総勢54名のスタッフが作業に従事した。1～2年で去る助手もいれば10年以上勤続する者もいて、スタッフの出入りは激しかった。そのせいか、1980年代初期まで *DOST* の編集部には、かつての *OED* の編集部のような「ヴィクトリア朝式の形式ばった関係」("a Victorian formality")[83] が見られた。1981年と1994年の査定(第4章参照)ではこの点が反省され、作業の手順を文書化し、互いに仕事をチェックするなどの改善策が導入された。それ以降は、スコッツ語辞書合同委員会への報告書にも、「連繋」("tandem")、「チームワーク」("teamwork")、「柔軟な」("flexible")といった語が頻出するようになる。これまで、スリップカードが編集部と印刷所を何度も往復していた「回送」方式は、「連携関係」に重点を置いた方法に改められた。新しい方法では、原稿が書かれた後、これまでのように数年間も放置されるのではなく、約半年後に、原稿を書いた編集員とは別の編集員によって見直され、見直しを行った編集員の意見を最初に原稿を書いた編集員が再検討して、校正に生かされるようになった。同じ場所で一緒に働く編集員が日々対話をすることによって、辞書編纂作業には多くの有益な改善と修正が確実にもたらされるとランドウは述べている。頻繁に直接コミュニケーションを取らずに緻密な作業を継続させるのは、至難の業であろう。

OED の補遺を編纂したロバート・バーチフィールド(第4章参照)

が様々な辞書の形態についてまとめた『辞書学の研究』の中で、エイトキンは「年代別辞書」("The Period Dictionaries")の章を担当している[84]。ここで彼は、年代ごとの言語の変遷を扱う辞書の編纂では、「全権を握るただ一人の編集員自身が、語義の分析、定義づけ、用例の選択、語源欄の記述のような編集作業のほとんどを行う」[85]方法が採られていると述べている。この「ピラミッド型／序列型」("pyramid" or "hierarchical")の体制では、クレイギーがマレーにそうされたように「下働きをする数名の編集員の原稿が、印刷に回される前に一人の上級編集員によって徹底的に修正される」[86]のである。これがエイトキンの実体験から書かれた文章かどうかは定かではない。

エイトキンと共に17年間編集に携わったスティーヴンソンは、初稿がそのままの状態で山積していく原因を「漏斗式の編集方法」("the 'funnel' arrangement for editing")にあると表現した。ほかの編集員たちの作業の処理が、一人の編集主幹に全て送り込まれていく様子をうまく言い表している。エイトキンは『辞書学の研究』が出される前年に引退しているが、長期間奉職したDOST編集部の近況について、編集員の「連繋」によって作業の重複が少なくなったと述べている。作業の効率化だけではなく、「対等の立場を認められた数名の編集員が相互に相談・批評し合いながら、最終的には各自の原稿の範囲に責任を持つ」[87]という体制を定着させたのは、ほかならぬエイトキン自身であり、彼の人柄と裁量によってDOST編集部の骨格が形作られてきたと言える。

> DOST編集部の現在の方法の主な特徴の一つは、チームワークが重視されていることである。我々は、全権を握る編集員が部下の編集員を従えているという権威主義的な図式から、より柔軟な体制に切り替えた。その体制下で我々は、DOSTのために力を結集し、最善を尽くすために、同僚として、また専門家仲間として一緒に働いている[88]。

エディンバラで、編集員の緊密な連繋関係から*DOST*が作成されることを、クレイギーは想像もしなかっただろう。若い編集員たちからも同僚として、また友人として慕われたエイトキンは、編集部内の「友情とチームワークの精神」("spirit of friendship and teamwork")を象徴する存在であった。

第3節
後継者から見た二人

　偉大な編集主幹に対し、後任の編集者たちは常に敬意を払ってきた。エイトキンは、辞書編纂者としてのクレイギーへの賞賛を次のように表している。

> *DOST*はいまもなお、初期のアルファベットの項目に見られるクレイギーの熟達した手法と、辞書の作り手としての彼の比類なき信望に由来する権威を保っている。基本的な編集方法は、小さな修正を加えただけで、彼が考案したまま維持されている[89]。

ダローもまた、「後任の編集員たちは常にクレイギーの学識に多大な恩恵を受けていると認識している」[90]と述べている。公に前任の編集主幹を批判することが憚られるとは言え、クレイギーに対する彼らの謝辞は誠実さに満ちている。辞書編纂のように専門知識を必要とする複雑且つ緻密な作業においては、ランドウが言うように、同じ経験をしてきた者だけがその仕事を批評する資格がある。*DOST*編集員の穏やかな口調の中には、わずかながら前任者への批評を見ることができる。編集方針の改善については第3章及び第4章で言及したが、それらが強いられた原因の一つに、エイトキンの完璧主義が挙げられる。前述のように、彼は引証文献の規模を拡大し、多くの用例を示すことに非常に熱心であった。それは確かに*DOST*の記述内容を充実させ、辞書の質を高めたの

第 5 章　DOST の編纂者

だが、同時に編集作業の遅延をもたらした。文献拡大の功罪を最もよく自覚していたのは、おそらくエイトキン自身であろう。慎重で保守的なクレイギーの箱庭から、エイトキンは敢えて未開の原野に視野を広げ、資料の発掘を試みた。

また、エイトキンが主観性を重視するあまり、ダローの眼には「印象派」("Impressionist") と映ることもあった。語源や異綴について、ダローたちはクレイギーの方法を変更し（第4章参照）、ある収録語を試作項目として編集し直している[91]。しかし、DOST 最終巻の序文には、このような変更を招いた初期の編集方法の短所の多くは、当時の言語学研究の主流に起因するものであると明記されている。計画立案者として、そして初代編集主幹として、クレイギーは、当初から「激変した世界で編集が完了した時」も遵守された「堅実な編集法の基礎」を築いた。彼の後継者たちはそれを「発展させ、一層洗練させた」のである[92]。

注

[1] クレイギーの生涯については以下の文献を参照。*A Memoir and a List of the Published Writings of Sir William A. Craigie* (Oxford: Clarendon Press, 1952); J. M. Wyllie, "Sir William Craigie 1867–1957", *The Proceedings of the British Academy* 47 (1962), pp. 273–291.

[2] Balliol College (1888) と、コペンハーゲンへの留学を手配した Oriel College (1889)。

[3] Wyllie, p. 281.

[4] *DOST* vol. I, p. vii.

[5] W. A. Craigie, "Older Scottish and English: A Study in Contrasts", *Transactions of the Philological Society in 1934* (1935), p. 2.

[6] W. A. Craigie, "Older Scottish and English: A Study in Contrasts", p. 15.

[7] W. A. Craigie, "Older Scottish and English: A Study in Contrasts", p. 15.

[8] *Chambers Encyclopaedia*, New revised edition, vol. XII (London: Pergamon Press, 1967), p. 339.

[9] *Chambers Encyclopaedia*, New revised edition, vol. XII (London: Pergamon Press, 1967), p. 340.
[10] *Chambers Encyclopaedia*, New revised edition, vol. XII (London: Pergamon Press, 1967), p. 340.
[11] *Chambers Encyclopaedia*, New revised edition, vol. XII (London: Pergamon Press, 1967), p. 340.
[12] *Chambers Encyclopaedia*, New revised edition, vol. XII (London: Pergamon Press, 1967), p. 340.
[13] *Chambers Encyclopaedia*, New revised edition, vol. XII (London: Pergamon Press, 1967), p. 340.
[14] *Chambers Encyclopaedia*, New revised edition, vol. XII (London: Pergamon Press, 1967), p. 340.
[15] G. M. Trevelyan, *English Social History* (London: Longman, 1944), p. 1.
[16] Trevelyan, p. 1.
[17] Wyllie, pp. 283–284.
[18] Will William, Foreword to W. A.Craigie, et al., *The Scottish Tongue: A Series of Lectures on the Vernacular Language of Lowland Scotland* (Maryland: McGrath, 1970), p. x.
[19] W. A. Craigie, "The Present State of the Scottish Tongue", W. A. Craigie, et al., *The Scottish Tongue: A Series of Lectures on the Vernacular Language of Lowland Scotland* (Maryland: McGrath, 1970), p. 20
[20] Wyllie, p. 278.
[21] Wyllie, p. 288.
[22] K. M. Murray, *Caught in the Web of Words: James A. H. Murray and the Oxford English Dictionary* (New Haven: Yale UP, 1977), p. 287.
[23] Wyllie, p. 278.
[24] *DOST* vol. VI, p. vi.
[25] *OED* vol. I, "General Explanation", p.xxxiii.
[26] W. A. Craigie, *English Spelling: Its Rules and Reasons* (New York: Croft, 1927), p. v.
[27] Craigie, "Older Scottish and English: A Study in Contrasts", p. 1.
[28] A. J. Aitken, "The Good Old Scots Tongue: Does Scots have an identity?", Einar Haugen, et al, eds., *Minority Languages Today* (Edinburgh: Edinburgh UP, 1981), p. 77.
[29] A. J. Aitken, "Is Scots a Language?", p. 41.
[30] K. M. E. Murray, *Caught in the Web of Words*, p. 13.
[31] K. M. E. Murray, *Caught in the Web of Words*, p. 13.
[32] A. J. Aitken, "Is Scots a Language?", p. 41.
[33] Joseph Wright, *English Dialect Dictionary*, p. v.

[34] Granville Price, Preface to *Encyclopedia of the Languages of Europe* (Oxford: Blackwell, 1998), p. xii.
[35] A. J. Aitlen, "Scots", Granville Price, ed., *Encyclopedia of the Languages of Europe* (Oxford: Blackwell, 1998), p. 416.
[36] A. J. Aitken, "Completing the Record of Scots", *Scottish Studies* 8:2 (1964), p. 129.
[37] A. J. Aitken, "The Lexicography of Scots: The Current Position", Hyldgaard-jensen, Karl, und Arne Zettersten, eds., *Symposium on Lexicography III, Proceedings of the Third International Symposium on Lexicography*, May 14–16, 1986 at the University of Copenhagen (Tübingen: Max Niemeyer Verlag, 1988), p. 329.
[38] A. J. Aitken, "Is Scots a Language?", p. 43.
[39] W. A. Craigie, "Older Scottish and English: A Study in Contrasts", p. 2.
[40] Roger T. Bell, *Sociolinguistics: goals, approaches, and problems* (London : B. T. Batsford, 1976), pp 147–152.
[41] A. J. Aitken, "The Good Old Scots Tongue", p.72.
[42] A. J. Aitken, "Is Scots a Language?", p. 45.
[43] Mairi Robinson, ed., *Concise Scots Dictionary*, p. x .
[44] Einar Haugen, "Language Planning in Modern Norway" (1959), Joshua Fishman, ed., *Readings in the Sociology of Language* (Hague: Mouton, 1968), p. 673.
[45] Einar Haugen, *Blessings of Babel, Bilingualism and Language Planning* (Berlin: Mouton de Gruyter, 1987).
[46] Heinz Kloss, " 'Abstand Languages' and 'Ausbau Languages' ", *Anthropological Linguistics* 9 (1967), No. 7.
[47] 田中克彦『ことばと国家』(岩波新書、1981年)、160頁。
[48] Uriel Weinreich, *Languages in Contact* (Hague: Mouton), 1966, p. 99.
[49] Weinreich, pp. 59–60.
[50] Charles A. Ferguson, *Language Structure and Language Use: Essays by Charles A. Ferguson*. Selected and Introduced by Anwar S. Dil (Stanford: Stanford UP, 1971).
[51] Hugh MacDiarmid, "The Foundation Stone of the New Scotland", *The Scottish Review* 1: 1 (1975), p. 22.
[52] MacDiarmid, "The Foundation Stone of the New Scotland", p. 22.
[53] Amy J. Devitt, *Standardizing written English: Diffusion in the case of Scotland 1520–1659* (Cambridge: Cambridge UP, 1989), p. 1.
[54] A. J. Aitken, "Bad Scots: Some superstitions about Scots speech", *Scottish Language* 1 (1982), p. 30.
[55] William Grant and James Dixon, *Manual of Modern Scots* (Cambridge: Cambridge UP, 1921), p. xx. p. 182.

[56] Grant and Dixon, p.xxi.

[57] A. J. Aitken, "Bad Scots: Some superstitions about Scots speech", p. 33.

[58] A. J. Aitken, "Bad Scots: Some superstitions about Scots speech", p. 40.

[59] A. J. Aitken, "Bad Scots: Some superstitions about Scots speech", pp. 40–41.

[60] A. J. Aitken, "The Good Old Scots Tongue: Does Scots have an identity?", p. 80.

[61] A. J. Aitken, "New Scots: The Problems", J. Derrick McClure, A. J. Aitken and John Thomas Low, *The Scots Language: Planning for Modern Usage* (Edinburgh: Ramsay Head Press, 1980), p. 47.

[62] A. J. Aitken, "New Scots: The Problems", p. 47.

[63] A. J. Aitken, "New Scots: The Problems", p. 48.

[64] A. J. Aitken, "New Scots: The Problems", p. 49.

[65] A. J. Aitken, "New Scots: The Problems", p. 61.

[66] A. J. Aitken, "New Scots: The Problems", p. 63.

[67] A. J. Aitken, "Bad Scots: Some superstitions about Scots speech", pp. 43–44.

[68] A. J. Aitken, "Bad Scots: Some superstitions about Scots speech", pp. 30–31.

[69] A. J. Aitken, "Is Scots a Language?", p. 45.

[70] A. J. Aitken, "Some Aspects of the History of DOST: A Personal Statement", May 1981.

[71] *DOST* vol. III, p. vi.

[72] *DOST* vol. IV, p. vi.

[73] Dareau, "DOST: Its History and Completion", *Dictionaries* 23 (2000), p. 217.

[74] A. J. Aitken, "Some Aspects of the History of DOST: A Personal Statement", May 1981.

[75] A. J. Aitken, "DOST: How we made it and what's in it".

[76] A. J. Aitken, "Some Aspects of the History of DOST: A Personal Statement", May 1981.

[77] 見坊豪紀『日本語の用例採集法』(南雲堂、1990 年)、63 頁。

[78] 見坊『日本語の用例採集法』、63 頁。

[79] Hans Meier, "Reviews: *A Dictionary of the Older Scottish Tongue*", *English Studies* 43 (1962), p. 445.

[80] K. M. E. Murray, *Caught in the Web of Words*, p. 286.

[81] K. M. E. Murray, *Caught in the Web of Words*, p. 286.

[82] K. M. E. Murray, *Caught in the Web of Words*, p. 286.

[83] K. M. E. Murray, *Caught in the Web of Words*, p. 286.

[84] A. J. Aitken, "The Period Dictionaries", in R. Burchfield, ed., *Studies in Lexicography* (New York: Oxford UP, 1987), pp. 94–116.

[85] A. J. Aitken, "The Period Dictionaries", p. 105.

[86] A. J. Aitken, "The Period Dictionaries", p. 105.

[87] A. J. Aitken, "The Period Dictionaries", p. 105.
[88] The staff of DOST, "Re-editing of GIF", Caroline Macafee and Iseabail Macleod, eds., *The Nuttis Schell: essays on the Scots language* (Aberdeen: Aberdeen UP, 1989), p. 29.
[89] *DOST* vol. III, p. v.
[90] Dareau, "DOST: Its History and Completion", p. 221.
[91] The staff of DOST, "Re-editing of GIF", pp. 25–57.
[92] *DOST* vol. XII, p. xxi.

第6章
*DOST*作成を取り巻く社会的側面

第1節
*DOST*を支えてきた運営組織と支援団体

　クレイギーの「新しい辞書計画」の講演から10年後、1929年にSND協会 (the Scottish National Dictionary Association) が設立された。「近代スコッツ語辞書の決定版を作成すること」、「近代スコッツ語を促進し、奨励すること」[1]がその目的であったが、当初は*DOST*もこの組織の管轄下にあった。1953年にクレイギーが編集主幹を退任するのに先立ち、スコットランド辞書合同委員会 (the Joint Council for the Scottish Dictionaries) が設立された。辞書計画を立案・実行してきたクレイギーの引退に伴い、資料の寄贈や編集部の運営管理、出版社との交渉などを行う正式な機関の存在が必要となったのである。委員会の主要な任務は、(1) *SND*と*DOST*への財政支援の確保、(2) 両辞典の財政・運営の全面的な管理、(3) 両辞典から提起された問題への助言であった[2]。発起人の一人であるマッキントッシュは、1948年にエディンバラ大学に就任した当初から*DOST*の企画に深く関わりつづけていた。クレイギーの後任として編集主幹にエイトキンを推薦したのは、マッキントッシュである（第5章参照）。運営資金についても、マッキントッシュは助成金を支給してくれるような個人・団体に積極的に協力を求めた。編集員の給与に至るまで、運営面に関する彼の細々とした配慮は、*DOST*の活動を円滑に保つために不可欠であった。

　スコットランド辞書合同委員会の設立に伴い、オックスフォードを拠点としていた*DOST*と、アバディーンを拠点としていた*SND*の編集部

は、揃ってエディンバラへ移った。*DOST* 編集部は、最初エディンバラ大学に程近いミント通り (Minto Street) にオフィスを構えていたが、エイトキンが編集主幹になるのと前後して、エディンバラ大学内の一室が提供された。その後、編集員の増員と資料の増大に伴って、大学からは更に二つの部屋の利用が認められた。

　スコットランド辞書合同委員会は、アバディーン、エディンバラ、セント・アンドルーズ、グラスゴーの各大学の代表と、「スコットランド諸大学のためのカーネギー基金」の代表、SND 協会の代表で構成され、1960 年代後半から 70 年代初めにかけてダンディー、スターリングなどの大学もこれに参画した[3]。運営組織としての役割は、人事や編集方針、資料の管理の面で設立当初よりも拡充された。スコットランド辞書合同委員会は、1984 年に DOST 合同委員会 (the Joint Council for the Dictionary of the Older Scottish Tongue) と改称した。その年に支援団体として設立された DOST 友の会 (第 4 章参照) には、発足時から完成期までの個人の総会員数が 124 名と、22 団体が名を連ねている。個人会員には編集員自身も含まれており、完成時の段階では、その数は 64 名の個人会員と 15 の団体である。この会の目的は、編集部の「士気を高め、財政を支援する」[4] というものであったが、実際の運営資金の中心はエディンバラ大学、スコットランド芸術審議会、「スコットランド諸大学のためのカーネギー基金」などからの助成金であった。1960 年代から編集部に導入されたコンピュータも、エディンバラ大学などによる助成金で購入され、「古スコッツ語文献アーカイヴ」を作成する重要な資金源となった。

第2節
スコットランドの言語政策との関連
―スコッツ語辞書とスコッツ語教育

　1986年にコペンハーゲン大学で行われた辞書学国際シンポジウムにおいて、エイトキンはスコッツ語辞書編纂の現状を報告した。彼はスコッツ語辞書の作成が、カーネギー基金、英国学士院、スコットランド6大学、そして「ボランティアの［用例収集］協力者と同様の、文化に対する愛国主義に触発されて寄付をした人々」[5] などによって支えられてきたと述べた。そして、資金に関して政府が直接何も援助してくれなかったと指摘し、「時間と資金の点で、スコットランドの一般市民と外国の善意ある人々から多大な貢献が得られなかったならば、これらの辞書は作成することができなかったであろう」[6] と感謝の意を表した。エイトキンのこのような声明は、スコットランド内外で辞書学に関わる人々に、スコッツ語辞書編纂の窮状を広く知らしめる効果があった。彼はこの報告の約20年前にも、恵まれない環境で編纂されているスコッツ語辞書が、国家支援を受けている類似の取り組みと比べてみても学術的に劣らないことを強調している。

　　実際のところ、スコッツ語辞書が既に成し遂げたことは、これと同様の外国の国民的辞書編纂の財源に比べてわずかな資金で進められてきた。因みに外国の国民的辞書の多くは、国立博物館や学術研究機関と同じ財政基盤があり、国家によって直接、財政的不安もなく支援されてきた[7]。

　シンポジウムの報告では言及されていないが、前年の1985年にスコットランド国家遺産法 (National Heritage Scotland Act) が施行され、スコッツ語辞書編纂も当時のスコットランド省による助成の対象となった。この頃から、スコッツ語振興に対するスコットランド省の支持が顕

著になってくる。フランスのブルターニュ、スペインのカタルーニャなどヨーロッパ各地でも、1980年代前後から地域言語に関する動きが活発化してきた。これは、ヨーロッパ統合の進展に伴って、国家の独自性よりもむしろ国家を構成する地域の独自性が求められるようになったことと関連している。そこには多かれ少なかれ、土着の言語の存在を誇示することによって地域文化の特色を強く打ち出そうとする意図が窺える。スコットランド省によるスコッツ語辞書への助成は、どのように行われてきたのだろうか。1990年代以降のスコッツ語に関する主な政策を概観すると、特にスコッツ語教育への取り組みが推進されている。次節では、スコッツ語教育の振興策から、スコッツ語辞書と結びつく動きを整理する。

2.1 ナショナル・ガイドラインの見直しと教材の開発[8]

スコットランドでは、イングランド及びウェールズと異なり、全国共通のナショナル・カリキュラムが定められていない。そのため、スコットランドの教育体系は、各教育機関の特色を生かしやすいものとなっている。個々の教育機関が提供する教授内容は、それぞれの教育目的・到達目標・評価方法に見合うものとなるよう各自に委ねられている。その具体的な学習プログラムを立案する際に参考とされるのが、スコットランド省のスコットランド教育課程諮問委員会 (the Scottish Consultative Council on the Curriculum)[9]が作成した「ナショナル・ガイドライン」である。1987年から95年にかけて、このガイドラインの見直しが行われた。新たなガイドラインには、「スコッツ語の読み書きや歌を通して、またスコッツ語の使用を明確に意識することを通して、児童の国民意識を培う」[10]という趣旨が盛り込まれ、カリキュラム編成に反映されることとなった。英語科目以外にも、芸術表現や社会科などの教科でスコッツ語を取り入れる傾向が見られる。

スコッツ語を学習する際の障壁として常に挙げられるのは、地域変種

が多いことと、綴り字が何通りもあることである。スコッツ語の使用と浸透を支援する専門家の中には、スコッツ語の標準形を確立して、習得や普及を容易にすべきだという声もある。しかしガイドラインでは、児童の身の回りで日常的に話されているスコッツ語に重点が置かれている。地域のことばに対する児童の意識を高めることが、その狙いである。ガイドラインの見直しに合わせて教材も開発され、学習者の様々な年齢、レベルに合わせたものが作成されている。テキストだけではなく、朗読や歌の吹き込まれたCD、ビデオなども用意されている。取り上げられる文学作品には、ヘンリソンやバーンズに加えて、現代のスコットランドを代表するエドウィン・モーガン (Edwin Morgan, 1920–)、ジェイムズ・ケルマン (James Kelman, 1946–) などの作品が含まれている。これらの教育プログラムを効果的に実施するために、スコッツ語教員の養成や資格制度などの課題も残されている。

2.2 DOSTとSNDから生まれたスコッツ語中型辞典

　*DOST*と*SND*の編集部が、早くからスコッツ語教育を視野に入れてきたことは注目に値する。*SND*の完成後まもなく、編集部は教育分野に照準を定めてスコッツ語の振興に取り組んだ。1980年代半ばからは、両辞典を源とするスコッツ語の用途別辞書が出版されてきた。両辞典が、幅広い利用者を対象とした小規模の辞書に言語資料を提供してきたことは、専門領域に限定されがちな研究の成果を、より多くの機会に生かそうとする意図の表れと言える。特に、2000年に改訂版が出された『簡約スコッツ語辞典』(*The Concise Scots Dictionary*, 1985) は、*DOST*と*SND*から生まれた最初の中型辞典として重要である。『簡約スコッツ語辞典』は、1700年以前の語彙に関しては*DOST*と*OED*に[11]、1700年以降の語彙に関しては*SND*の内容に依拠しており、一般の利用者に両辞典の豊かな内容を凝縮して紹介する試金石の役割を果たした。当初、編集部は歴史言語学の複雑さにほとんど関心を払わないような一般読者層に、

スコッツ語辞書が売れる可能性があることを予想していなかった[12]。しかしこれが「目覚ましい成功」("the remarkable success")[13] を収めたため、編集部は『ポケット版スコッツ語辞典』(*The Pocket Scots Dictionary*, 1988)、『スコッツ語シソーラス』(*The Scots Thesaurus*, 1990)[14]、『簡約英語・スコッツ語辞典』(*The Concise English-Scots Dictionary*, 1993)、『学生用スコッツ語辞典』(*The Scots School Dictionary*, 1996) などの中型辞書を出版してきた。

第1章で言及したスティーヴンソンの『スコッツ語常用語句辞典』には、一つ一つの単語が「人物の性質」や「建築」などの18のテーマに分かれて収録されている。巻末にアルファベット順の索引があり、調べたい単語がわかっている利用者は、索引でその単語がどのテーマに分類されているのか探し、該当するテーマの中でその語を見つけることができる。各単語には、前述したような「一般スコッツ語」、「口語スコッツ語」などのラベルが付けられ、実際に使用する際の目安となる。定義だけではなく、使用される場面や関連語句についても簡潔に説明され、図が添えられている項目もある。索引に当たってから再度項目を探すのは、煩雑な場合もあるが、シソーラスのような「読む辞典」としての利用もできよう。

数々の中型辞典を編集し、スコティッシュ・ランゲージ・ディクショナリーズ (the Scottish Language Dictionaries; 後述) の顧問を務めたマクラウド (Iseabail Macleod) は、これらの辞書が果たす役割を次のように考えている。

> スコッツ語はその歴史上、決定的に重要な時期にさしかかっている。スコッツ語への認識と奨励が高まる中で、今もなお統一性、社会的差別、とりわけ無関心に対する闘いに喘いでいる。SND協会は、この点において重要な役割を担っている。主として記述主義に基づき、スコッツ語のあらゆる変種と豊かさを記録する一方で、手引きを求める人々に規準のようなものを示すという、辞書が果たすべき規範的な役割を無視することはない[15]。

マクラウドは、実際に使用されたことばの観察に基づく「記述主義」と、ことばをどのように用いるべきか示そうとする「規範主義」との間で、スコッツ語辞書の在り方を慎重に模索している。多様な地域変種を持つスコッツ語に、ある種の標準形を定めれば、一般市民への普及につながるとも考えられる（第1章参照）。編集部は、現在使用されている複数の形を記載すると共に、特に学習用など辞書の用途によっては、ある程度代表的な語形を優先して示すことに配慮している。辞書が果たす役割には、異なる言語を扱う辞書であっても共通点を見出すことができる。見坊豪紀は、次のように述べている。

　　辞書は"かがみ"である。辞書は、ことばを写す"鏡"である。同時に、辞書は、ことばを正す"鑑"である。どちらに重きを置くかと言えば、時代のことばと連動する辞書だったら、まず"鏡"としてすばやく写し出すべきで、"鑑"としてどう扱うかは、処理の段階で考えるべきである[16]。

マクラウドと見坊のことばからは、共に辞書編纂者である彼らが、扱う言語の違いを超えて「記述主義」と「規範主義」の両立を同じように捉えていることがわかるのである。
　エイトキンは、「DOSTは副産物として、古スコッツ語期の生活と思想に対して無数の洞察と、語形成、派生語、語源の問題について新たな解明の糸口を必ずやもたらしてくれるだろう」[17]と述べている。『簡約スコッツ語辞典』で重視されたのは、このような「偉大な歴史言語学の辞書の素晴らしさを、より広範な一般市民と教育市場にもたらすこと」[18]であった。彼は『簡約スコッツ語辞典』に寄稿したスコッツ語小史の中で、以下のように述べている。

　　本辞書は、豊富で多彩なスコッツ語文献の記録となることだけではなく、スコットランドの人々がスコッツ語に自信を持つことに寄与

することを意図している。スコッツ語は、スコットランドの人々の過去を大切に保持し、彼らの日常的な話しことばの中に生きつづけている[19]。

第3節
スコッツ語辞書作成事業への助成

　スコッツ語を言語と位置づけた「欧州地域言語・少数言語憲章」が2001年に批准されたことによって、スコッツ語の振興策を展開させていく土台が築かれた（序章参照）。同年、スコットランド行政府[20]は「スコットランドの国民文化政策」("Scotland's National Cultural Strategy")を発表した。これは、ブレア政権による地方分権への動きの中で300年ぶりにスコットランド議会が開会した翌年のことであり、スコットランド行政府にとって最初の大きな文化振興政策であった。「スコットランドの国民文化に関する計画」は4ヵ年計画で、四つの目的が定められている。

1. 創造性、芸術、その他の文化的活動を奨励する。
2. 非常に多様なスコットランドの文化遺産を称える。
3. 文化が教育に寄与できる可能性を実現し、包容力を促進し、国民生活の質を高める。
4. 文化に対する国家支援の効果的な枠組みを保証する。

これらのうち、スコッツ語に関わるのは主に第2の目的であり、以下のような細目が記されている。特に第1項は、スコッツ語に対するスコットランド行政府の公式の態度を明記したものとして重要である。

　2.1. 文化の表現として、またスコットランド文化にアクセスする手段として、スコットランドの言語を奨励する。

2.2. スコットランドの歴史と文化遺産に対する関心と知識を保持し、示し、促進する。
2.3. 国際的な文化の交流・対話を促進する。

　スコットランド行政府の文化振興策と密接なつながりを持つのが、スコットランド芸術審議会である。これはスコットランド行政府からは独立した組織だが、文化振興のための助成金を交付したり、文化・メディア・スポーツ省による全国宝くじ (National Lottery) の収益を分配したりする公的行政団体である。2000年以降、スコットランド行政府の助成金はスコットランド芸術審議会を通したものとなった。公的機関からの支援を複数年にわたって確保していることは、辞書作成のように成果が表れるまでに時間を要する計画にとって、特に大きな利点である。長期的な計画立案が可能になると共に、公的機関を後ろ盾にしているという広報効果も期待できる。
　かつてエイトキンは、単語の歴史的な使用を重視する辞書を国立博物館にたとえて、国家の理解と後援を求めた。

　　私にとってこれらの辞書は、同じような目的、収集、配置、データ——この場合は語形、引用、出典——の提示を実現してきた。それはスコットランドの過去と、ある程度まで現在の生活にも解明の光を投げ掛けるものである。私は、辞書もまた国家にとって貴重な文化資産であり、資金を費やすように努める価値があると考える[21]。

地域に固有の言語を記録する国民的な辞書が、国家の威信を反映し、知性の宝庫を開陳する博物館と何ら変わりがないことをエイトキンは主張している。それから40年後、エイトキンの期待に応えるような公的な助成が現実のものとなった。
　DOSTが完成した2002年、SND協会とDOST合同委員会は統合してスコティッシュ・ランゲージ・ディクショナリーズ (前述) という組

織となった。スコットランド行政府は、「辞書を発展させ、スコッツ語を奨励する」機関としてスコティッシュ・ランゲージ・ディクショナリーズの発足を祝した。そしてスコッツ語が、「スコットランドの文化遺産の一部を成す重要なもの」[22]であるとの見解を示した。同じ年に、スコットランド芸術審議会は「スコットランド独自の言語による創作と語りを評価し、奨励する」[23]という「文芸政策」("Literature Strategy")を発表した。スコットランド全域の語りのネットワークへの投資、翻訳の奨励と国際交流の拡大という目標を掲げた包括的資金の確保、スコッツ語団体の継続的な連携と発展の促進などを視野に入れたもので、2007年までの6ヵ年計画である。スコットランド行政府による「スコットランドの国民文化に関する計画」に引き続き、ゲール語と並んでスコッツ語も重視されたことは、DOSTの完成とスコティッシュ・ランゲージ・ディクショナリーズの存在が大きく作用したためと考えられる。

「文芸政策」では以下の目標を挙げている。

1. 文学を全ての地域社会の中心に位置づけ、全ての市民が活用できるようにする。
2. スコットランド文学の評価を国内外で高める。
3. スコットランドの創造性、繁栄、安寧を確保する手段として、文筆家と著作に投資する。
4. スコットランドの出版産業を21世紀の変化の激しい需要に応えるようにする。
5. スコットランド文学の継続的な発展に適う枠組みと制度を作る。

これらの目標に向けて、スコットランド芸術審議会は文学賞の設置やゲール語・スコッツ語の出版物、各地でのブックフェアなどへの助成を実施している。2004/05年度の報告概要には、「近代スコッツ語の表現と話しことばは現在よく用いられており、現代の歌・演劇・文学においてスコッツ語は生き生きとした手段でありつづけている」[24]と記され、基

本的にスコティッシュ・ランゲージ・ディクショナリーズの活動の趣旨を理解している。スコッツ語辞書に対する助成金の額は以下のように推移している[25]。図10の中段の金額は、DOSTとSNDが受けた助成額で、下段はスコットランド芸術審議会が各年度に支給した助成金の総額（概算）である。*2007/08年度に関しては予算額を記した。

図10　スコッツ語辞書に対する助成金額

年度	2001/02	2002/03	2003/04	2004/05	2005/06	2006/07	*2007/08
金額	£27,578 (約551万円)	£80,765 (約1615万円)	£90,765 (約1815万円)	£90,765 (約1815万円)	£93,488 (約1870万円)	£95,909 (約1918万円)	£115,909 (約2318万円)
総額	£44,277,000 (約8,855,40万円)	£57,633,000 (約11,526,60万円)	£65,630,000 (約13,126,00万円)	£68,541,000 (約13,708,20万円)	£69,938,000 (約13,987,60万円)	£83,768,000 (約16,753,60万円)	£58,450,000 (約11,690,00万円)

クルマス（Florian Coulmas）は、「辞書はさまざまな言語育成努力の土台石であり、この意味で投資である」[26]と述べている。現在、スコットランド芸術審議会はスコティッシュ・ランゲージ・ディクショナリーズに最も多くの資金を援助している機関の一つであり、スコティッシュ・ランゲージ・ディクショナリーズを「スコットランドの主要な辞書団体」[27]と位置づけている。参考までに、スコットランド芸術審議会から助成金を受けた文学関連団体及びスコッツ語・ゲール語関連団体の割り当てを図11に示す[28]。団体の規模や活動内容が異なるため、単純に比較はできないが、スコットランド芸術審議会の助成対象の中でスコティッシュ・ランゲージ・ディクショナリーズが占める位置を知る目安になるだろう。2007/08年度の予算配分が多い順に記した。

図11　スコットランド芸術審議会から助成金を受けた文学関連団体
及びスコッツ語・ゲール語関連団体の割り当て

団体名 \ 年度	2003/04	2004/05	2005/06	2006/07	2007/08
Scottish Book Trust	£145,980	£145,980	£150,359	£154,254	£484,254
Scots Language Resource Centre	£27,307	£27,307	£28,126	£28,855	£438,500
Scottish Publishers Association	£139,240	£164,240	£168,417	£172,779	£204,779
Scottish Poetry Library	£154,445	£154,445	£159,078	£163,198	£203,198
Edinburgh International Book Festival	£132,100	£132,100	£136,063	£139,587	£200,000
Gaelic Books Council	£151,580	£151,580	£156,127	£160,172	£190,000
Scottish Language Dictionaries	£90,765	£90,765	£93,488	£95,909	£115,909
Scottish Storytelling Forum	£63,648	£63,648	£65,557	£67,255	£150,000
Association of Scottish Literary Studies	£38,560	£38,560	£39,717	£40,745	£70,475
Moniack Mhor	£53,660	£53,660	£55,270	£56,701	£56,701

　スコッツ語辞書の編集部がスコッツ語の「普及」("diffusion")という目的を正式に掲げたのは、スコティッシュ・ランゲージ・ディクショナリーズとして活動を始めてからである。観光・文化・スポーツ担当相のマ

レー(Elaine Murray)は次のように述べている。

　スコティッシュ・ランゲージ・ディクショナリーズは、スコッツ語に対する社会的な評価を高め、人々が更にスコッツ語に関わるよう奨励することを目的としている。スコットランド全域の人々は、今日話されているスコッツ語をスコッツ語辞書に実際に反映させることによって、スコッツ語辞書に寄与できるだろう。スコッツ語辞書を最新の状態に保つために、新しい科学技術が利用されることを嬉しく思う[29]。

第4節
行政におけるスコッツ語

　近年のスコッツ語に関する大きな変化の一つは、行政の領域におけるスコッツ語の扱いに関連したものである。スコットランド議会とスコットランド行政府では英語とゲール語が公用語だが、希望すればスコッツ語を用いることも可能である。特に、スコッツ語に関する議事録や報告書はスコッツ語で作成されることもある。たとえば、国勢調査におけるスコッツ語の項目を検討した諮問委員会の議事録などは、スコッツ語で書かれている(後述)。スコットランド議会には、議員と各分野の専門家が国民生活のあらゆるテーマについて話し合う超党派グループが常設されている[30]。スコッツ語に関する部会では、スコッツ語の研究者や、スコッツ語リソース・センター(the Scots Language Resource Centre)などの学術団体の代表が、議員と直接意見を交換している。このような話し合いの中で、スコッツ語振興策の強化を求めるスコッツ語の嘆願書が提出されることもある。スコットランド議会の開設以前に、このような動きは見られなかった。

　また、1996年には、2001年の国勢調査でスコッツ語に関する質問を設けることが妥当かを判断するために、スコットランド総合登記省

(the General Register Office for Scotland)によって予備調査が行われた。ゲール語に関しては、その知識と技能（読み・書き・会話）を自己評価で回答する設問が、既に1891年から導入されている。この予備調査では、大きく分けて認識調査（cognitive research）と実例調査（sample research）という二つのアンケートが実施された。前者は登記局の調査員2名にスコッツ語の専門家1名が加わった3名のチームが16団体111名の回答者にインタビューしたものである。後者は民間の市場調査会社3社に委託した調査で、質問の文言に少しずつ異なる表現を用いたアンケートを実施したものである。これらの質問に対する人々の反応を予測して、質問の文言や回答形式などの案がいくつか示された。この実例調査の質問は以下の通りである[31]。

質問1：「スコッツ語またはスコッツ語の方言（たとえばシェットランド方言、グラスゴー方言、バハン方言など）を話せますか。」
　"Can you speak Scots or a dialect of Scots (e.g. Shetlandic, Glaswegian, Buchan)?"
質問2：「スコッツ語またはスコッツ語の方言を話せますか。」
　"Can you speak Scots or dialect of Scots?"
質問3：「スコッツ語またはスコッツ語の方言（たとえばドリック、ラランズ、バハン方言など）を話せますか。」
　"Can you speak Scots or a dialect of Scots (e.g. Doric, Lallans, Buchan)?"

質問1では「シェトランド諸島」、「グラスゴー」、「バハン」という具体的な地名が挙げられた。質問3では地名に加えて、スコッツ語の別称も併記された。「ドリック」は、北東部のアバディーンで話される変種である。「ラランズ」とは、1920年代のスコットランド文芸復興の中心的人物マクダーミッドによって考案された「合成スコッツ語」を指す（第1章参照）。これは一般の地域変種とは異なり、主に書きことばのため

に古語を合成したものである。マクダーミッドがスコットランドの独立を主張していたことからも「ラランズ」は政治的な意図を含んだ名称とされる。創設後「ラランズ協会」から改称したスコッツ語協会は圧力団体としても知られ、その機関誌名に「ラランズ」(*Lallans*) の名を残している。これらの質問への反応は、スコッツ語の複数の名称に対して話者がどのような認識をもっているのかを知る手掛かりとなった。これらの質問から次のような回答が得られた (図12)。

図12 スコッツ語の複数の名称に関する質問の回答

	話せる (%)	話せない (%)	わからない (%)	回答数
質問1	31	69	0	1022
質問2	33	63	4	1081
質問3	17	83	0.2	1021

質問1と質問2では、約3割の人々がスコッツ語を「話せる」と答えている。「ラランズ」という呼称を含んだ質問3で、「話せない」の回答率が高かったことは、「ラランズ」がスコッツ語のほかの地域変種や、実際の話しことばとは異なるという話者の意識を表している。年齢別では、以下のような回答結果となった (図13)。

　55歳以上の年齢層では、文言に具体的な地名を含んだ質問1よりも、地名を含んでいない質問2の方が「話せる」の回答率が高い。特に65歳以上の年齢層ではその差が大きい。また、「話せる」と答えた人々は概して所得が低く、地域的にも、「ドリック」が話される北東部など保守的なコミュニティーで農業や漁業を営んでいる場合が多かった。いずれの質問でも、若年層でスコッツ語を「話せる」と答えた率は低かった。調査団はスコットランドの人々が誤解や混乱なく回答できるよう慎重に

図 13　スコッツ語の複数の名称に関する質問の回答 (年齢別) [32]

質問：回答	年齢					
	16–24 歳	25–34 歳	35–44 歳	45–54 歳	55–64 歳	65 歳以上
1：話せる	28%	30%	32%	37%	33%	29%
話せない	72%	70%	68%	63%	67%	71%
2：話せる	29%	29%	27%	34%	42%	41%
話せない	65%	69%	68%	62%	55%	57%
わからない	6%	2%	5%	4%	3%	2%
3：話せる	15%	11%	13%	12%	22%	34%
話せない	84%	89%	87%	78%	78%	66%
わからない	1%	0%	0%	0%	0%	1%

注) 質問 1 で「わからない」の回答はなかった。

　熟慮した上で、国勢調査の正式な質問事項としてスコッツ語に関する項目を設置する必要性があるという報告書を提出した。しかし、その後の諮問会議を経て、2001 年度の国勢調査でスコッツ語に関する質問の設置は見送られた。

　2005 年からは、2011 年の国勢調査に向けた審議が重ねられてきた。1996 年の予備調査でも指摘されたように、まず質問において「スコッツ語」が何を指すのか明確にしなければならないという課題が出された[33]。自分の日常語が「スコッツ語」に該当するのかわからない人々が、スコッツ語を「話せない」と答えた場合もあったためである。2006 年には、スコッツ語に関する項目を導入した試行調査が行われた[34]。回答者の反応なども分析されている。今回の試行調査では呼称による認識の違

いを考慮して、選択形式の質問が設置された。「どの言語が話せますか」という質問に続いて、「英語」、「ゲール語」、「スコッツ語」、「パンジャブ語」、「その他」の項目が並び、それぞれの言語について、「理解できる」、「話せる」、「読める」、「書ける」、「理解できない」という運用能力を答えるものである。「その他」の言語を選んだ場合は、使用言語を明記するようになっている。この調査でスコッツ語を「理解できる」と答えたのは 27.8%、「話せる」と答えたのは 19.9%、「読める」と答えたのは 19.7%、「書ける」と答えたのは 16.1%、「理解できない」と答えたのは 21.5% であった。約 13,000 人がスコッツ語を「理解できる」と答えたことになり、「使用できない」と答えた約 1,000 人を大きく上回る結果になった。今回の数字は、スコッツ語の実際の使用状況よりもむしろ、スコッツ語に対する人々の意識の変化を表している。実際の運用能力がどの程度のものであれ、スコッツ語を「理解できる」と答えることに肯定的な人々が、「理解できない」と答えた人々よりもはるかに多かったことは事実である。このような項目の導入自体が、スコッツ語を取り巻く状況に何らかの変化が生じたことを計る一つの判断基準となる。

　2011 年の国勢調査には、スコッツ語に関する質問が初めて導入された。図 14 に実際の質問票のレイアウトを示す。言語使用に関する主な質問は、基本的な 4 技能(「理解できる」、「話せる」、「読める」、「書ける」)について尋ねるもの(質問 16)、英語の運用能力がどの程度あるかについて尋ねるもの(質問 17)、家庭で英語以外の言語を使用しているかどうか尋ねるもの(質問 18)である。4 技能について尋ねる質問には、英語、スコットランド・ゲール語、スコッツ語の 3 言語が回答の対象言語になっており、各技能で複数回答が可能である。自分から積極的にスコッツ語を話したり、読んだり、書いたりしない者でも、相手の話すスコッツ語が把握できる場合は、スコッツ語を「理解できる」と回答することになる。「理解できる」という項目を設けることによって、より幅広いスコッツ語の使用状況が示されるだろう。

図14　2011年の国勢調査におけるスコッツ語に関する質問部分[35]

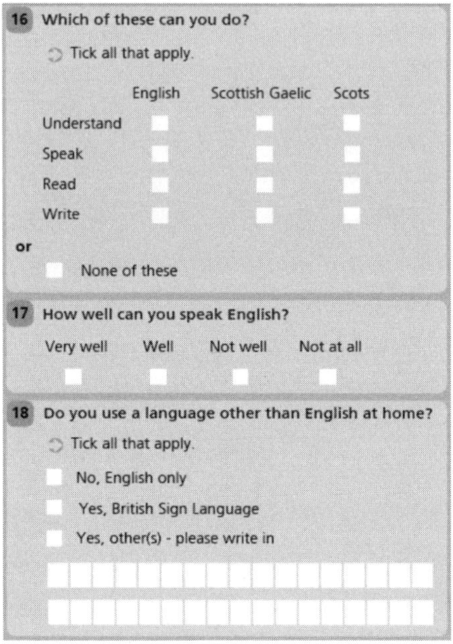
16 Which of these can you do?

Tick all that apply.

	English	Scottish Gaelic	Scots
Understand	☐	☐	☐
Speak	☐	☐	☐
Read	☐	☐	☐
Write	☐	☐	☐

or

☐ None of these

17 How well can you speak English?

Very well	Well	Not well	Not at all
☐	☐	☐	☐

18 Do you use a language other than English at home?

Tick all that apply.

☐ No, English only

☐ Yes, British Sign Language

☐ Yes, other(s) - please write in

*DOST*が計画された当初と、スコットランド議会の開設以降とでは、スコットランド社会におけるスコッツ語の捉え方が大きな変貌を遂げた。今後も、「スコッツ語」に対する一般の人々の認識を更に明確にしていく必要がある。スコッツ語が「言語」か「方言」かという議論は尽きないが、*DOST*のような大辞典が作成されるほどスコッツ語が豊かな「歴史性」を備えていること、そして現在もスコットランド社会における表現手段として使用されていることばであるという事実を浸透させることが重要である。

第5節
北アイルランドのスコッツ語の状況

　本書のテーマはスコットランドのスコッツ語に限定しているが、北アイルランドのアルスター・スコッツ語について概説しておく。アイルランドでは、特に16世紀以降に植民地化が推進されたことによって、イングランドやスコットランドからアイルランド島北部に多くの人々が移住してきた。アルスター・スコッツ語はこの時期にもたらされたスコッツ語を素地とするが（地図3を参照）、少数言語である点はスコットランドの場合と変わらない。

　アルスター・スコッツ語の使用を促進しようとする活動は、1990年代から顕著になってきた。1992年にはアルスター・スコッツ語協会 (the Ulster-Scots Language Society) のような言語奨励団体が創設され、『簡約アルスター・スコッツ語辞典』(*A Concise Ulster Dictionary*, 1996) のような普及版の辞書が出版された。UK政府は、2001年の「欧州地域言語・少数言語憲章」の批准によって、アルスター・スコッツ語に第2部 (Part II) を、アイルランド語に第2部及び第3部を適用している。アイルランド共和国はアイルランド語を第1公用語、英語を第2公用語と定めており、「欧州地域言語・少数言語憲章」を批准していない。スコットランドでも同憲章によってスコッツ語に保証されている内容はスコットランド・ゲール語より低く、北アイルランドにおけるアルスター・スコッツ語とアイルランド語の関係と同じである。

　しかし、アルスター・スコッツ語の振興策を単にスコットランドのスコッツ語と同じ社会的文脈に置き換えて考えることはできない。両者の大きな違いの一つは、北アイルランドでは言語問題がスコットランドよりも多分に政治性を帯びているという点である。北アイルランド問題の解決を目指して1998年に署名された「聖金曜日協定；ベルファスト協定」(the Good Friday Agreement; the Belfast Agreement) では、南北が共同で取り扱う事業の一つとして言語に関する分野が挙げられている。こ

の項目にアイルランド語と並んでアルスター・スコッツ語が言及されていることは、非常に象徴的である。南側を象徴するアイルランド語に対して、北側の象徴として挙げられているのは英語ではなくアルスター・スコッツ語である。但し、アルスター・スコッツ語が地域の独自性の象徴とされていることを単に振興策の成果の表れとして捉えようとすると、長年にわたる北アイルランド抗争の要因を見落とすことになる。アルスター・スコッツ語が北アイルランドで多数を占めるプロテスタント系コミュニティーを連想させる時、アルスター・スコッツ語への支持が、少数派であるカトリック住民の文化を排する立場と結びつけられる場合もあるからである。このように複雑な事情が交錯している北アイルランドでは、アルスター・スコッツ語を奨励することが、純粋に言語の再活性化を目指す運動として広く受け入れられるほど状況が安定しているとは言い難い。このような理由から、現状に至る歴史的・文化的・社会的な背景を充分に説明した上で、アルスター・スコッツ語への理解を慎重に求めていく必要がある。

　以上のような経緯から、アルスター・スコッツ語の振興策では、同じ地域変種の関係にあるスコットランドのスコッツ語よりもアイルランド語との関係に言及することが多い。しかし、互いの運動の進捗状況や打開策について議論するためにも、地域間の連携はもっと重視すべきである。「欧州地域言語・少数言語憲章」がヨーロッパ諸言語の再活性化に進展をもたらしているように、地域間の連携を強化することで、問題を共有する諸言語が望ましい協力関係を築いていくことができると考えられる。

注

[1] Iseabail Macleod, "Scots Dictionaries in the Late 1980s", *Scottish Language* 6 (1987), p. 45.

[2] 13th April, 1968, Scottish Dictionaries Joint Council to Heriot-Watt University, Edinburgh, 10 November 1982, A. J. Aitken to Angus McIntosh.

[3] 1973年に加わったストラスクライド大学は、1976年に脱会した。

[4] *DOST* vol. VI, p. v.

[5] A. J. Aitken, "The Lexicography of Scots: The Current Position", Hyldgaard-jensen, Karl, und Arne Zettersten, eds., *Symposium on Lexicography III, Proceedings of the Third International Symposium on Lexicography*, May 14–16, 1986 at the University of Copenhagen (Tübingen: Max Niemeyer Verlag, 1988), p. 326.

[6] A. J. Aitken, "The Lexicography of Scots: The Current Position", pp. 326-327.

[7] A. J. Aitken, "Completing the Record of Scots", *Scottish Studies* 8: 2 (1964), p. 139.

[8] 義務教育におけるスコッツ語の扱いについては、米山 (2004) を参照。

[9] 2011年にScottish Executiveを前身とする行政府としてScottish Governmentが創設され、その教育・生涯学習大臣 (Secretary for Education and Lifelong Learning) によって開設されたScotland Educationという公の組織が教育部門の業務を担っている。

[10] The Scottish Office Education Department, *Curriculum and Assessment in Scotland: National Guidelines on English Language 5–14* (1991), p. 7.

[11] 編集時に*DOST*が完成していたA–Poまでの部分を参考にし、Pr–Zの語彙に関しては*OED*に依拠した。

[12] The staff of DOST, "A Re-editing of GIF", Caroline Macafee and Iseabail Macleod, eds., *The Nuttis Schell: essays on the Scots language presented to A. J. Aitken* (Aberdeen: Aberdeen UP, 1989), p. 28.

[13] The staff of DOST, "A Re-editing of GIF", p. 27.

[14] 『スコッツ語シソーラス』の見出し語数は約2万語である。

[15] Iseabail Macleod, "The Scots Dictionary", Liz Niven and Robin Jackson, eds., *The Scots Language: Its Place in Education* (Dumfries: Watergaw, 1998), p. 128.

[16] 見坊豪紀『日本語の用例採集法』(南雲堂、1990年)、110頁。

[17] A. J. Aitken, "The Period Dictionaries", Burchfield, Robert, ed., *Studies in Lexicography* (Oxford: Clarendon press, 1987), p. 111.

[18] Macleod, "The Scots Dictionary", p. 125.

[19] *Concise Scots Dictionary*, p. xiii.

[20] 1999年のスコットランド議会の開設と共に、後述のスコットランド省 (Scottish Office) が改組された行政府。

[21] A. J. Aitken, "Completing the Record of Scots", *Scottish Studies* 8: 2 (1964), p. 139.
[22] Deputy Tourism, Culture and Sport Minister Elaine Murray, "Dictionaries strengthen Scots language" (1 May 2002).
[23] Scottish Arts Council, "Developing Scots in Scotland".
[24] Scots Briefing 2004/05.
[25] 以下の資料を参考にして作成。Scottish Arts Council, *Annual Report 2001/02, Annual Report 2002/03, Budget 2003/04, Annual Report 2004/05, Budget 2004/05, Annual Report 2005/06, Budget 2005/06, Business Plan 2005/06, Group Annual Report and Accounts for the Year to 31 March 2007, National Lottery Distribution Fund Annual Report and Accounts for the Year to 31 March 2007, Business Plan 2006/07.*
[26] フロリアン・クルマス、諏訪功他訳『ことばの経済学』(大修館書店、1993 年)、86 頁。
[27] Scots Briefing 2004/05.
[28] スコットランド芸術審議会は、このほかに工芸、演劇、舞踊、音楽などに関わる諸団体へも助成を行っている。
[29] Deputy Tourism, Culture and Sport Minister Elaine Murray, "Dictionaries strengthen Scots language" (1 May 2002).
[30] 2013 年現在、与党はスコットランド国民党 (SNP) である。
[31] The General Register Office For Scotland, *A Report on the Scots Language Research Carried Out by The GRO(S) in 1996* (Edinburgh: The General Register Office For Scotland), p. 12 より作成。
[32] The General Register Office For Scotland, *A Report on the Scots Language Research Carried Out by The GRO(S) in 1996* (Edinburgh: The General Register Office For Scotland), p. 14 より作成。
[33] "Equal Opportunities Committee Official Report", 6 October 2005.
[34] The General Resister Office For Scotland, *2006 Census Test: Scotland Counts* (23 April, 2006), p. 4.
[35] Jane Eunson and Lorraine Murray (Ipsos MORI Scotland), on behalf of General Register Office for Scotland, *2011 Census Question Testing: The Language Question* (2009), p. 17.

終章
スコッツ語辞書の今後の展望

第1節
DOSTの編纂史を通して見えてくるもの

　DOSTの編纂方法や運営方法には、ほかの歴史的辞書と共通する点がいくつかある。多くの場合、大学などの学術機関を中心として進められ、編集員には対象とする言語以外にも幅広い専門知識が求められる。DOSTの場合、古スコッツ語及び関連する言語の語彙や文法に関する知識に加えて、歴史や文学に関する知識、古スコッツ語の正書法に関する知識などが必要となる。また、緻密な編纂作業には編集員自身の直観的な「語感」が不可欠である[1]。このような資質を持ち合わせ、DOSTの編集部に最も長く奉職したエイトキンは、特に重要な人物である。80年以上にわたるDOSTの取り組みは、(1) 計画時から一貫してきた作成の理念、(2) 編集員の専門知識と語感に基づく編纂技術、(3) 編集作業を継続させるための運営組織によって完結した。エイトキンはこれらの全てに深く関わり、編集員との連携関係を築くなど、あらゆる面でDOST編集部の牽引役であった。辞書作成の現場に限らず、常にスコッツ語研究の世界で存在感を発揮したことも、彼のDOSTへの多大な貢献を印象づけている。エイトキンは、クレイギーへの敬意を次のように表している。

　当然のことながら、DOSTはサー・ウィリアム・クレイギーに対して、正に彼らしい無私無欲の秩序だった采配をはるかに上回る永続的な恩恵を受けている。DOSTは、その歴史の大部分において別格

と言えるほどクレイギー一人による辞書であり、あらゆる意味で愛情のこもった仕事であった。従って、個人や団体の好意のおかげで彼は様々な時期に有能な助手を得たが、作業の重責は終始、彼自身が負っていた[2]。

　*DOST*作成に向けた全ての動きが、クレイギーの「新しい辞書計画」から始まったのは確かである。彼が定めた*DOST*の目的は、作業の継続が危機に瀕した最中でさえ、完成時まで揺るぎないものであった。変更が見られたのは、見出し語や語源の記載、収録語の対象範囲、意味分析の際の主眼点など一部の編集方法と、人事、運営組織、出版社など編集作業を取り巻く状況である。クレイギーの架けた梁に、エイトキンをはじめとする後継者たちは耐久性のすぐれた屋根を取り付け、*DOST*を完成に導いた。エイトキンは「クレイギー一人による辞書」と称えるが、完成した*DOST*は、もはやクレイギー一人の力による辞書とは言えない。それは、設計から資材の調達に至るまで、多くの専門家の知識を結集して完成する建築物のように、数々の人の手を経て作成されてきた[3]。特にエイトキンの貢献は、クレイギーに勝るとも劣らない。

　最後の編集主幹ダローは*DOST*編纂の歴史を四つの時期に分けている[4]。第1期は、編集に着手し、クレイギーが編集部で中心的な役割を担っていた1925–1955年、第2期は、エイトキンがクレイギーから編集を引き継いだ1955–1986年、第3期はエイトキン引退後の1986–1994年、そして2002年の完成に向けた第4期が1994–2001年である。*DOST*の編纂史を通して指摘できるのは以下の点である。第1期の立案当初は、スコッツ語辞書に対してクレイギーの理想が先走った印象がある。辞書の内容の計画に重きを置き過ぎ、実際の作業の進度や運営面の計画がそれに伴っていない。ランドウが「予定を立てることは、圧倒的に辞書の計画の中で最も難しい側面である」[5]と述べているように、長期の作業計画と経費の概算は、最も難しい問題である。しかし、特に外部機関に資金の援助を申請する場合には、出資者を納得させるよ

うな綿密な計画が求められる。これらに関するクレイギーの試みは、いずれも充分とは言えなかった。その結果、編集を支える運営体制が貧弱で、照準を定める市場や完成期限が不明瞭なままプロジェクトが発進した。クレイギー自身、次のように述べている。

> 不幸なのは、こうした計画が、「時間と資金」という二つの原因によって非常に行き詰まりやすいことである。現在使用されているどんな言語でも、あるいは豊かな文学が残されているどんな言語でも、その大辞典の編纂にかかる時間の予測は全て、目標にはるかに及ばないと言って間違いはないだろう。言語学会の辞書 *OED* が正しくその一例である[6]。

作業にかかる時間を多めに予測するという教訓を得た後も、切迫した状況は続いた。第2期には、記述内容の質を維持しながら編集期間の短縮化を図るために、新たな編集方法の導入が検討された。1980年には初めて外部の査定と勧告が行われ、運営体制の立て直しが求められた。第3期になると *DOST* の出版が巻を増やしてきたこともあり、それらを基にして中型辞書のような派生的な出版事業が追加された。1994年と1996年には、その後の状況に改善が見られたか判断するために再度査定が実施された。スコットランド芸術審議会やカーネギー基金などによる助成が、確実に得られるようになったのも第4期からである。既刊内容と継続中の作業への評価、そして複数回にわたる査定の結果が、*DOST* 作成への理解を促したと言える。*DOST* の編纂史から見えてくるのは、辞書の内容自体に関して生じた変化よりも、辞書あるいはスコッツ語を取り巻く環境に生じた変化の方がより大きいということである。その変化は何によってもたらされたものなのだろうか。

第2節
スコッツ語とスコティッシュ・アイデンティティー

　社会言語学的な研究では、政治的な忠誠心と言語に対する忠誠心が緊密な関係にあることが示されてきた[7]。スコットランドの場合、政治の場でスコッツ語が用いられるようになったことと、スコッツ語がスコットランド人としてのアイデンティティーを形成するための一助となることは、短絡的に直結する問題ではない。しかし、政治と関わりを持たなかった「菜園派」の後で、マクダーミッドがスコッツ語をナショナリズム運動と結びつけたことは、スコッツ語史に刻み込まれる革新的な出来事であった。そもそもスコットランドで、スコッツ語について一定の理解が得られてこなかったことは本書で見てきた通りである。また、スコットランド人としてのアイデンティティーについても、後述するような複雑な要因が絡み合い、何に拠り所を求めるべきか焦点が定まらなかった。独自の言語に対する意識の低さを指摘されてきたスコットランドで、議会の開設と前後してスコッツ語の価値が見直されはじめたことは、共同体を形作る上で言語がいかに重要な要素であるかを示している。

　前述のように、ナショナル・ランゲージとして「充分に成熟した言語」であった古スコッツ語に対して、近代スコッツ語は「半言語」("Halbsprache") とも言われる。スコットランドでは、ある完全な独立体 (entity) になるための特性が欠けているとみなされるのは、ことばだけではない。マックローン (David McCrone) は、独自の政体を持たないスコットランドを「国家なきネイション」("a stateless nation")[8] と言い表した。1707 年の合邦以降も、スコットランドは法、教会、教育という三つの体系がイングランドと異なることを独自性の象徴とし、それが「半国家」という位置づけを際立たせてきた。理性の面ではイングランドに傾倒しながら、感情においてはスコットランドに寄り添うスコットランド人の心理が、使用する言語に反映されてきたことは第2章で述べたが、このようにどちらにも与し難いスコットランド人の不安

定性を「カレドニアの相反」("Caledonian Antisyzygy")と呼ぶことがある。『スコットランドの文学―特徴と影響』(*Scottish Literature: Character and Influence*, 1919) の中でスミス (G. Gregory Smith) は、「政治的・宗教的な歴史において、終始続く論争において、順応性（言い換えれば新しい状況に合わせてきたということ）において、実際の判断（問題の二つの面が考慮に入れられてきたと容認すること）において、スコットランド人があらゆる機会に示す対照」[9] を説明するために、この語を用いた。

スコットランドの特質を的確に捉えた同様のことばは、ほかにもある。バイロン (Lord George Gordon Byron, 1788-1824) は「対照をなす精神」("The Antithetical Mind") と言い、スティーヴンソンは『ジキル博士とハイド氏の怪事件』（第1章第1.8節参照）の登場人物の二面性に投影させた。同時代のスミスの見解に衝撃を受けたマクダーミッドは、「カレドニアの精神的相反」をスコットランド文芸復興運動の宣言に用い[10]、後に精神科医のレイン (Ronald David Raing, 1927-1989) は、これを『引き裂かれた自己』(*The Divided Self*, 1960) と表現した。

近代以降、「国家なきネイション」となったスコットランドは、UKという枠組みにおいても、そしてスコットランドという枠組みにおいても、常に精神の分裂に悩まされてきた。サピアは次のように述べている。

> 概して明らかなことだが、方言の特色は社会的地位が劣っている象徴としてみなされてきた。しかし地方的な情緒が強調され、より大きな国民全体の生活にとってその地方の集団が重要性を持っている場合には、地方の言語は反対に自尊心のようなものの象徴となるかもしれない[11]。

イングランドとの関係において、スコットランドはこのような重要性を発揮する機会を求めつづけてきた。スコットランド啓蒙期の知識人たちは、ある意味でその一役を担ったが、何を自尊心の拠り所にすればよいかという問題は、それよりも更に難しい問題であった。共にUKを

構成するウェールズが、ウェールズ語を文化的な独自性の象徴としてきたのに対して、スコッツ語またはゲール語の文学や音楽が、スコットランドの文化的な独自性を強く主張することはなかった。スコッツ語は、「イングランドのことばが崩れた方言」というイメージと結びつけられ、ゲール語は、未開のケルト人が持つ情感の激しさと結びつけられた。理性が尊ばれた 18 世紀に、これらのイメージはイングランドと競合するスコットランドの足かせとなった。ローランドとハイランドは、互いの固有の言語文化を認める理由を見出せないまま、スコットランド内で確執を強めた。

　ジェイミソンがゲール語の影響を軽視し、スコッツ語からケルトの要素を排除しようとしたことを思い出してみよう。1715 年と 1745 年のジャコバイトの反乱（第 1 章参照）で多くのハイランド人が政府軍に抵抗し、非業の最期を遂げたことも、ハイランドの野蛮なイメージを助長させた。19 世紀のロマン主義の高まりと共にゲール語の文学は歓迎されたが、スコッツ語にそのような機会は訪れなかった。ローランドとハイランドが反目し合う図式は、スコットランドの国民意識を形成する障壁となってきたのである。

　1920 年代のスコットランド文芸復興では、マクダーミッドが初めて「ラランズ」をスコットランドの象徴に掲げた。1970 年代に北海油田が発見され、スコットランド経済を発展させようとする運動が起こると、政治的な独立を求める声も高まった。しかし、これらの動きは大きなうねりとなって国民全体に広がるには至らなかった。スコットランド全体を包含する地域の独自性が確立されておらず、国民を結集させる求心力を欠いていたことがその一因と言える。スコットランドでは「ナショナリストの大義は飛翔するどころか、翼を傷つけられたアヒルのように飛び上がって、また元の池に飛び込むのだ」[12] というスマウト (Christopher Smout) のことばは印象的である。

　ローランドとハイランドの関係を、地域言語の振興という観点から眺めてみよう。EU の地域文化政策に影響を受けて、スコットランドでも

1990年代頃から独自の言語文化の多様性が強調されるようになってきた。スコットランド・ゲール語の振興は、ケルト系言語というつながりからウェールズ語の再活性化を模範としてきた[13]。英語と言語系統の異なるスコットランド・ゲール語は、少なくともこの点でスコッツ語よりも振興を進めやすい。早くから言語の再活性化に取り組んできたスコットランド・ゲール語の振興と連携を図ることは、非常に有効であると考えられる。従来、スコットランド・ゲール語と共にスコッツ語が言及されても、それはスコットランド独自の言語がスコットランド・ゲール語だけではないことを主張するための飾りに過ぎないという印象が強かった。しかし近年、その状況に変化が見られてきたのは第6章で述べた通りである。ローランドとハイランドを境界線で分断することなく、スコットランド全体で共有できるような地域文化の独自性は、スコットランド人の国民（民族）意識を形成する要因の一つと言えよう。

　1997年9月にスコットランドで実施された住民投票では、投票者の74.3%がスコットランド議会の開設に賛成票を投じた[14]。中央政府からの権限委譲の是非を問う住民投票は、実は1979年にも行われている。この時は51.6%の賛成票を得たが、有権者の4割以上という可決数を満たせなかった。1997年の住民投票は、18年ぶりに政権交替を果たした労働党政府のもとで実現した。その年の5月の総選挙で地方分権を公約に掲げた労働党は、勝利を収めて史上最年少のブレア首相(Tony Blair)を誕生させた。スコットランド議会は機能が限定されているとは言え、スコットランドの人々が自治権を獲得したという一つの形を体現している。マックローンは、1992年刊の主著『スコットランドを理解する―国家なきネイションの社会学』(*Understanding Scotland: The Sociology of a Stateless Nation*)の改訂版を2001年に出版した際、題名から「国家なき」("Stateless")を削除した。独自の議会を保持するスコットランドは、今や政治的・文化的な側面を充実させ、新たな国民意識を構築しつつある。

第 3 節
DOST 完成後の新たな取り組み
―スコッツ語辞書の今後の展望

　辞書学は「言語研究が一般大衆と接する場の一つ」[15] であり、辞書はことばと社会を同時に捉える一つの手段でもある。スコッツ語自体に大きな変化は見られないが、本書で考察してきたように、スコッツ語辞書が作成される社会の変化には目を見張るものがある。スコッツ語を取り巻く社会が変化する中で、*DOST* はスコッツ語辞書としての新たな使命を見出そうとした。第 8 巻が出版され、残り 3 巻の編集・校正・確認作業が最終段階に入ると、完成後のプロジェクトについて討議する機会が増えてきた。合同委員会も編集部も *DOST* の出版を単独のプロジェクトとして終わらせず、関連分野のプロジェクトと連携して、更に発展させていこうと考えていた。*DOST* 第 9 巻の序文には、完成は「単なる一つの区切り」("but a landmark") [16] に過ぎず、最終到達点ではないことが明言されている。

　1999 年 1 月 16 日に「2000 年以後の DOST」("DOST Post 2000") と題したコロキアムが開かれ、14 名の有識者が出席した。このコロキアムでは、言語、歴史、文学、地名、スコッツ語とゲール語の言語接触、物質文化 (material culture)、参考資料、コンピュータ・コーパラ (computer corpora) の領域を専門とする研究者が、完成後の *DOST* を各分野でどのように生かすことができるかについて報告を行った。また、これらの議論を継続するための特別諮問委員会が設立され、3 月 27 日、5 月 1 日、5 月 29 日、6 月 26 日に招集された。この委員会は、ダロー、スクレコヴィック、SND 協会のレニー (Susan Rennie) のほか、グラスゴー大学ケルト学部のオドハーティ (Cathair Ó Dochartaigh)、エディンバラ大学歴史方言学研究所のウィリアムソン (前述) の 5 名で構成され、*DOST* 編集員のパイク (Lorna Pike) が庶務を担当した。主に委員会では、コロキアム後に受けた反応と、継続審議の経過が報告さ

れた。コロキアムの概要を記した小冊子は、参加できなかった約20名に送付され、討議内容について最終的に60件ほどの意見が寄せられた。その内訳は、スコットランドからが47件、オランダからが3件、カナダ、ドイツ、合衆国からが各2件、オーストラリア、イングランド、フィンランド、ルクセンブルクからが各1件となっている。懸案事項に関しては、(1) *DOST* の電子化、(2) スコットランド言語研究所 (the Institute for the Languages of Scotland) の構想、(3) 資金の確保などが取り上げられた。

コロキアム開催の時点で *SND* のデータは順次 SGML 形式での入力が進められており、いずれ *DOST* のデータも同様に処理してインターネット上で公開することが計画されていた。この資金を調達するためにいくつかの助成金に応募を試みた結果、人文科学研究委員会 (the Arts and Humanities Research Board)[17] による3年間の助成の採用が決まった。2001年から1年間に約 105,000 ポンド（約 21,000,000 円）の助成が受けられることになり、これを主な資金として、*DOST* と *SND* のデータを搭載したオンライン辞書 *Dictionary of the Scots Language* (以下、*DSL* と記す) が作成された。助成金の申請は、合同委員会委員長のスクレコヴィックが推進役となって行われたため、彼の勤務先であるダンディー大学がテクスト処理作業の拠点となった。*DSL* は、刊行済みの *DOST* 全12巻及び *SND* 全10巻を合わせた22巻分のデータから成り、見出し語数は 8000 以上、引証文献の数は 6000 以上に上る。2004年2月からインターネット上で公開され、無料で利用することができる。完成後はエディンバラのスコティッシュ・ランゲージ・ディクショナリーズに管理され、*SND* の補遺や検索機能の追加などの改善が重ねられている。*DSL* は試作の段階で利用者アンケートを実施し、検索機能や利用方法についての回答を参考にした。利用者から直接寄せられた意見を迅速に考慮することが可能となったのも、インターネット上の辞書という利点が生かされたためであろう。

スコットランド言語研究所については、非常に詳細な立案書が作成さ

れたにもかかわらず、現在も設立の目途は立っていない。スコットランド言語研究所は、スコッツ語及びゲール語研究全般に関わる学術機関として立案された。「スコットランド諸大学のためのカーネギー基金」から助成を受け、ギリーズ、スクレコヴィック、グラスゴー大学のケー (Christian Kay)、エディンバラ大学のマッケー (M. A. Mackay)、スコットランド芸術審議会のメイズソン (Ann Matheson) の 5 名が常設委員となった。前述のパイクも研究員として参画し、2002 年に立案書を発表した。スコッツ語辞書の作成は複数の大学が携わっているため、知的所有権や資金確保の点で問題が生じる場合がある。スコティッシュ・ランゲージ・ディクショナリーズは、これらの問題を円滑に扱う窓口機関の役割をスコットランド言語研究所に期待した。しかしそれは結局、机上の計画に終わり、実現には至らないだろうというのが関係者の大方の意見である。その背景には、常設委員の主導力の弱さやスコットランド行政府へのアピール不足などが考えられる。立案書には、研究所の趣旨や運営についてかなり具体的な調査報告も記されており、これを何らかの形で生かすことができれば多くの点で有益な情報となるだろう。

そのほか、既に実現した取り組みに *SND* の新補遺がある。この補遺の作成に向けた語彙収集は、1985 年の『簡約スコッツ語辞典』の完成と共に開始された。文献閲読と、スコットランド各地のインフォーマントにインタヴューして得られた口述資料からの語彙収集は、2001 年に完了した。その後、3 年計画で編集が進められ、2005 年に発刊された。現在進行中の企画として、『簡約スコッツ語辞典』の改訂が挙げられる。前述のように、*DOST* と *SND* から生まれた最初のスコッツ語中型辞典として、『簡約スコッツ語辞典』は多くの中型辞典の中でも定評がある。今回の改訂では、初版後に出版された *DOST* のデータと、*SND* の新補遺のデータが追加される予定である。

DOST 第 8 巻の序文には、*DSL* によって「*DOST* の利用のしやすさは飛躍的に増し、その人気を広め、スコッツ語とその使用に関する興味深い新しい研究への出発点となるだろう」[18] と記されている。*DSL* は、イ

ンターネット上での利用開始までの段階を第1期とし、その後、更に専門性の高い機能を充実させるための第2期の作業に入っている。中心となるのは新たな語彙・用法の追加や、検索機能を高めるためのタグ付けである。タグ付けの作業は外部会社に委託しているが、具体的な一例を挙げれば、DOSTの語彙に関しては、法令集ごとの単語の頻出度を調査するためのタグ付けが、SNDの語彙に関しては、単語の情報が得られた人物の年齢や出身地などを検索できるようなタグ付けが行われている。このような進展を受けて、複数の学術機関がDSLのデータに基づいた学際的な共同研究に着手している。一般の利用者が求める簡便さから、研究者が求める専門性まで、DSLへの要求は多岐にわたるが、高い水準を目指すことによってスコッツ語研究の幅が広がり、研究手段としてのDSLに大きな期待が寄せられている。

　スコットランドにおいて、スコッツ語辞書の取り組みは地道な活動が結実した代表例の一つと言える。しかし、初期の頃はスコッツ語で書かれた文学遺産を再評価する面が主となり、日常生活での積極的なスコッツ語の使用はそれほど奨励されなかった。2008年に、後者の目的を意図した小型のシソーラスが発売された。これは「スコッツ語で言ってみよう！」("Say It in Scots!")と題された一連のシソーラスで、スコティッシュ・ランゲージ・ディクショナリーズの編集員が作成したものである。現在、『スコットランドの天気』(*Scottish Weather*, 2008)、『スコットランドの野生生物』(*Scottish Wildlife*, 2008)、『私たちってどんな人？』(*Wha's Like Us?*, 2008)、『スコットランドの地名』(*Scottish Place Names*, 2008) の4冊が出版されている[19]。既刊の中型辞書よりテーマを限定し、スコッツ語に関心を持つあらゆる年齢層を対象としている。様々な生活の場面で、ある単語や表現をスコッツ語で何と言うのか知りたい時、すぐ手にとって調べられるようなシソーラスである。特にDOSTが完成した後、スコッツ語を日常的に使用できる環境の整備も、スコティッシュ・ランゲージ・ディクショナリーズの主要な任務とされている。

　もともとDOSTとSNDのような大辞典が編纂されたのは、スコッツ

語が英語の一変種として着目されたためであった。「規範」とされるイングランドのことばとの差異によってスコッツ語の社会的地位が低下し、その再活性化が妨げられてきた。様々な要因から、発音、文法、意味など言語内の性質が変化してきたのと同様に、社会におけるスコッツ語の受け止め方も移り変わってきた。本書で述べてきたように、古スコッツ語と近代スコッツ語の違いが単に使用年代だけではないことを理解しておかなければならない。古スコッツ語を現代によみがえらせようとするのが、ことばと社会の結びつきを無視することにつながりうるのは何故か、近代スコッツ語が「方言」以上ではあるが「言語」未満のことばとして、「半言語」("Halbsprache") と判断されるのは何故か、その理由をもう一度よく考える必要がある。

　スコッツ語への理解を深める土壌を整えずに、社会的地位、語彙、言語習得などを推進させるとしたら、そこには理想のスコッツ語像を一人歩きさせてしまう。スコッツ語が負のイメージを払拭するためには、古スコッツ語の文学遺産と共に、庶民のことばとして語り継がれてきた近代スコッツ語の特質を再評価することが求められている。スコッツ語と英語の言語内的な近似性に拘泥するのではなく、スコッツ語でしか表現できない文化的側面を再認識することで、スコッツ語の土着性に対する肯定的な態度が生まれてくる。DOSTがその利用者に促すことができるのは、ナショナル・ランゲージとして幅広い用途に用いられていた中世のスコッツ語の記録を通して、スコットランド文化の独自性を理解することである。一般の人々のスコッツ語に対する肯定的な態度は、スコッツ語の伝統を継承していくためには不可欠である。スコッツ語の「歴史性」(historicity) を生かしてこのような態度を奨励することは、これまで指摘されてきたスコッツ語の弱点を補う主要因と言っても過言ではない。

　賛否両論の状態が続いているスコッツ語の標準形に関しても、識者の間で一定の合意が示される必要がある。2008年8月10日、エディンバラ国際ブック・フェスティバルの行事の一環として、「創作における

スコッツ語」("Scots in Writing") というワークショップが催された。講師はスコティッシュ・ランゲージ・ディクショナリーズのクリス・ロビンソン (Chris Robinson) で、15名ほどの参加者が集まった。スコッツ語の歴史を簡単に説明した後、スコッツ語の使用状況の現状と、スコティッシュ・ランゲージ・ディクショナリーズの取り組みについて話題が及ぶと、フロアとの活発な議論が始まった。参加者の大半はスコットランド出身者で、各地域や世代間に見られるスコッツ語の語彙・発音の違いについて、スコッツ語に対する住民の意識についてなど、自身の経験を踏まえたネイティヴ・スピーカーならではの意見交換が続いた。特に、次世代にスコッツ語をどのように伝えていくかという点に多くの時間が割かれた。参加者の関心は、綴り字の問題、スコッツ語の児童書、スコッツ語の学習用辞典などに寄せられた。中・小型スコッツ語辞書の作成によって、*DOST* はスコッツ語の知識を普及させる役割も果たしてきた。スコッツ語辞書が単なるスコッツ語の記録に留まらず、創造的な言語活動の源として推進されていくために、教育分野へのスコッツ語の浸透が図られてきた。教室でスコッツ語の文学作品を鑑賞する機会が増え、生徒がスコッツ語で詩や物語を創作するコンテストも開催されている。スコッツ語を読むためだけではなく、スコッツ語で書くために辞書が用いられる時、それは「生きていることば」の創造性を高める手段となる。

　SND の完成後、ミュリソンはスコッツ語の今後の状況が「全てスコットランド人自身にかかっている」[20]と述べた。ことばとしてスコッツ語をどのように位置づけ、どのような呼称を与えるかという問題は、スコッツ語そのものの価値や言語内的な性質にとって重要ではないが、国勢調査の試行調査で指摘されたように、それを用いる人々にとってはスコッツ語への意識を左右する一因となる。

　愛国主義的なスコットランド人が、ほとんど熱烈と言ってよいほど「スコッツ語」という用語を使用することを何故主張するのか、そ

れを説明するのは、方言の諸変種とは異なる真の「スコッツ語」への、この深く根づいた意識なのである。そして確かに「言語」という用語は、デンマーク語やノルウェー語と同様に我々の話しことばにも当てはまる。というのは、これらの言語のように、スコッツ語の背景には国民生活と国民文学があるからである[21]。

このグラントのことばは、クレイギーやエイトキンのスコッツ語観とも相通じるものである。DOSTやSNDに代表されるスコッツ語辞書は、スコッツ語によって表現されるスコットランド社会の象徴として、独自の言語文化に対するスコットランド人の自尊心の拠り所の一つとなるだろう。

　T. S. エリオット（T. S. Eliot, 1888-1965）は『文化の定義のための覚書』（*Notes Towards the Definition of Culture*, 1949）の中で、「独自の言語を保持しても、それが別の言語と非常に密接に結びついて依存しているために、人口のある一階級だけではなく全ての者が二言語使用者にならねばならない」[22]ような文化を「衛星文化」（"satellite culture"）と名づけている。「衛星文化」とは、地理的な理由などから、より勢力のある文化と恒久的に関係を保ち、勢力のある文化から分離しないでいることによって、勢力のある文化に対しても、そして世界の中でも更に大きな役割を果たすのだとエリオットは主張している。ヨーロッパとUKの関係についてのチャーチルのことばを思い出してみよう（序章参照）。関わりを持ちながらも併合されず、適度な距離を保つという関係は、スコットランド議会をウェストミンスター議会の「衛星」と考えた時の関係にも当てはまるように思われる。但し、文化的な面からもスコットランドとイングランドの関係がそうであるかと言えば、それはまた別の問題である。エリオットは、「消滅しつつある、または消滅すべき何らかの言語を復興させようとする」[23]ことを「地域主義者」（"regionalists"）の特徴の一つとして挙げているが、「文化が繁栄するためには、国民が団結しすぎたり、分裂しすぎたりしてはならない」[24]と述べている。政治

の面では「衛星」の立場を維持しつつ、文化の面では地域の独自性を主張し、多様な言語文化を形作る構成要素として存在感を示すことは、スコットランドにとって充分可能であると考えられる。

　クレイギーが「新しい辞書計画」を発表した1919年を顧みると、この頃、言語学における主要な著作が相次いで出版されていることに気づく。アメリカの著述家メンケン (H. L. Mencken, 1880–1956) は『アメリカ語』(*The American Language*, 1919) の中で、アメリカ英語がイギリス英語の方言ではなく、一言語として独自の発展を遂げてきたと論じた。同じ年にスミスの『スコットランドの文学—特徴と影響』が出版され、マクダーミッドがスコットランド文芸復興を主導する際の核となる概念を提示した。続いて、サピアの『言語』(*Language: An Introduction to the Study of Speech*, 1921)、メイエ (Antoine Meillet, 1866–1936) の『歴史言語学と一般言語学』(*Linguistique historique et linguistique générale*, 2 vols., 1921)、ウィークリー (Earnest Weekley, 1865–1954) の『近代英語語源辞典』(*An Etymological Dictionary of Modern English*, 1921)、イェスペルセン (Otto Jespersen, 1860–1943) の『言語—その本質・発達・起源』(*Language, Its Nature, Development and Origin*, 1921)、トルキーン (J. R. R. Tolkien, 1892–1973) の『中英語語彙集』(*Middle English Vocabulary*, 1921) [25] などが出版されている。このような学術的潮流の中でクレイギーは、自らが提案した一連の年代別・地域別の辞書が「非常に充実した結果をもたらすかもしれない文献学研究」であり、そのような文献学研究において、「現代の方言から得られた証拠は、古い時代の言語でどれほど似た発達が見られてきたのかを示す助けとなるかもしれない」と述べている [26]。

　『社会の中の言語』(*Language in Society*, 1994) の著者であり、『ケンブリッジ英語史 1776–1997』(*Cambridge History of the English Language 1776–1997*, 1998) を編集したロメインは、『社会歴史言語学—その位置づけと方法』(*Socio-Historical Linguistics: Its Status and Methodology*, 1982) において、16世紀中期のスコッツ語に見られる文体の特徴を社会言語学的な視点から分析した。これは、デヴィットの『英語の書きことばの標準化—

1520-1659年のスコットランドにおける普及』(*Standardizing written English: Diffusion in the case of Scotland 1520–1659*, 1989) と共に、歴史言語学と社会言語学の手法を古スコッツ語研究に応用させた先行研究として重要なものである。言語学における共時的及び通時的な方法論の融合について、ロメインは以下のように述べている。

> ことばの多様性が、今日の言語共同体の社会状況と言語状況の中にどのように根づいているのかという知識を得て装備を整えた社会言語学者たちは、社会言語学的なこれらの[言語変化の]型を理解し、それを取り入れることによって、言語の歴史的変化に関する研究を再び活性化させようとしてきた。つまり、過去を明らかにするために現在が役に立ち、現在を明らかにするために過去が役に立つことも可能なのだ[27]。

　古スコッツ語が現在話されていないことを理由に、古スコッツ語の辞書作成が現代社会と直接関わりを持たないものだと主張するのは論外である。*OED* の記述を補完するために計画されたスコッツ語辞書は当初の目的を超え、スコッツ語が「生きていることば」であることを何よりも明確に証明している。辞書の改訂は、そのことばが社会で使用され、変化しているからこそ求められる。多様な形態で利用できるようになった21世紀のスコッツ語辞書は、スコッツ語の過去と現在を写し出す「鏡」として、また、その時代に即したスコッツ語の模範という「鑑」として、「スコッツ語に度々欠如してきた社会的体面と威信を与える」[28]可能性を持っているのである。

注

[1] A. J. Aitken, "On some deficiencies in our Scottish dictionaries", W. Pijnenburg and F. de Tollenaere, eds., *Proceedings of the Second International Round Table Conference on Historical Lexicography* (Dordrecht: Foris, 1980), p. 38.

[2] *DOST* vol. III, p. v.

[3] Landau, *Dictionaries: The Art and Craft of Lexicography*, 2nd ed. (Cambridge: Cambridge UP, 2001), p. 343.

[4] *DOST* vol. XII, pp.iix–xix.

[5] Landau, p. 348.

[6] W. A. Craigie, "The Outlook in Philology", *Transactions of the Philological Society*, vol. 43 (1944), p. 17.

[7] Suzanne Romaine and Nancy C. Dorian, "Scotland as a Linguistic Area", *Scottish Literary Journal, Language Supplement* 14, 1981, p. 2.

[8] David McCrone, *Understanding Scotland: The Sociology of a Stateless Nation* (London: Routledge, 1992).

[9] G. Gregory Smith, *Scottish Literature: Character and Influence* (London: Macmillan, 1919), p. 4.

[10] Alan Bold, *MacDiarmid: The Terrible Crystal* (London: Routledge, 1983), p. 29.

[11] Edward Sapir, "Dialect", Mandelbaum, David G. ed., *Selected Writings of Edward Sapir in Language, Culture, and Personality* (Berkeley: University of California Press, 1949), p. 87.

[12] Christopher Smout, Japan Lecture "Scotland in Britain: Perspectives on an Identity".

[13] 米山 (2000) を参照。

[14] 独自の議会設置についての住民投票はウェールズでも行われ、賛成が 50.3%、反対が 49.7% で、ウェールズ議会 (Welsh Assembly) の開設が決定した。但し、ウェールズ議会はスコットランド議会と権限が異なり、課税権をもたない。

[15] R. R. K. Hartmann, ed., *Lexeter '83 Proceedings* (Tübingen: Max Niemeyer Verlag, 1984), p. 12.

[16] *DOST* vol. IX.

[17] 1998 年に、イングランド、スコットランド、ウェールズの高等教育助成審議会 (the Higher Education Funding Council)、及び北アイルランドの雇用・教育省 (the Department for Employment and Learning) が統合し、人文科学研究委員会 (the Arts and Humanities Research Board) が設立された。2005 年にこれが改組され、人文科学研究審議会 (the Arts and Humanities Research Council) となった。

[18] *DOST* vol. VIII, p. vi.

[19] Chris Robinson and Eileen Finlayson, *Scottish Weather* (Edinburgh: Black and White, 2008); Chris Robinson, *Scottish Wildlife* (Edinburgh: Black and White, 2008); Chris Robinson, *Wha's Like Us?* (Edinburgh: Black and White, 2008); Maggie Scott, *Scottish Place Names* (Edinburgh: Black and White, 2008).

[20] David Murison, *The Guid Scots Tongue* (Edinburgh: William Blackwood, 1977), p. 62.

[21] William Grant and James Dixon, *Manual of Modern Scots* (Cambridge: Cambridge UP, 1921), p. xxi.

[22] T. S. Eliot, *Notes Towards the Definition of Culture* (New York: Harcourt, Brace and Company, 1949), p. 54.

[23] T. S. Eliot, p. 51.

[24] T. S. Eliot, p. 49.

[25] ケネス・サイサム編『14世紀の韻文と散文』(Kenneth Sisam, ed., *Fourteenth Century Verse and Prose*, 1921) の巻末に付されたもの。

[26] W. A. Craigie, "The Outlook in Philology", *Transactions of the Philological Society*, vol. 43 (1944), p. 25.

[27] Suzanne Romaine, *Language in Society: An Introduction to Sociolinguistics* 2nd ed.(Oxford: Oxford UP, 2000), p. 144.

[28] Iseabail Macleod, "The Scots Dictionary", Liz Niven and Robin Jackson, eds., *The Scots Language: Its Place in Education* (Dumfries: Watergaw, 1998), p. 126.

参考文献

公刊資料

1. 辞書類

〈スコッツ語〉
- Craigie, William A., Adam J. Aitken, James A.C. Stevenson, Margaret G. Dareau, Lorna Pike, and Harry D. Watson, eds. *The Dictionary of the Older Scottish Tongue: from the twelfth century to the end of the seventeenth*, 12 vols. Chicago: University of Chicago Press, Aberdeen: Aberdeen UP, London: Oxford UP, 1937–2002.
- Donaldson, David. *Supplement to Jamieson's Scottish Dictionary*. London: Alexander Gardner, 1887.
- Edmondston, T. *An Etymological Glossary of the Shetland and Orkney Dialect*. London: Asher & Co., 1866.
- Grant, William, and David Murison, eds. *The Scottish National Dictionary, designed partly on regional lines and partly on historical principles, and containing all the Scottish words known to be in use or to have been in use since c. 1700*, 10 vols. Edinburgh : Scottish National Dictionary Association, 1931–1976.
- Gregor, Walter. *The Banffshire Dialect*. London: Asher & Co., 1866.
- Jamieson, John. *An Etymological Dictionary of the Scottish Language*, 2 vols. Edinburgh, 1808; 4 vols. and Supplement, 1825.
- Kynoch, Douglas. *A Doric Dictionary*. Edinburgh: Scottish Cultural Press, 1996.
- Macafee, Caroline, ed. *A Concise Ulster Dictionary*. Oxford: Oxford UP, 1996.
- Macleod, Iseabail, Pauline Cairns, Caroline Macafee and Ruth Martin eds. *The Scots Thesaurus*. Aberdeen: Aberdeen UP, 1990.
- Macleod, Iseabail and Pauline Cairns, eds. *The Concise English-Scots Dictionary*. Edinburgh: Chambers, 1993.
- Macleod, Iseabail and Pauline Cairns, eds. *Scots School Dictionary*. Edinburgh: Chambers, 1996.
- Macleod, Iseabail, Ruth Martin and Pauline Cairns, eds. *The Pocket Scots Dictionary*. Aberdeen: Aberdeen UP, 1988.

- Rennie, Susan, Iseabail Macleod and Pauline Cairns, eds. *Electronic Scots School Dictionary*. CD. Edinburgh: Scottish National Dictionary Association, 1998.
- Robinson, Chris. *Scottish Wildlife*. Edinburgh: Black and White Publishing, 2008.
- Robinson, Chris. *Wha's Like Us?* Edinburgh: Black and White Publishing, 2008.
- Robinson, Chris, and Eileen Finlayson. Scottish Weather. Edinburgh: Black and White Publishing, 2008.
- Robinson, Mairi, ed. *The Concise Scots Dictionary*. Aberdeen: Aberdeen UP, 1985.
- Scott, Marjorie. *Scottish Place Names*. Edinburgh: Black and White Publishing, 2008.
- Stevenson, J. A. C. *Dictionary of Scots Words and Phrases in Current Use*. London: The Athlone Press, 1989.
- Warrack, Alexander. *The Scots Dialect Dictionary*. Edinburgh: Chambers, 1911.
- Watson, George. *The Roxburghshire Word-Book*. Cambridge: Cambridge UP, 1923.

〈その他〉
- Burchfield, Robert W., ed. *A Supplement to the Oxford English Dictionary*, 4 vols. Oxford: Oxford UP, 1972–1986.
- Cassidy, Frederic G., and Joan Houston Hall, eds. *Dictionary of American Regional English*, 6 vols. Cambridge, MA: Harvard UP, 1985–2013.
- Craigie, William A., and J. R. Hulbert, eds. *A Dictionary of American English on Historical Principles*, 4 vols. Chicago: University of Chicago Press, 1936–1944.
- Kurath, H., S. M. Kuhn, J. Reidy and R. E. Lewis, eds. *A Middle-English Dictionary*, 12 vols. and *Plan and Bibliography*. Ann Arbor, MI: University of Michigan Press, 1952–2001.
- Murray, James A. H., ed. *A New English Dictionary on Historical Principles*, 10 vols. and Supplement. Oxford: Clarendon Press, 1888–1933.
- Murray, James A. H., Henry Bradley, William. A. Craigie, Charles T. Onions, eds. *The Oxford English Dictionary: being a corrected re-issue with an introduction, supplement, and bibliography of a New English dictionary on historical principles*, 12 vols. and Supplement. Oxford: Clarendon Press, 1933.
- Simpson, J. A., and E. S. C. Weiner, eds. *New Oxford English Dictionary*, 2nd ed., 20 vols. Oxford: Oxford UP, 1989.
- Wright, Joseph, ed. *English Dialect Dictionary*, 6 vols. London: H. Frowde, 1896–1905.

2. 公文書

- *The Acts of the Parliaments of Scotland*, vol. II, Edinburgh: H. M. General Register House, 1834.
- *Register of the Privy Council of Scotland*, vol. VII, Edinburgh: H. M. General Register House, 1885.
- *Register of the Privy Council of Scotland*, vol. IX, Edinburgh: H. M. General Register House, 1885.
- Council of Europe, *European Charter for Regional or Minority Languages*. Strasbourg, 5 XI. 1992.
- The General Register Office For Scotland. *The GRO(S) Census 2001*.
- The General Register Office For Scotland. *A Report on the Scots Language Research Carried Out by The GRO(S) in 1996*. Edinburgh: The General Register Office For Scotland.
- The General Register Office For Scotland. *Equal Opportunities Committee Official Report*, 6 October 2005.
- The General Resister Office For Scotland. *2006 Census Test: Scotland Counts*. 23 April, 2006.
- The General Resister Office For Scotland. *Scots Language Census Question Forum Minutes*, 28th February, 1996.
- The General Register Office For Scotland. *2011 Census Questionnaire Final Summary*.
- The General Register Office For Scotland. *2006 Census test–Fieldwork Evaluation*.
- The General Register Office For Scotland. *Statistical Evaluation of the 2006 Test*, May 2007.
- Eunson, Jane and Lorraine Murray (Ipsos MORI Scotland), on behalf of General Register Office for Scotland, *2011 Census Question Testing: The Language Question*, 2009.
- Learning and Teaching Scotland. *National Qualifications Curriculum Support: English, Teaching Scots Language Staff Resources and Approaches* [Advanced Higher], 2002.
- Scottish Arts Council. *Understanding Scotland's Parliament: A practical guide for the cultural sector*, 1999.
- Scottish Arts Council. *Annual Report 2001/02*.
- Scottish Arts Council. *Annual Report 2002/03*.
- Scottish Arts Council. *Literature Strategy 2002–2007*, 2002.
- Scottish Arts Council. *Budget 2003/04*.
- Scottish Arts Council. *Annual Report 2004/05*.

- Scottish Arts Council. *Budget 2004/05*.
- Scottish Arts Council. *Scots Briefing 2004/05*.
- Scottish Arts Council. *Corporate Plan 2004–2009*.
- Scottish Arts Council. *Annual Report 2005/06*.
- Scottish Arts Council. *Annual Review 2005/06*.
- Scottish Arts Council. *Budget 2005/06*.
- Scottish Arts Council. *Business Plan 2005/06*.
- Scottish Arts Council. *Business Plan 2006/07*.
- Scottish Arts Council. *Corporate Plan 2007–2009*.
- Scottish Arts Council. *Group Annual Report and Accounts for the Year to 31 March 2007*.
- Scottish Arts Council. *National Lottery Distribution Fund Annual Report and Accounts for the Year to 31 March 2007*.
- Scottish Consultative Council on the Curriculum. *Curriculum Support Series: Poetry is for Pleasure*, 1996.
- Scottish Executive. Business Bulletin No. 155/2007: Friday 16 November 2007.
- Scottish Office. *Scotland's Parliament*, 1997.
- The Scottish Office Education Department. *Curriculum and Assessment in Scotland: National Guidelines on English Language* 5–14. 1991.

3. 研究書・研究論文及び参考資料

- Aarsleff, Hans. *The Study of Language in England, 1780–1860*. Minneapolis: University of Minnesota Press, 1983.
- Adams, Michael. "Sanford Brown Meech at the Middle English Dictionary" in *Dictionaries* 16, 1995, 152–185.
- Adams, Michael. "Phantom Dictionaries: The Middle English Dictionary before Kurath" in *Dictionaries* 23 (2002), 95–114.
- Aitken, A. J. "Completing the Record of Scots" in *Scottish Studies* 8: 2 (1964), 129–140.
- Aitken, A. J. "Sense-Analysis for a Historical Dictionary" in H. Scholler and J. Reidy, eds. *Lexicography and Dialect Geography*. Wiesbaden, 1973, 5–16.
- Aitken, A. J. "Le Dictionnaire D'ancien Écossais: Aperçu de son Histoire", in *Tavola rotunda sui grandi lessici storic; Firenze, 3–5 maggio 1971*. Academia della Crusca, 1973.
- Aitken, A.J. "Historical dictionaries and the computer" in Wisbey, R.A., ed. *The Computer in literary and linguistic research*. Cambridge: Cambridge UP, 1974, 3–17.

- Aitken, A. J. "Textual Problems and the Dictionary of Older Scottish Tongue" in P. G. J. van Sterkenburg, ed. *Lexicologie: een bundle opstellen voor F. de Tollenaere*. Groningen, 1977, 13–15.
- Aitken, A. J. "New Scots: The Problems" in McClure, J. Derrick, A. J. Aitken and John Thomas Low. *The Scots Language: Planning for Modern Usage*. Edinburgh: Ramsay Head Press, 1980, 45–63.
- Aitken, A. J. "On Some Deficiencies in our Scottish Dictionary" in W. Pijnenburg and F. de Tollenaere, eds. *Proceedings of the Second International Round Table Conference on Historical Lexicography*. Dordrecht: Foris, 1980, 33–49.
- Aitken, A. J. "The Good Old Scots Tongue: Does Scots have an Identity?" in Haugen, Einar, J. Derrick McClure and Derick Thomson, eds. *Minority Languages Today*. Edinburgh: Edinburgh UP, 1981, 72–90.
- Aitken, A.J., "DOST: How we make it and what's in it", in *Dictionaries* 4 (1982), 44–64.
- Aitken, A. J. "Bad Scots: Some superstitions about Scots speech" in *Scottish Language* 1 (1982), 30–44.
- Aitken, A. J. "Is Scots a Language?", in *English Today*, vol. 1, No. 3 (July, 1985), 41–45.
- Aitken, A. J. "The Lexicography of Scots: The Current Position" in Hyldgaard-jensen, Karl, und Arne Zettersten, eds. *Symposium on Lexicography III, Proceedings of the Third International Symposium on Lexicography*, May 14–16, 1986 at the University of Copenhagen, Tübingen: Max Niemeyer Verlag, 1988, 323–333.
- Aitken, A. J. "The Period Dictionaries" in *Studies in Lexicography*, 94–116.
- Aitken, A. J. "James Murray, Master of Scots" in *Review of Scottish Culture* No. 9, 1995–1996, 14–34.
- Aitken, A.J., Angus McIntosh and Hermann Pálsson, eds. *Edinburgh Studies in English and Scots*. London: Longman, 1971.
- Alldritt, Keith. *Modernism in the Second World War: The Later Poetry of Ezra Pound, T. S. Eliot, Basil Bunting and Hugh MacDiarmid*. New York: Peter Lang Publishing, 1989.
- Anderson, Benedict. *Imagined Communities: Reflections on the Origin and Spread of Nationalism*. Revised Edition. London: Verso, 1991.
- Atkinson, B. T. Sue, and Michael Rundell. *The Oxford Guide to Practical Lexicography*. Oxford: Oxford UP, 2008.
- Bacon, Francis. "A Brief Discourse Touching the Happy Union of the Kingdom of England and Scotland" in Spedding, J., R. L. Ellis and D. D. Heath, eds. *The Works of Francis Bacon* vol. X. London: Longman, 1857–1990, 90–99.

- Bailey, Richard. "Progress toward a Dictionary of Early Modern English 1475–1700" in W. Pijnenburg and F. de Tollenaere, eds. *Proceedings of the Second International Round Table Conference on Historical Lexicography*. Dordrecht: Foris, 1980, 199–221.
- Bailey, Richard W. *Nineteenth-Century English. Michigan*: University of Michigan Press, 1996.
- Bald, Marjory A. "The Anglicisation of Scottish Printing" in *Scottish Historical Review* 23 (1926), 107–115.
- Bald, Marjory A. "The Pioneers of Anglicised Speech in Scotland" in *Scottish Historical Review* 24 (1927), 179–193.
- Barber, Charles. *The English Language: A Historical Introduction*. Cambridge: Cambridge UP, 2000.
- Béjoint, Henri. *Modern Lexicography: An Introduction*. Oxford: Oxford UP, 2000.
- Béjoint, Henri. *The Lexicography of English*. Oxford: Oxford UP, 2010.
- Benskin, Michael, and M. L. Samuels, eds. *So meny people longages and tongues: philological essays in Scots and mediaeval English presented to Angus McIntosh*. Edinburgh: Benskin & Samuels, 1981.
- Bentman, Raymond. "Robert Burns's Use of Scottish Diction" in McGuirk, Carol, ed. *Critical Essays on Robert Burns*. New York: G. K. Hall, 1998, 79–94.
- Blake, N. F. "The Early History of, and its Impact upon, the Middle English Dictionary" in *Dictionaries* 23 (2002), 48–75.
- Bolton, W.F., ed. *The English Language: Essays by English & American Men of Letters 1490–1839*. Cambridge: Cambridge UP, 1966.
- Bolton, W.F. and David Crystal, eds. *The English Language Vol.2: Essays by Linguists and Men of Letters 1858–1964*. Cambridge: Cambridge UP, 1969.
- Brand, Jack. *The National Movement in Scotland*. London: Routledge & Kegan Paul, 1978.
- Brown, Alice, et al. *Politics and Society in Scotland*. London: Macmillan, 1996.
- Buchan, David. *The Ballad and the Folk*. London: Routledge & Kegan Paul, 1972.
- Burchfield, Robert. *The English Language*. Oxford: Oxford UP, 1985.
- Burchfield, Robert, ed. *Studies in Lexicography*. Oxford: Clarendon press, 1987.
- Burchfield, Robert. "The Evolution of English Lexicography. By James A. H. Murray, The Romanes Lecture, 1900" in *International Journal of Lexicography* 6 (1993), No.2, 89–99.
- Burchfield, Robert, ed. *The Cambridge History of the English Language*. vol.V. *English in Britain and Overseas: Origins and Development*. Cambridge: Cambridge UP, 1994.

- Calvet, Louis-Jean. *Les langues véhiculaires*. Paris: P.U.F., 1981.（ルイ＝ジャン・カルヴェ著、田中克彦解説、林正寛訳『超民族語』文庫クセジュ、1996 年。）
- Calvet, Louis-Jean. *La guerre des langues et les politiques linguistiques*. Paris: Payot, 1987.（Calvet, Louis-Jean. Trans. by Michael Petheram. *Language Wars and Linguistic Politics*. Oxford: Oxford UP, 1998. ルイ＝ジャン・カルヴェ著、砂野幸稔・今井勉・西山教行・佐野直子・中力えり訳『言語戦争と言語政策』三元社、2010 年。）
- Cameron, Angus, and Ashley Crandell Amos. "The Dictionary of Old English: A Turning Point" in *English Studies* 59 (1978), 289–294.
- Cameron, Angus, Roberta Frank and John Leyerle. *Computers and Old English Concordances*. Toronto: University of Toronto Press, 1970.
- Cheshire, Jenny, and Peter Trudgill. "Dialect and education in the United Kingdom." in Cheshire, Jenny et al. eds. *Dialect and Education: Some European Perspectives*, Clevedon: Multilingual Matters Ltd, 1989, 94–110.
- Cobarrubias, Juan, J. Fishman, ed. *Progress in Language Planning: International Perspectives*. Berlin: Mouton, 1983.
- Cooper, Robert L. *Language planning and social change*. Cambridge: Cambridge UP, 1989.
- Corbett, John. *Language and Scottish Literature*. Edinburgh: Edinburgh UP, 1997.
- Corbett, John. *Written in the language of the Scottish nation: a history of literary translation into Scots*. Clevedon: Multilingual Matters, 1999.
- Corbett, John, J. D. McClure and J. Stuart-Smith, eds. *The Edinburgh Companion to Scots*. Edinburgh: Edinburgh UP, 2003.
- Cormack, Mike. "Spoken Scots in the Media." *Scottish Affairs* 21(1997), 119–134.
- Coulmas, Florian. *Die Wirtschaft mit der Sprache*. Suhrkamp Verlag Frankfurt am Main, 1992.（フロリアン・クルマス著、諏訪功・菊池雅子・大谷弘道訳『ことばの経済学』大修館書店、1993 年。）
- Cowie, A. P. *The Oxford History of English Lexicography*. 2 vols. Oxford: Oxford UP, 2008.
- Craigie, W. A. *English Spelling: Its Rules and Reasons*. New York: Croft, 1927.
- Craigie, W. A. "New Dictionary Schemes presented to the Philological Society, 4 April, 1919" in *Transactions of the Philological Society 1925–30* (1931), 6–11.
- Craigie, W. A. "Older Scottish and English: A Study in Contrasts" in *Transactions of the Philological Society in 1934* (1935), 1–15.
- Craigie, W. A. "The Outlook in Philology", *Transactions of the Philological Society*, vol. 43, 1944, 12–17.
- *A Memoir and a List of the Published Writings of Sir William A. Craigie*. Oxford: Clarendon Press, 1952.

- Craigie, W. A. "The Present State of the Scottish Tongue" in Craigie, W. A., et al. *The Scottish Tongue: A Series of Lectures on the Vernacular Language of Lowland Scotland*. Maryland: McGrath, 1970, 3–46.
- Craith, Máiréad Nic, ed. *Watching One's Tongue: Issues in Language Planning, Liverpool Studies in Europe an Regional Cultures* 4. Liverpool: Liverpool UP, 1996.
- Crawford, Barbara E. *Scandinavian Scotland*. Leicester: Leicester UP, 1987.
- Crotch, W. J. B. *The Prologues and Epilogues of William Caxton*. Oxford: Oxford UP, 1928.
- Crowley, Tony. *The Politics of Discourse: The Standard Language Question in British Cultural Debates*. London: Macmillan, 1989.
- Crowley, Tony. *Proper English? Readings in Language, History and Cultural Identity*. London: Routledge, 1991.
- Crowley, Tony. *Language in History: Theories and Texts*. London: Routledge, 1996.
- Culley, W. T., and F. J. Furnivall, eds. *Caxton's Eneydos 1490*. Oxford: Oxford UP, 1962.
- Daiches, David, Peter Jones and Jean Jones, eds. *A Hotbed of Genius: A Scottish Enlightenment 1730–1790*. Edinburgh: Edinburgh UP, 1986.
- Dareau, Marace. "DOST an Older Scots Scholarship", delivered at the Eighth International Conference on Medieval and Renaissance Scottish Language and Literature, Oxford, 1996.
- Dareau, Marace. "DOST towards the Millennium" in *Scottish Language* 17(1997), 1–9.
- Dareau, Marace. "DOST: Its History and Completion" in *Dictionaries* 23, 2000, 208–231.
- Dareau, Marace. "History and Development of *DOST*" in Kay, Christian J., and Margaret A. Mackay, eds. *Perspectives on the Older Scottish Tongue*, 18–37.
- Davis, Leith. *Acts of Union: Scotland and the literary negotiation of the British nation, 1707–1830*. Stanford: Stanford UP, 1998.
- Devine, T. M. *The Scottish Nation 1700-2000*. London: Penguin Books, 1999.
- Devitt, Amy J. *Standardizing written English: Diffusion in the case of Scotland 1520–1659*. Cambridge: Cambridge UP, 1989.
- Dickson Tony, and James H. Treble, eds. *People and Society in Scotland* vol. I. Edinburgh: John Donald Publishers, 1989.
- Dolan, T. P. "Reviews: *A Concise Ulster Dictionary*" in *English World-Wide* 18:1(1997), 143–154.
- Dorian, Nancy C. "Language Shift in Community and Individual: The Phenomenon of the Lagged Semi-Speaker." in *International Journal of the Sociology of Language* 25(1980), 85–94.

- Dorian, Nancy C. *Language Death*. Philadelphia: University of Pennsylvania Press, 1981.
- Dorian, Nancy C. "The value of language-maintenance efforts which are unlikely to succeed" in *International Journal of the Sociology of Language* 68 (1987), 57–67.
- Dover, K. J. "William Laughton Lorimer 1885–1967" in *Proceeding of the British Academy*, vol. LIII, 1967. London: Oxford UP, 1968, 437–448.
- Durkacz, Victor Edward. *The Decline of the Celtic Languages*. Edinburgh: John Donald Publishers, 1983.
- Durkin, Phillip. " 'Mixed' Etymologies of Middle English Items in OED 3: Some Questions of Methodology and Policy" in *Dictionaries* 23 (2002), 142–155.
- Durkin, Phillip. *The Oxford Guide to Etymology*. Oxford: Oxford UP, 2009.
- Eastman, Carol M. *Language Planning: An Introduction*. San Francisco: Chandler & Sharp Publishers, 1983.
- Edmund, John. "Ulster-Scots Language and Culture" in *Scottish Language* 6 (2002), 175–185.
- Edwards, John, ed. *Linguistic Minorities, Politics and Pluralism*. London: Academic Press, 1984.
- Edwards, John. *Language, Society and Identity*. Oxford: Basil Blackwell, 1985.
- Eliot, T. S. *Notes Towards the Definition of Culture*, New York: Harcourt, Brace and Company, 1949.
- Eyre-Todd, George, ed. *Scottish Poetry of the Seventeenth Century*. Glasgow: W. Hodge & Co., 1895; rpt. London: Routledge/Thoemmes Press, 1997.
- Eyre-Todd, George, ed. *Scottish Poetry of the Eighteenth Century*, vol. I. Glasgow: W. Hodge & Co., 1896; rpt. London: Routledge/Thoemmes Press, 1997.
- Eyre-Todd, George. ed. *Scottish Ballad Poetry*. Glasgow: W. Hodge & Co., 1893; rpt. London: Routledge/Thoemmes Press, 1997.
- Fasold, Ralph. *The Sociolinguistics of society*. Oxford: Basil Blackwell, 1984.
- Fenton, Alexander. "Book Reviews: A Dictionary of the Older Scottish Tongue" in *Scottish Studies* 10: 2 (1966), 198–205.
- Ferguson, Charles A. *Language Structure and Language Use: Essays by Charles A. Ferguson*. Selected and Introduced by Anwar S. Dil. Stanford: Stanford UP, 1971.
- Ferguson, Charles A. "Sociolinguistics Setting of Language Planning" in *Language Planning Processes*, 9–29.
- Ferguson, J. De Lancey, ed. *Letters of Robert Burns* 2 vols. Oxford: Oxford UP, 1931.

- Ferguson, William. *Identity of the Scottish Nation: Historical Quest*. Edinburgh: Edinburgh UP, 1998.
- Finlay, Richard J. *Independent and Free*. Edinburgh: John Donald Pulishers, 1994.
- Fishman, Joshua A., ed. *Readings in the Sociology of Language*. Hague: Mouton, 1968.
- Fishman, Joshua A., ed. *Advances in the Sociology of Language* II. Hague: Mouton, 1972.
- Fishman, Joshua A. *Language in Sociocultural Change: Essays by Joshua Fishman*. Selected and Introduced by Anwar S. Dil. Stanford: Stanford UP, 1972.
- Fishman, Joshua A., ed. *Advances in Language Planning*. Hague: Mouton, 1974.
- Frank, Roberta and Angus Cameron, eds. *A Plan for the Dictionary of Old English*. Toronto: University of Toronto Press, 1973.
- Gish, Nancy, ed. *Hugh MacDiarmid: Man and Poet*. Maine: University of Maine/ Edinburgh: Edinburgh UP, 1992.
- Görlach, Manfred. "Lexical loss and lexical survival: the case of Scots and English" in *Scottish Language* 6 (1987), 1–20.
- Görlach, Manfred. *Englishes: Studies in Varieties of English 1984–1988*. Amsterdam/Philadelphia: John Benjamins, 1991.
- Görlach, Manfred. *More Englishes: New Studies in Varieties of English 1988–1994*. Amsterdam/Philadelphia: John Benjamins, 1995.
- Görlach, Manfred. *Even More Englishes Studies 1996–1997*. Amsterdam/ Philadelphia: John Benjamins, 1998.
- Görlach, Manfred. "Ulster Scots: A Language?" in *Scottish Language* 1 (2000), 13–31.
- Görlach, Manfred, Edgar Werner Schneider, eds. *Englishes Around the World: General studies, British Isles, North America*. Amsterdam/Philadelphia: John Benjamins, 1997.
- Goldstein, R. James. *The Matter of Scotland: Historical Narrative in Medieval Scotland*. Lincoln: University of Nebraska Press, 1993.
- Grant, William, and James Dixon. *Manual of Modern Scots*. Cambridge: Cambridge UP, 1921.
- Gray, Douglas, ed. *The Oxford Book of Late Medieval Verse and Prose*. Oxford: Clarendon Press, 1985.
- Green, Jonathon. *Chasing the Sun: Dictionary-Makers and the Dictionaries They Made*. New York: Henry Holt & Co, 1996. (ジョナサン・グリーン著、三川基好訳『辞書の世界史』朝日新聞社、1999年。)
- Gumperz, John J. and Dell Hymes, eds. *Directions in Sociolinguistics: Ethnography of Communication*. Oxford: Basil Blackwell, 1986.

- Hagège, Claude. *Halte à la mort des langues*. Paris: Éditions Odile Jacob, 2000. (クロード・アジェージュ著、糟谷啓介訳『絶滅していく言語を救うために』白水社、2004年。)
- Hartmann, R.R.K., ed. *Lexicography: Principle and Practice*. London: Academic Press, 1983.
- Hartmann, R.R.K., ed. *The History of Lexicography*. Amsterdam: John Benjamins, 1986.
- Hartmann, R.R.K., ed. *Solving Language Problems: From General to Applied Linguistics*. Devon: University of Exeter Press, 1996.
- Harvie, Christopher. *No Gods and Precious Few Heroes: Twentieth-Century Scotland*. Edinburgh: Edinburgh UP, 1981.
- Harvie, Christopher. *Scotland and Nationalism: Scottish Society and Politics 1707–1994*. 2nd ed. London: Routledge, 1994.
- Haugen, Einar. "Language Planning in Modern Norway" in Fishman, Joshua A., ed. *Readings in the Sociology of Language*. Hague: Mouton, 1968, 673–687.
- Haugen, Einar. *The Ecology of Language: Essays by Einar Haugen*. Selected and Introduced by Anwar S. Dil. Stanford: Stanford UP, 1972.
- Haugen, Einar. *Blessings of Babel: Bilingualism and Language Planning*. Berlin: Mouton de Gruyter, 1987.
- Haugen, Einar, J. Derrick McClure and Derick Thomson, eds. *Minority Languages Today*. Edinburgh: Edinburgh UP, 1981.
- Healey, Antonette diPaolo. "The Dictionary of Old English and the Final Design of Its Computer System" in *Computers and the Humanities* 19 (1985), 245–249.
- Healey, Antonette diPaolo. "The Dictionary of Old English: From Manuscripts to Megabytes" in *Dictionaries* 23 (2002), 156–179.
- Hechter, Michael. *Internal Colonialism: the Celtic Fringe in British National Development 1536–1966*. London: Routledge & Kegan Paul, 1975.
- Henderson, T. F. *Scottish Vernacular Literature: A Succinct History*. Edinburgh: John Grant, 1910.
- Horsbroch, Dauvit. "*Nostra Vulgari Lingua*: Scots as a European Language 1500–1700" in *Scottish Language* 18 (1999), 1–16.
- Houston, R. A. *Scottish Literacy and the Scottish Identity*. Cambridge: Cambridge UP, 1985.
- Houwen, Luuk. "Additions, antedatings and corrections to DOST and OED" in *Scottish Language* 6 (1987), 21–29.
- Hudson, R. A. *Sociolinguistics*. 2nd ed. Cambridge: Cambridge UP, 1996.

- Ilson, Robert, ed. *Lexicography: An Emerging International Profession*. Manchester: Manchester UP, 1986.
- Jackson, Howard. *Lexicography: An Introduction*. London: Routledge, 2002. (ハワード・ジャクソン著、南出康世・石川慎一郎監訳『英語辞書学への招待』大修館書店、2004年。)
- Jamieson, John. "A Dissertation on the Origin of the Scottish Language" in Jamieson, John. *An Etymological Dictionary of the Scottish Language*, 2 vols. Edinburgh, 1808; 4 vols. and Supplement, 1825, 1-48.
- Jones, Charles. "Scottish Standard English in the Late Eighteenth Century" in *Transactions of the Philological Society* 91: 1 (1993), 95-131.
- Jones Charles, ed. *The Edinburgh History of the Scots Language*. Edinburgh: Edinburgh UP, 1997.
- Jones, Charles. *The English Language in Scotland: An Introduction to Scots*. Manchester: Tuckwell Press, 2002.
- Jones, Richard Foster. *The Triumph of the English Language*. Stanford: Stanford UP, 1953.
- Kay, Billy. *Scots: The Mither Tongue*. Ayrshire: Alloway Publishing, 1993.
- Kay, Christian J. "David Donald Murison, Adam John (Jack) Aitken" in *Medieval English Studies Newsletter* 38 (1998), 1-4.
- Kay, Christian J., and Margaret A. Mackay, eds. *Perspectives on the Older Scottish Tongue*. Edinburgh: Edinburgh UP, 2005.
- Kellas, James G. *The Scottish political system*. Cambridge: Cambridge University Press, 1989.
- Kidd, Colin. *Subverting Scotland's Past*. Cambridge: Cambridge UP, 1993.
- Kidd, Colin. "*The Strange Death of Scottish History* revisited: Constructions of the Past in Scotland, c.1790-1924" in *Scottish Historical Review*, vol. LXXVI, 1997, 86-102.
- Kirk, John M. "Computing and Research on Scots" in *Scottish Language* 11/12 (1992-1993), 75-131.
- Kirk, John M., and Dónall P. Ó Baoill eds. *Language and Politics: Northern Ireland, the Republic of Ireland, and Scotland*. Belfast: Queen's University, 2000.
- Kirk, John M. and Dónall P. Ó Baoill, eds. *Language Links. The Languages of Scotland and Ireland*. Belfast: Queen's University, 2001.
- Kirk, John M., and Dónall P. Ó Baoill eds. *Linguistic Politics: Northern Ireland, the Republic of Ireland, and Scotland*. Belfast: Queen's University, 2001.
- Kirk, John M., and Dónall P. Ó Baoill eds. *Language Planning and Education: Linguistic Issues in Northern Ireland, the Republic of Ireland, and Scotland*, 2002.
- Kirk, John M., and Georgina Millar. "Verbal Aspect in the Scots and English of Ulster" in *Scottish Language* 17 (1998), 82-107.

- Kirkpatrick, Betty. "Reviews: *The Scots Thesaurus*" in *International Journal of Lexicography* 5 (1992), No. 4, 305–309.
- Klibansky, R., and E. C. Mossner, eds. *New Letters of David Hume*. Oxford: Clarendon Press, 1954.
- Kloss, Heinz. "'Abstand Languages' and 'Ausbau Languages'" in *Anthropological Linguistics* 9 (1967), No. 7, 29–41.
- Kloss, Heinz. *Die Entwicklung Neuer Germanischer Kultursprachen Seit 1800*. Düsseldorf: Pädagogischer Verlag Schwann, 1978.
- Knowles, Gerry. *A Cultural History of the English Language*. London: Routledge, 1997.（ゲリー・ノウルズ著、小野茂・小野恭子訳『文化史的にみた英語史』開文社出版、1999 年。）
- Kretzschmar, Jr., William A. "Following Kurath: An Appreciation" in *Dictionaries* 23 (2002), 115–125.
- Kurath, Hans. "Some Comments on Professor Visser's Notes on the Middle English Dictionary" in *English Studies* 41 (1960), 253–254.
- Landau, Sydney I. *Dictionaries: The Art and Craft of Lexicography*, 2nd ed. Cambridge: Cambridge UP, 2001.（小島義郎・増田秀夫・高野嘉明訳『辞書学のすべて』研究社、1988 年。）
- Lass, Roger, ed. *The Cambridge History of the English Language* vol. III *1476 to 1776*. Cambridge: Cambridge UP, 1999.
- Lee, Clive. *Scotland and the United Kingdom: The Economy and the Union in the twentieth century*. Manchester: Manchester UP, 1995.
- Lewis, Robert E. "The Middle English Dictionary at 71" in *Dictionaries* 23 (2002), 76–94.
- Lorimer, William Laughton. *The New Testament in Scots*. Edinburgh: Southside, 1983.
- Lyall, Roderick, ed. *Sir David Lindsay of the Mount, Ane Satyre of the Thrie Estaitis*. Edinburgh: Canongate Publishing, 1989.
- Lynch, Michael. *Scotland: A New History*. London: Century, 1991.
- Macafee, Caroline. *Glasgow*. Amsterdam/Philadelphia: John Benjamins, 1983.
- Macafee, Caroline. "Research in Progress: *A Concise Ulster Dictionary*" in English World-Wide 14:2 (1993), 265–277.
- Macafee, Caroline, and Alan Anderson. "A Random Sample of Older Scots Lexis" in *Transactions of the Philological Society* 95: 2 (1997), 247–278.
- Macafee, Caroline, and Colm Ó Baoill, "Why Scots is not a Celtic English" in Tristram, Hildegard, ed. *The Celtic Languages*. Heidelberg: C. Winter, 1997.
- Macafee, Caroline, and Iseabail Macleod, eds. *The Nuttis Schell: essays on the Scots language presented to A. J. Aitken*. Aberdeen: Aberdeen UP, 1989.

- MacArthur, Tom. *Worlds of Reference: Lexicography, learning and language from the clay tablet to the computer*. Cambridge: Cambridge UP, 1986.
- MacArthur, Tom, ed. *The Oxford Companion to the English Language* Oxford: Oxford UP, 1992.
- MacArthur, Tom. *The English Languages*. Cambridge: Cambridge UP, 1998.
- MacArthur, Tom. *Living Words: Language, Lexicography and the Knowledge Revolution*. Exeter: University of Exeter Press, 1998.
- Macaulay, Ronald K. S. *Standards and Variation in Urban Speech*. Amsterdam/Philadelphia: John Benjamins, 1997.
- Macaulay, Ronald. "Ayrshire as a Linguistic Area." in Görlach, Manfred, Edgar Werner Schneider, eds. *Englishes Around the World: General studies, British Isles, North America*. Amsterdam/Philadelphia: John Benjamins, 1997, 159-172.
- MacDiarmid, Hugh. *A Drunk Man Looks at the Thistle*. Ed. Weston, John C. Massachusetts: The University of Massachusetts Press, 1971.
- MacDiarmid, Hugh. *Selected Poetry*. Eds. Riach, Alan and Michael MacDiarmid. Manchester: Carcanet, 1992.
- MacDiarmid, Hugh. *Selected Prose*. Ed. Riach, Alan. Manchester: Carcanet, 1992.
- MacInnes, John. "The Press in Scotland" in *Scottish Affairs* 1 (1992), 137-149. MacInnes, John. "The Broadcast Media in Scotland" in *Scottish Affairs* 2 (1993), 84-98.
- Mackenzie, W. Mackay. ed. *The Kingis Quair*. London: Faber and Faber, 1939. (鍋島能正訳『王の書　スコットランド王ジェイムズ一世』鷹書房弓プレス、1976年。)
- MacKinnon, Kenneth. "Language Shift and Education: Conservation of Ethnolinguistic Culture Amongst Schoolchildren of a Gaelic Community" in *International Journal of the Sociology of Language* 14 (1977), 31-55.
- MacKinnon, Kenneth. "Scottish Gaelic Today: Social History and Contemporary Status" in Ball, Martin J., and James Fife eds. *The Celtic Languages*, London: Routledge, 1993, 491-535.
- Macleod, Iseabail. "Scots Dictionaries in the Late 1980s" in *Scottish Language* 6 (1987), 45-48.
- Macleod, Iseabail. "Computers and Scots Lexicography" in *Scottish Language* 11/12 (1992-1993), 132-137.
- Macleod, Iseabail. "The Scots Dictionary" in Liz Niven and Robin Jackson, eds. *The Scots Language: Its Place in Education*. Dumfries: Watergaw, 1998, 125-128.
- Macleod, Iseabail and Aonghas MacNeacail. *Scotland: a linguistic double helix*. Inverness: The European Bureau for Lesser Used Languages, 1995.

- Macleod, Iseabail., and McClure, J. Derrick., eds. *Scotland in Definition: A History of Scottish Dictionaries*. Edinburgh: Birlinn Ltd., 2012.
- Mandelbaum, David G. ed. *Selected Writings of Edward Sapir in Language, Culture, and Personality*. Berkeley: University of California Press, 1949.
- Mann, Alastair J. "The Anatomy of the Printed Book in Early Modern Scotland" in *The Scottish Historical Review* LXXX, 2: No. 210 (2001), 181–200.
- Mather, J. Y and H. H. Speitel, eds. *The Linguistic Atlas of Scotland*, 3 vols. London: Croom Helm, 1975, 77, 86.
- McClure, J. Derrick. "English in Scotland" in Burchfield, Robert, ed. *The Cambridge History of the English Language*. vol.V *English in Britain and Overseas: Origins and Development*. Cambridge: Cambridge UP, 1994, 23–93.
- McClure, J. Derrick. *Scots and its Literature*. Amsterdam: John Benjamins, 1995.
- McClure, J. Derrick. *Why Scots Matters*. Edinburgh: The Saltire Society, 1997; revised ed., 2009.
- McClure, J. Derrick. "The Spelling of Scots: A Difficulty." in Görlach, Manfred, Edgar Werner Schneider, eds. *Englishes Around the World: General studies, British Isles, North America*. Amsterdam/Philadelphia: John Benjamins, 1997, 173–184.
- McClure, J. Derrick. "David Donald Murison" in *English World Wide* 18: 2, 1997, 275–277.
- McClure, J. Derrick. *Language, Poetry and Nationhood*. East Lothian: Tuckwell Press, 2000.
- McClure, J. Derrick, A. J. Aitken and John Thomas Low, *The Scots Language: Planning for Modern Usage*. Edinburgh: Ramsay Head Press, 1980.
- McCrum, Robert, William Cran and Robert MacNeil. *The Story of English*. New York: Penguin Books, 1993.
- McGuirk, Carol, ed. *Critical Essays on Robert Burns*. New York: G. K. Hall., 1998.
- McIntosh, Angus. *An introduction to a survey of Scottish dialects*. Edinburgh: T. Nelson, 1952.
- McIntosh, Angus, and M. A. K. Halliday. *Patterns of Language: Papers in General, Descriptive and Applied Linguistics*. London: Longmans, 1966.
- McIntosh, Angus, M. L. Samuels and M. Laing. *Middle English Dialectology: essays on some principles and problems*. Aberdeen: Aberdeen UP, 1989.
- McLeod, Wilson. "Scotland's Languages in Scotland's Parliament" in *Scottish Affairs* 24(1998), 68–82.
- McSparran, Frances. "The Middle English Compendium: Past, Present, Future" in *Dictionaries* 23 (2002), 126–155.
- Meech, Peter. "The Daily Record: A Century of Success and Neglect" in *Scottish Affairs* 13 (1995), 1–14.

- Meier, Hans. "Reviews: *The Scottish National Dictionary*" in *English Studies* 42 (1961), 238–244.
- Meier, Hans. "Reviews: *A Dictionary of the Older Scottish Tongue*" in *English Studies* 43 (1962), 444–448.
- Meier, Hans. "Reviews: *The Scottish National Dictionary*" in *English Studies* 49 (1968), 350–354.
- Meier, Hans. "Lexicography as Applied Linguistics" in *English Studies* 50 (1969), 141–151.
- Merkin, R. "The historical/academic dictionary" in Hartmann, R.R.K., ed. *Lexicography: Principle and Practice*. London: Academic Press, 1983, 123–133.
- Miller, Jim. "Language Attitudes and Scottish Inferiority" in *Scottish Affairs* 15 (1996), 128–133.
- Milton, Colin. "Language, Class and Education in Twentieth-Century Scottish Writing" in *English World-Wide* 13: 2 (1992), 219–251.
- Milton, Colin. "Shibboleths o the Scots: Hugh MacDiarmid and Jamieson's Etymological Dictionary of the Scottish Language" in *Scottish Language* 14/15 (1994), 1–14.
- Morgan, Kenneth O. *The People's Peace British History* 1945–1989. Oxford: Oxford UP, 1990.
- Morton, Herbert Charles. *The Story of Webster's Third: Philip Gove's Controversial Dictionary and Its Critics*. Cambridge: Cambridge UP, 1994. (ハーバート・C・モートン著、土肥一夫他訳『ウエブスター大辞典物語』大修館書店、1999年。)
- Muir, Edwin. *Scott and Scotland: The Predicament of the Scottish Writer*. Edinburgh: Polygon, 1982 (First published 1936).
- Muir, Edwin. *Essays on Literature and Society*. London: The Hogarth Press, 1949.
- Mugglestone, Lynda, ed. *Lexicography and the OED: Pioneers in the Untrodden Forest*. Oxford: Oxford UP, 2000.
- Mugglestone, Lynda. "'Decent Reticence': Coarseness, Contraception, and the First Edition of the OED" in *Dictionaries* 28 (2007), 1–22.
- Murdoch, Alexander, and Richard B. Sher. "Literary and Learned Culture" in Dickson, Tony, and James H. Treble, eds. *People and Society in Scotland* vol. I, 127–142.
- Murison, David. "Studies in Scots Since 1918" in *Anglia* 69 (1950), 387–397.
- Murison, David. "The Dutch element in the vocabulary of Scots" in Aitken, A. J., Angus McIntosh and Hermann Pálsson, eds. *Edinburgh Studies in English and Scots*. London: Longman, 1971, 159–176.
- Murison, David. "A Survey of Scottish Language Studies" in *Forum for Modern Language Studies* 3: 3 (1967), 276–285.

- Murison, David. *The Guid Scots Tongue*. Edinburgh: William Blackwood, 1977.
- Murray, K. M. *Caught in the Web of Words: James A. H. Murray and the Oxford English Dictionary*. New Haven: Yale UP, 1977.
- Murray, James A. H. *The Dialect of the Southern Counties of Scotland: Its Pronunciation, Grammar, and Historical Relations*. London: Asher & Co., 1873.
- Murray, James A. H. "The Evolution of English Lexicography." Romaine lectures, 1900, in *International Journal of Lexicography* 6 (1993), No.2, 100-122.
- Nairn, Tom. *The Break-Up of Britain: Crisis and Neo-nationalism*. London: NLB, 1977.
- Nairn, Tom. *Faces of Nationalism: Janus Revisited*. London: VERSO, 1997.
- Nettle, Daniel and Suzanne Romaine. *Vanishing Voices: The Extinction of the World's Languages*. Oxford: Oxford UP, 2000. (ダニエル・ネトル、スザンヌ・ロメイン著、島村宣男訳『消えゆく言語たち―失われることば、失われる世界』新曜社、2001年。)
- Nicolaisen, W. F. H. "Englisch und Amerikanisch" in *Archiv für das Studium der neueren Sprachen und Literatures* 129 (1977), 403-405.
- Niven, Liz, and Robin Jackson, eds. *The Scots Language: Its Place in Education*. Dumfries: Watergaw, 1998.
- Ogilvie, Sarah. "The Mysterious Case of the Vanishing Tramlines: James Murray's Legacy and the 1933 *OED Supplement*" in *Dictionaries* 29 (2008), 1-21.
- Ong, Walter Jackson. *Orality and Literacy, The Technologizing of the Word*. York: Methuen, 1982. (W-J. オング著、桜井直文・林正寛・糟谷啓介訳『声の文化と文字の文化』藤原書店、1999年。)
- Osmond, John. *The Divided Kingdom*. London: Constable, 1988.
- Pittock, Murray G. H. *Celtic identity and the British image*. Manchester: Manchester UP, 1999.
- Pocock, J. G. A. "British History: A Plea for a new Subject" in *Journal of Modern History* 47(1975), 601-621.
- Pocock, J. G. A. "The Limits and Divisions of British History: In Search of the Unknown Subject" in *American Historical Review* 87(1982), 311-336.
- Pool, Jonathan. "Language Planning and Identity Planning" in *International Journal of the Sociology of Language* 20 (1979), 5-21.
- Purves, David. "The Present State of Scots" in *Contact Bulletin* 8, No.1 (1991), 5.
- Rae, John. *Life of Adam Smith*. New York: Augustus M. Kelley, 1965, rpt. 1895. (ジョン・レー著、大内兵衛、大内節子訳『アダム・スミス伝』岩波書店、1972年。)

- Roberts, Jane. "Some Thoughts on the Representation of Early Middle English in the Historical Thesaurus of English" in *Dictionaries* 23 (2002), 180-207.
- Rollins, Richard M. *The Long Journey of Noah Webster*. Pennsylvania: University of Pennsylvania Press, 1980. (リチャード・M・ロリンズ、瀧田佳子訳『ウェブスター辞書の思想』東海大学出版会、1983年。)
- Romaine, Suzanne. *Socio-Historical Linguistics: its status and methodology*. Cambridge: Cambridge UP, 1982.
- Romaine, Suzanne, ed. *Sociolinguistic Variation in Speech Communities*. London: Edward Arnold, 1982.
- Romaine, Suzanne. "The English Language in Scotland" in R. Bailey and M. Görlach, eds. *English as a World Language*. Cambridge: Cambridge UP, 1984, 56-83.
- Romaine, Suzanne. *Language in Society: An Introduction to Sociolinguistics*. Oxford: Oxford UP, 1994.
- Romaine, Suzanne, ed. *The Cambridge History of the English Language* vol. IV *1776-1997*. Cambridge: Cambridge UP, 1998.
- Romaine, Suzanne, and Nancy C. Dorian. "Scotland as a Linguistic Area" in *Scottish Literary Journal, Language Supplement* 14, 1981, 1-24.
- Roy, G. Ross. "Editing the Makars in the Eighteenth and Early Nineteenth Centuries (1)" in Strauss, Dietrich, and H. W. Drescher, eds. *Scottish Language and Literature*. Frankfurt am Main: Verlag Peter Lang, 1986, 509-521.
- Rubin, J., B. H. Jernudd, J. Das Gupta, J. A. Fishman and C. A. Ferguson, eds. *Language Planning Processes*. Hague: Mouton, 1977.
- Schaffner, Paul. "*DOST* and *MED* and the Virtues of Sibling Rivalry" in Kay, Christian J., and Margaret A. Mackay, eds. *Perspectives on the Older Scottish Tongue*, 119-131. Edinburgh: Edinburgh UP, 2005, 119-131.
- Schneider, Edgar W., ed. *Englishes Around the World: Caribbean, Africa, Asia, Australasia*. Amsterdam/Philadelphia: John Benjamins, 1997.
- Schwend, Joachim. "Religion and Religiosity in *The Brus*" in Strauss, Dietrich, and H. W. Drescher, eds. *Scottish Language and Literature*. Frankfurt am Main: Verlag Peter Lang, 1986, 207-217.
- Seton-Watson, Hugh. *Nations and States: Enquiry into the Origins of Nations and Politics of Nationalism*. London: Methuen, 1977.
- Seton-Watson, Hugh. *Language and National Consciousness*. London: Oxford UP, 1981.
- Simpson, John. "The Revolution of English Lexicography" in *Dictionaries* 23 (2002), 1-15.

- Simpson, John, and Edmund Weiner. "An On-line OED" in *English Today* vol. 16, No. 3, (July 2000), 12-19.
- Small, John, ed. *The Poetical Works of Gavin Douglas* vol. II. Edinburgh: William Paterson, 1874.
- Small J., and F. Hall, eds. *Sir David Lindesay's Works* Part I-IV. New York: Greenwood Press, 1969.
- Smith, Anthony, D. *National Identity*. London: Penguin Books, 1991. (アントニー・D・スミス著、高柳先男訳『ナショナリズムの生命力』晶文社、1998年。)
- Smith, G. Gregory, ed. *The Poems of Robert Henryson*, vol. III. Edinburgh: William Blackwood and Sons, 1908.
- Smout, T. C. *A History of the Scottish People 1560-1830*. London: William Colin & Sons, 1969.
- Sommerville, Johann P., ed. *Political Writings: King James VI and I*. Cambridge: Cambridge UP, 1994.
- Spur, Chris. "The BBC Northern Ireland Ulster-Scots Unit" in *Scottish Language* 10 (2003), 40-46.
- Stanley, E. G. "Celebrating the Middle English Dictionary" in *Dictionaries* 23 (2002), 23-47.
- Stein, Dieter, and Ingrid Tieken-Boon van Ostade, eds. *Towards a Standard English 1600-1800*. Berlin: Mouton de Gruyter, 1994.
- Strauss, Dietrich, and H. W. Drescher, eds. *Scottish Language and Literature*. Frankfurt am Main: Verlag Peter Lang, 1986.
- Svensén, Bo. *A Handbook of Lexicography*. Cambridge: Cambridge UP, 2009.
- Tauli, Valter. "The Theory of Language Planning" in Fishman, Joshua A., ed. *Advances in Language Planning*. Hague: Mouton, 1974, 49-67.
- Tindale, Stephen. *The State and the Nations: The Politics of devolution*. London: Institute for Public Policy Research, 1996.
- Trevelyan, G. M. *English Social History*. London: Longman, 1944.
- Tristram, Hildegard, ed. *The Celtic Languages*. Heidelberg: C. Winter, 1997.
- Trudgill, Peter. *On Dialect: Social and Geographical Perspectives*. Oxford: Basil Blackwell, 1983.
- Trudgill, Peter and Jean Hannah. *International English: A Guide to Varieties of Standard English*, 2nd ed. London: Edward Arnold, 1985.
- Tulloch, Graham. *The Language of Walter Scott: A Study of his Scottish and Period Language*. London: Andre Deutsch, 1980.
- Vernon, James. "Englishness: The Narration of a Nation" in *Journal of British Studies* 36 (1997), 243-249.

- Visser, Frederikus Th. "Notes on the Middle English Dictionary" in *English Studies* 40 (1959), 18–27.
- Visser, Frederikus Th. "Addendum" in *English Studies* 41 (1960), 254–255.
- Wardhaugh, Ronald. *Languages in Competition*. Oxford: Basil Blackwell, 1987.
- Webb, Keith. *The Growth of Nationalism in Scotland*. Glasgow: The Molendinar Press, 1977.
- Weinreich, Uriel. *Languages in Contact*. Fourth Printing. Hague: Mouton & Co., 1966.
- Wells, Ronald A. *Dictionaries and the Authoritarian Tradition: A Study in English Usage and Lexicography*. Hague: Mouton, 1973.
- Westergaard, Elisabeth. "Gaelic Influence on Lowland Scottish" in *Anglia* 61 (1942), 93–97.
- Whyte, Ian D. *Scotland: Before the Industrial Revolution*. London: Longman, 1995.
- Williamson, Keith. "Lowland Scots in Education: An Historical Survey (Part I)" in *Scottish Language* 1 (1982), 54–77.
- Williamson, Keith. "Lowland Scots in Education: An Historical Survey (Part II)" in *Scottish Language* 2 (1983), 52–87.
- Williamson, Keith. "A Computer-Aided Method for Making a Linguistic Atlas of Older Scots" in *Scottish Language* 11/12 (1992–1993), 138–173.
- Williamson, Keith. "DOST and LAOS: a Caledonian Symbiosis?" in Kay, Christian J., and Margaret A. Mackay, eds. *Perspectives on the Older Scottish Tongue*, 179–198.
- Wilson, James. *Lowland Scotch: As Spoken in the Lower Strathearn District of Perthshire*. London: Oxford UP, 1915.
- Wilson, James. *The dialect of Robert Burns as spoken in Central Ayrshire*. London: Oxford UP, 1923.
- Wilson, James. *The dialects of central Scotland*. London: Oxford UP, 1926.
- Wright, Joseph. *The English Dialect Grammar*. Oxford : Clarendon Press, 1968
- Wyllie, J. M. "Sir William Craigie 1867–1957" in *The Proceedings of the British Academy* 47, 1962.
- Yoneyama Yuko. "Review: Kay, Christian J., and Margaret A. Mackay, eds. *Perspectives on the Older Scottish Tongue*. Edinburgh: Edinburgh UP, 2005" in *Scottish Language* 25 (2006), 94–96.
- Zgusta, Ladislav. *Manual of Lexicography*. Prague: Academia, 1971.
- Zgusta, Ladislav. "The Oxford English Dictionary and Other Dictionaries" *International Journal of Lexicography* 2 (1989), No.3, 188–230.

- イ・ヨンスク『「国語」という思想』岩波書店、1996年。
- 見坊豪紀『日本語の用例採集法』南雲堂、1990年。

参考文献

- エウジェニオ・コセリウ　田中克彦・かめいたかし共訳
『うつりゆくこそことばなれ』クロノス、1981 年。
- 小島義郎『英語辞書の変遷』研究社、1999 年。
- 渋谷謙次郎編『欧州諸国の言語法』三元社、2005 年。
- 田中克彦『言語の思想　国家と民族のことば』NHK ブックス、1975 年。
- 田中克彦『ことばと国家』岩波新書、1981 年。
- 田中克彦『現代ヨーロッパの言語』岩波新書、1985 年。
- 田中克彦『言語からみた民族と国家』同時代ライブラリー、岩波書店、1991 年。
- 中央大学人文科学研究所編『ケルト—生と死の変容』中央大学出版部、1996 年。
- 中央大学人文科学研究所編『ケルト復興』中央大学出版部、2001 年。
- 中央大学人文科学研究所編『ケルト—口承文化の水脈』中央大学出版部、2006 年。
- 塚田富治『ベイコン』、イギリス思想叢書 2、研究社、1996 年。
- 永嶋大典『英米の辞書』研究社、1974 年。
- 永嶋大典『ジョンソンの「英語辞典」』大修館書店、1983 年。
- 原聖『＜民族起源＞の精神史』岩波書店、2003 年。
- 原聖『ケルトの水脈』講談社、2007 年。
- ホイジンガ、堀越孝一訳『中世の秋 II』中央公論新社、2001 年。
- 松井栄一『国語辞典はこうして作る』港の人、2005 年。
- 本田毅彦『大英帝国の大事典作り』講談社選書メチエ、2005 年。
- 安田敏朗『辞書の政治学』平凡社、2006 年。
- 米山優子「ウェールズとスコットランドにおけるナショナル・アイデンティティーと言語」、日本カレドニア学会編、*CALEDONIA* 第 28 号、2000 年、17–25 頁。
- 「King's Scots から King's English へ—Older Scots の歴史」日本カレドニア学会編、*CALEDONIA* 第 29 号、2001 年、27–37 頁。
- 「近代スコットランド語とその伝統の担い手たち—18 世紀スコットランドの言語状況に関する一考察」日本ケルト学者会議編、『ケルティック・フォーラム』第 6 号、2003 年、10–17 頁。
- 米山優子「W. A. クレイギーと Dictionary of the Older Scottish Tongue」日本カレドニア学会編、*CALEDONIA* 第 32 号、2004 年 a、35–43 頁。
- 米山優子「初等・中等教育のスコッツ語」、日本ケルト学会編、『ケルティック・フォーラム』第 7 号、2004 年 b、39–40 頁。
- 米山優子「ジェイミソンのスコッツ語研究の思想」、日本カレドニア学会編『スコットランドの歴史と文化』明石書店、2008 年 a、487–512 頁。
- 米山優子「バーンズと言語」、木村正俊・照山顕人編『ロバート・バーンズ　スコットランドの国民詩人』晶文社、2008 年 b、394–411 頁。

- 「A. J. エイトキンと『古スコッツ語辞典』」日本ケルト学会『ケルティック・フォーラム』第13号、2010年、36-46頁。

4. 新聞

- "Language and Dialect", *Oxford Times*, 2 July 1910.
- "Professor Craigie From Oxford to Harvard", *Boston Evening Transcript*, 8 August 1925.
- "Cash Crisis Threatens Old Scots Dictionary", *The Scotsman*, 11 July 1981.

未公行資料

DOST 編集部（Edinburgh）所蔵

1. 書簡

- 13 December 1910, W. A. Craigie to William Grant.
- 16 January 1916, W. A. Craigie to William Grant.
- 28 January 1916, W. A. Craigie to William Grant.
- 7 January 1929, W. A. Craigie to William Grant.
- 17 May 1950, W. A. Craigie to A. J. Aitken.
- 20 June 1950, W. A. Craigie to A. J. Aitken.
- 25 July 1950, Angus McIntosh to L. W. Sharp, Librarian of the University of Edinburgh.
- 1 November 1950, W. A. Craigie to A. J. Aitken.
- 27 November 1950, W. A. Craigie to A. J. Aitken
- 27 December 1950, W. A. Craigie to A. J. Aitken
- 25 March 1952, the University of Chicago to W. A. Craigie.
- 3 June 1952, the Principal of the University of Edinburgh to the University of Chicago Press.
- 24 June 1952, the University of Chicago Press to the Principal of the University of Edinburgh.
- 9 November 1953, the University of Chicago Press to the Joint Council of the Scottish Dictionaries.
- 7 December 1953, the Joint Council of the Scottish Dictionaries to the University of Chicago Press.
- 3 June 1955, Rollin D. Hemens to C. L. Wrenn.

- 17 June 1955, Angus MacIntosh to C. L. Wrenn.
- 20 June 1955, C. L.Wrenn to Rollin D. Hemens.
- 24 June 1955, Angus MacIntosh to W. A. Craigie.
- 28 June 1955, Rollin D. Hemens to C. L.Wrenn.
- 5 July 1955, C. L.Wrenn to Angus MacIntosh.
- 6 July 1955, Angus MacIntosh to C. L.Wrenn.
- 10 July 1955, W. A. Craigie to Angus MacIntosh.
- 19 October 1955, Angus MacIntosh to W. A. Craigie.
- 31 October 1955, W. A. Craigie to Angus MacIntosh.
- 3 July 1956, A. J. Aitken to the University of Chicago Press.
- 2 February 1957, A. J. Aitken to the University of Chicago Press.
- 4 March 1957, the University of Chicago Press to A. J. Aitken.
- 21 May 1957, W. A. Craigie to A. J. Aitken.
- 13 April 1968, Scottish Dictionaries Joint Council to Heriot-Watt University, Edinburgh,
- 10 November 1982, A. J. Aitken to Angus McIntosh.
- 26 November 1993, V. Skretkowicz to Marace Dareau.
- 30 June 1994, Harry D. Watson to Robert E. Lewis.
- 21 July 1994, Frederic G. Cassidy to Harry D. Watson.
- 8 August 1994 Robert E. Lewis to Harry D. Watson.
- 16 January 1995, Iseabail Macleod to Louise Yeoman, National Library of Scotland.

2. 議事録・報告書

- An Agreement of 1950: The University of Chicago, Sir William Craigie, and the University of Edinburgh.
- Report of Work Done by A. J. Aitken and Assistants, October 1952– September 1953.
- Some Addenda and Notes to Editing 1971.
- Future of Dictionary of the Older Scottish Tongue, November, 1978.
- Scottish Dictionaries Joint Council: Sub-Committee on Fund-Raising, 29 February 1980.
- A Dictionary of the Older Scottish Tongue: A brief narrative and evaluation intended to support a appeal for funds, February 1980.
- OED-Dependent method, April 1980.
- A. J. Aitken, "Memorandum on the future of DOST", May 1980.
- Scottish Dictionaries Joint Council: Future of DOST, October 1980.

- On the Usefulness of a Word-Processor to the Compilers of DOST, 20 November 1980.
- Reports on (a) Word Processing (b) Completion of the D. O. S. T., 18 December 1980.
- OED Dependent Method, 28 January 1981.
- Scottish Dictionaries Joint Council: Report on a short pilot-run of editing DOST by the OED Dependent Method.
- Scottish Dictionaries Joint Council (81) 1st Minutes.
- Scottish Dictionaries Joint Council (81) 2nd Minutes.
- Scottish Dictionaries Joint Council (81) 3rd Minutes.
- A Dictionary of the Older Scottish Tongue External Review Committee, 1981(Paper1).
- Briefing for the External Review Committee, 1981 (15 May, 1981) Paper 2.
- Future of Dictionary of the Older Scottish Tongue, 15 January 1981(Paper 4).
- A brief summary of the steps in compiling DOST, 12 February 1981(Paper 8).
- "Editing process (Paper 9)"
- OED Dependent Method: Editing Procedure, 14 May 1981.
- Aitken, A. J. "The Process of Editing"
- Aitken, A. J. "Some Aspects of the History of DOST: a Personal Statement" May, 1981.
- Aitken, A. J. "Comments on the Report on the Dictionary of the Older Scottish Tongue 1–3 September 1981", 30 September 1981.
- Stevenson, J. A. C. "Comments on Report by Lexicographers", 29 September 1981.
- Scottish Dictionaries Joint Council (82) 1st Minutes, 18 February 1982.
- Memorandum of Agreement Between the Scottish Dictionaries Joint Council of the one part and the Aberdeen University Press Limited of the other, 3 February 1983.
- Scottish Dictionaries Joint Council (83) 1st Minutes, 3 March 1983.
- Scottish Dictionaries Joint Council (83) 2nd Minutes, November 1983.
- Report on Progress of the Dictionary of the Older Scottish Tongue, 1983–1984.
- Staffing of the Dictionary of the Older Scottish Tongue, October 1984.
- Constitution of the Joint Council for the Dictionary of the Older Scottish Tongue, January 1984.
- Review of DOST 1994: Response of Editors.
- New Editorial and Procedural Guidelines: 1994.
- 1994 Review.
- Report on DOST, May–December 1994.

- Minutes of the Meeting of the Joint Council for the Dictionary of the Older Scottish Tongue, 14 December 1994.
- Minutes of the Meeting of the Joint Council for the DOST, 23 May, 1995.
- Report on DOST, May–November, 1995.
- Minutes of the Meeting of the Joint Council for the Dictionary of the Older Scottish Tongue, 19 December 1995.
- Minutes of the Meeting of the Joint Council for the Dictionary of the Older Scottish Tongue, 17 December, 1996.
- Editing: 1995.
- Editors' Report on DOST, December 1995–May, 1996.
- Dictionary of the Older Scottish Tongue Joint Council Meeting: 23 May 1996, Project Manager's Report: May 1995–May 1996.
- Minutes of Meeting to Discuss Keying of DOST Copy by SAZTEC, 17 January 1996.
- Minutes of the Meeting of the Joint Council for the Dictionary of the Older Scottish Tongue, 23 May 1996.
- DOST Review 1996.
- New Editorial and Procedural Guidelines: 1996.
- Editorial Procedures.
- Instructions for Pre-editing.
- DOST Edit and Review, and Checking Phases, 5 June 1996.
- Asher, R. E., and A. A. MacDonald. "DOST External Review of Progress and Prospects", June 1996.
- Brown, L. "Completion of the Dictionary of the Older Scottish Tongue: Recommendations"
- DOST Review of Progress and Prospects, June 1996.
- 1996 Review Response of Editors
- Macafee, Caroline. "The Case for Scots in the 2001 Census", 26 July 1996.
- Editors' Report for DOST Review, 1996.
- Editors' Report on DOST, June–November, 1996.
- Editors' Report on DOST, November 1996–May 1997.
- Editors' Report on DOST, May–November, 1997.
- DOST Time Table 1996–2000.
- DOST Time Table 1996–2001.
- Minutes of the Meeting of the Joint Council for the Dictionary of the Older Scottish Tongue, 21 May 1997.
- Dictionary of the Older Scottish Tongue Joint Council Meeting: 21 May 1997, Project Manager's Report: May 1996–May 1997.

- Dictionary of the Older Scottish Tongue: Report on Visit by W. Aitken, 11 November 1997.
- DOST Editor's Report, November 1997–April 1998.
- Minutes of the Meeting of the Joint Council for the Dictionary of the Older Scottish Tongue, 20 May 1998.
- DOST Editor's Report, May–November 1998.
- Minutes of the Meeting of the Joint Council for the Dictionary of the Older Scottish Tongue, 16 December 1998.
- Dictionary of the Older Scottish Tongue: Post 2000, 16 January 1999.
- DOST Editor's Report, November 1998–May 1999.
- Minutes of the Meeting of the Joint Council for the Dictionary of the Older Scottish Tongue, 2 June 1999.
- Dictionary of the Older Scottish Tongue: Post 2000, proceedings of the Colloquium, 26 June 1999.
- Dictionary of the Older Scottish Tongue: Post 2000, Report of the Working Party, 26 June 1999.
- DOST Editor's Report, May–November 1999.
- Dictionary of the Older Scottish Tongue Joint Council Meeting: Project Manager's Report, 16 December 1999.
- Minutes of the Meeting of the Joint Council for the Dictionary of the Older Scottish Tongue, 16 December 1999.
- Minutes of the Meeting of the Joint Council for the Dictionary of the Older Scottish Tongue, 14 June 2000.
- Meeting of the Joint Council for the Dictionary of the Older Scottish Tongue, 14 June 2000, Project Manager's Report.
- Dictionary of the Scots Language: Notes for Proofreaders, 8 June 2001.
- Dictionary of the Scots Language Project Editor's Report, 2 July 2001.
- Symposium on Language and Politics, Belfast, 23–25 August 2001.
- Dictionary of the Scots Language Meeting of the Project Board, 14 January 2002.
- Dictionary of the Scots Language Meeting of the Project Board, 4 February 2002.
- Dictionary of the Scots Language: Project Initiation Document, 4 February 2002.
- Dictionary of the Scots Language Meeting of the Project Board, 11 March 2002.
- Dictionary of the Scots Language Meeting of the Project Board, 10 June 2002.

- Minutes of the Board Meeting for Scottish Language Dictionaries, 25 June 2002.
- Dictionary of the Scots Language Meeting of the Project Board, 8 July 2002.
- Dictionary of the Scots Language Editor's Report, 8 July 2002.
- Dictionary of the Scots Language Editor's Report, 12 August 2002.
- Dictionary of the Scots Language Meeting of the Project Board, 9 September 2002.
- Meeting to discuss application for Phase 2 of DSL project, 9 September, 2002.
- Dictionary of the Scots Language Joint Meeting with Scottish Language Dictionaries, 9 September, 2002.
- Minutes of the Board Meeting for Scottish Language Dictionaries, 24 September 2002.
- Dictionary of the Scots Language Meeting of the Project Board, 7 October 2002.
- Dictionary of the Scots Language Editor's Report, 7 October 2002.
- DSL: Web Host Services, 6 November 2002.
- Dictionary of the Scots Language Meeting of the Project Board, 11 November 2002.
- Dictionary of the Scots Language Editor's Report, 11 November 2002.
- Dictionary of the Scots Language Planning Meeting, 30 November 2002.
- Dictionary of the Scots Language Editor's Report, 9 December 2002.
- Dictionary of the Scots Language Meeting of the Project Board, 9 December 2002.
- Dictionary of the Scots Language Meeting of Steering Committee, 12 December 2002.
- Minutes of the Board Meeting for Scottish Language Dictionaries, 18 December 2002.
- Editorial Director's Report, 18 December 2002.
- Dictionary of the Scots Language Meeting of the Project Board, 13 January 2003.
- Dictionary of the Scots Language: Final report from the Project Manager, 13 January 2003.
- Dictionary of the Scots Language Editor's Report, 10 February 2003.
- Dictionary of the Scots Language Meeting of the Project Board, 10 February 2003.
- Dictionary of the Scots Language Editor's Report, 10 March 2003.
- Dictionary of the Scots Language Meeting of the Project Board, 10 March 2003.
- Revision of the Proposals for Phase 2 of DSL project, March 2003.

- Dictionary of the Scots Language Editor's Report, 14 April 2003.
- Dictionary of the Scots Language Meeting of the Project Board, 14 April 2003.
- Dictionary of the Scots Language Meeting of the Project Board, 12 May 2003.
- Dictionary of the Scots Language Editor's Report, 9 June 2003.
- Dictionary of the Scots Language Meeting of the Project Board, 9 June 2003.
- Dictionary of the Scots Language Meeting of the Project Board, 4 August 2003.
- Dictionary of the Scots Language Editor's Report, 22 September 2003.
- Dictionary of the Scots Language Meeting of the Project Board, 22 September 2003.
- Dictionary of the Scots Language Editor's Report, 27 October 2003.
- Dictionary of the Scots Language Editor's Report, 16 December 2003.
- Dictionary of the Scots Language Meeting of the Project Board, 16 December 2003.
- Annual Progress Report to Arts and Humanities Research Board.
- Final DSL Editor's Report, 25 January 2004.
- DSL Tasks and Milestones Jan 2003–Jan 2004, 26 January 2004.
- Cross-Party Group of the Scottish Parliament on the Scots Language, June–August 2005.
- Scottish Language Dictionaries Summary Business Plan, May 2006–2011.
- Proposed Tags to be Used in DOST.
- Minutes of the Board Meeting for Scottish Language Dictionaries, 23 June 2006.
- Minutes of the Board Meeting for Scottish Language Dictionaries, 15 September 2006.
- Minutes of the Board Meeting for Scottish Language Dictionaries, 20 June 2008.

Bodleian Library, Oxford 所蔵書簡

- 18 May 1908, W. A. Craigie to James Murray.
- 22 May 1908, James Murray to W. A. Craigie.
- 22 May 1908, W. A. Craigie to James Murray.
- 29 May 1908, W. A. Craigie to James Murray.

National Library of Scotland, Edinburgh 所蔵

1. 書簡

- 18 September 1925, W. A. Craigie to William Grant.
- 15 October 1925, W. A. Craigie to Oxford University Press.
- 1 January 1926, W. A. Craigie to William Grant.
- 9 January 1927, W. A. Craigie to William Grant.
- 7 January 1929, W. A. Craigie to William Grant.
- 30 June 1947, W. A. Craigie to David Murison.
- 5 August 1947, W. A. Craigie to David Murison.
- 5 March 1956, W. A. Craigie to David Murison.

2. その他

- Craigie, W. A. "Note on the Slip Method of Compiling".
- Craigie, W. A. "Memorandum relating to Dictionary of the older period of English", 1922.
- Craigie, W. A. "The Scottish Dictionaries", 1929.

Churchill Archives Centre, Churchill College, Cambridge 所蔵

- Churchill, Winston. "The United States of Europe" (1930), Churchill Papers, CHAR 8/279, Churchill Archives Centre.

地図 I　スコットランド全図

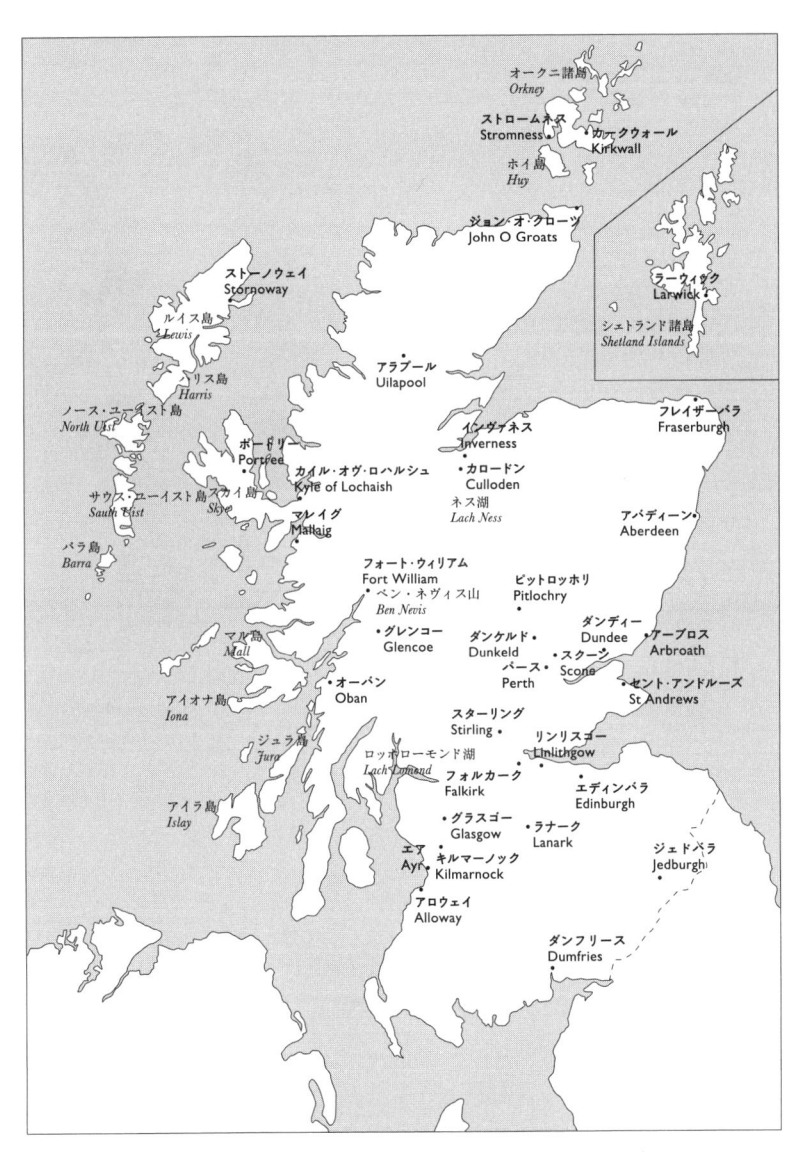

富田理恵『世界歴史の旅　スコットランド』山川出版社、2002年を元に作成

地図2　近代スコッツ語の地域変種

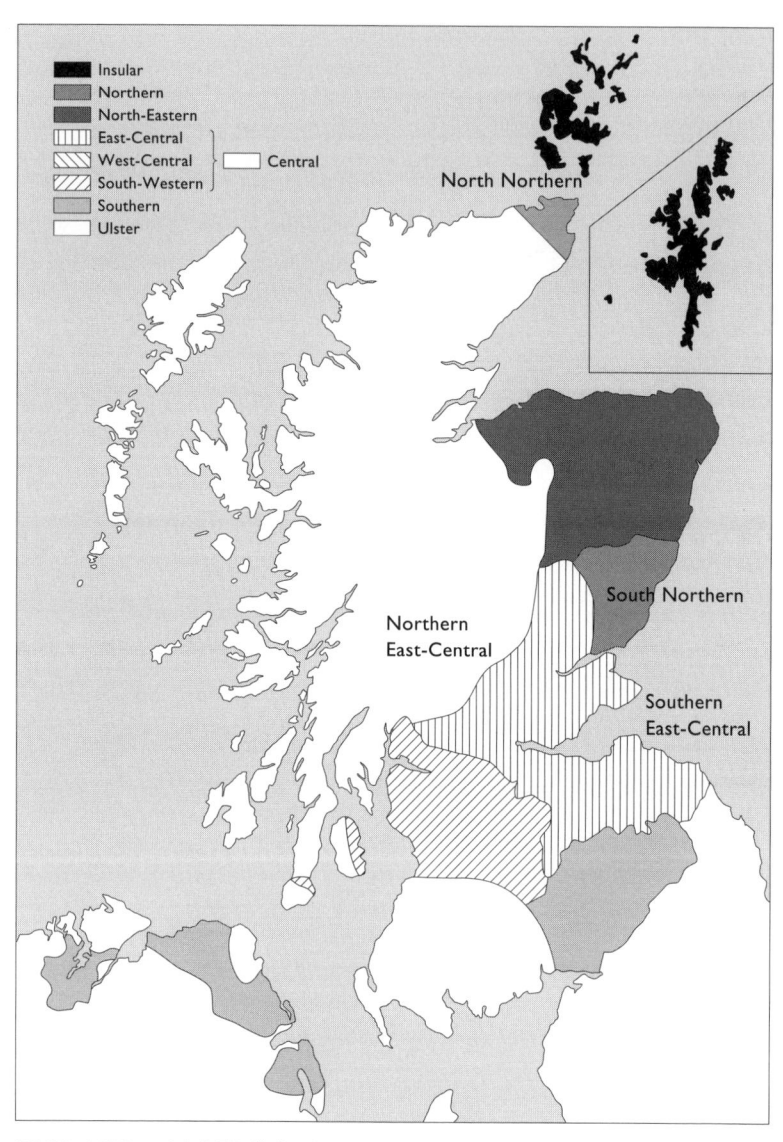

DOST vol. XII, p. xlvi. を元に作成

地図3　アルスター・スコッツ語の地域変種

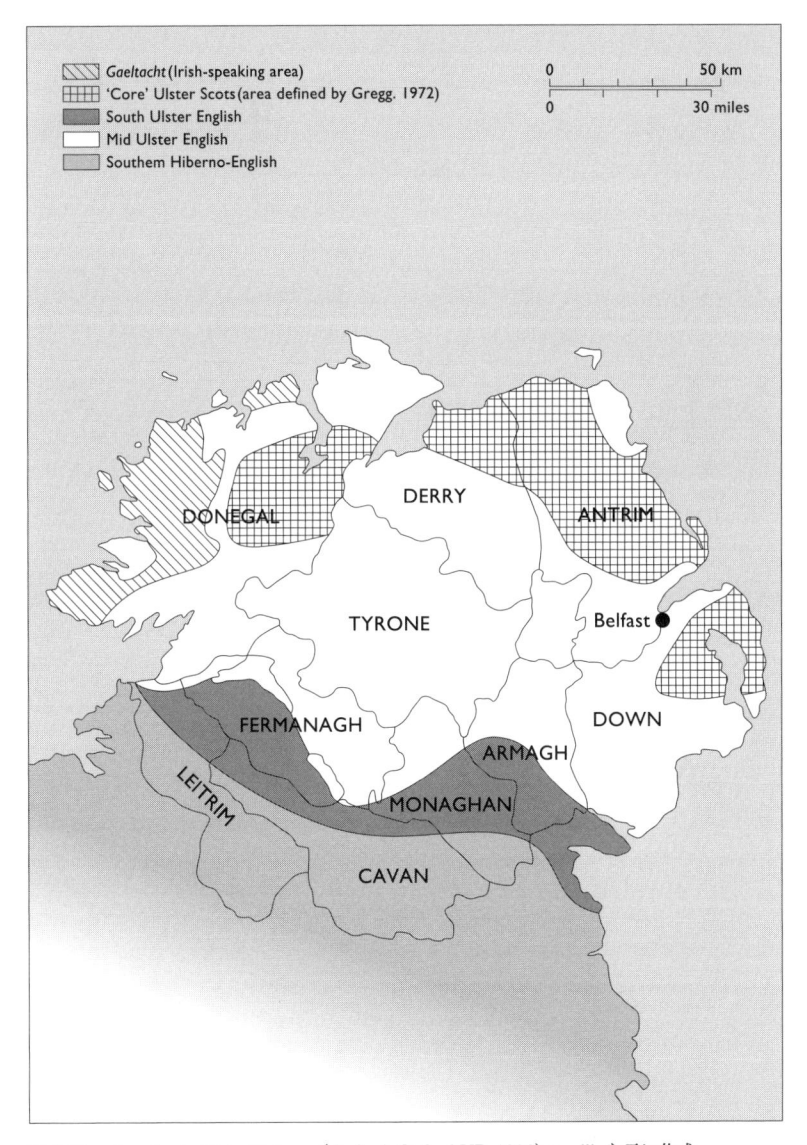

C. I. Macafee, *Concise Ulster Dictionary* (Oxford: Oxford UP, 1996), p. viii. を元に作成

地図 4　古英語の地域変種

Albert C. Baugh and Thomas Cable, *A History of the English Language*, 4th Ed. (London: Routledge, 1993), p. 53 を元に作成

地図5　中英語の地域変種

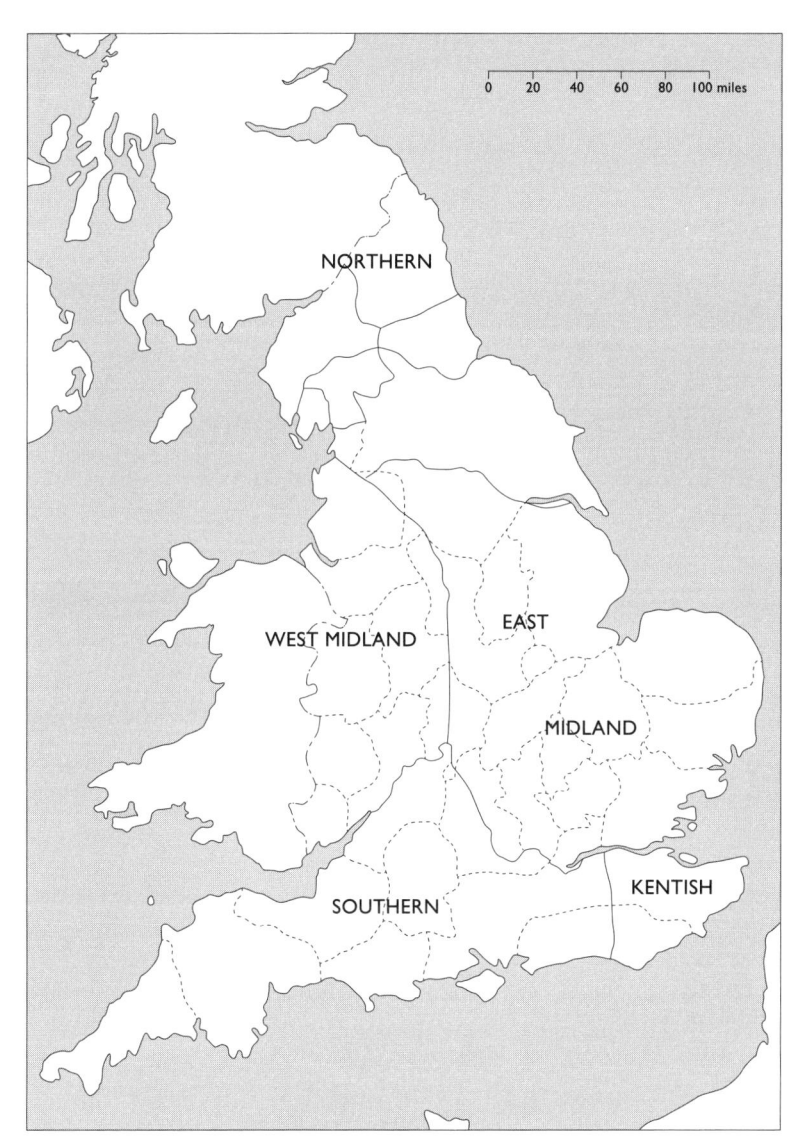

Albert C. Baugh and Thomas Cable, *A History of the English Language*, 4th Ed. (London: Routledge, 1993), p. 186 を元に作成

結びに

　2012年はUKにとって、エリザベス2世の在位60周年とロンドンオリンピックの開催が重なるという記念すべき年であった。王室に対する国民の支持は近年安定しており、2011年のウィリアム王子とキャサリン妃ご成婚に際してもあたたかい祝福が寄せられた。女王陛下の揺るぎない存在感は、オリンピックの開会式でも示された。式典では、牧歌的な田園生活から産業革命期の急速な工業化を経て、動乱の時代を駆け抜けてきたこの国の歩みが壮大な野外劇(ページェント)として描き出された。その冒頭で、UKを構成する四つの地域が各地域を象徴する歌と共に紹介されたのは、非常に印象深く思われた。スコットランドの場面では、エディンバラ城の映像を背景に、サッカーの試合開始の際にも合唱される「スコットランドの花」("Flower of Scotland")の調べが流れた。UKがイングランドだけではなく、複数の地域から形作られた国家であることを意識させる演出であった。UKがスポーツの祭典の舞台で国内外に発信したメッセージには、伝統を保持しつつも大英帝国の遺産から脱却し、新たな活路を見出そうとするまなざしが感じられた。

　このようなUKの一角を成すスコットランドは、政治的な独立を求める声が高まる度に注目されるが、独自の地域言語をどのように保持していくのかという問題にはあまり関心が集まらない。本書は、スコッツ語辞書の発展の歴史を辿り、その中で『古スコッツ語辞典』の誕生を一つの到達点と捉え、同辞典の成立と意義について論じるものである。辞書という側面から、ヨーロッパの地域言語であるスコッツ語に光を当

て、UKにおけるスコットランドの言語文化の存在を照らし出したいと考えた。

本書は、平成20年に一橋大学に提出した博士論文「『古スコッツ語辞典』の成立—スコッツ語辞書編纂の歴史と思想」に若干の加筆・修正を施したものである。博士論文の作成と本書の刊行に至るまで、大変多くの方々にお世話になった。

大学入学以来あたたかく見守って下さる田村一男先生には、常に変わらぬ細やかなご指導を賜っている。忍足欣四郎先生は、フィロロジーの奥深さと、研究対象と真摯に向き合う姿勢を教えて下さった。塚田富治先生は、修士課程に進学したばかりで何一つわからなかった筆者に、文字通り基礎から研究指導をして下さった。今も疑問や迷いが生じるとご指導を仰ぎたいと思うことがあるが、ご生前の忍足先生と塚田先生に本書をご覧いただけないのは誠に残念である。田中克彦先生とイ・ヨンスク先生は、言語と社会の関わり合いについて刺激的な議論を展開し、活気あるゼミを主導して下さった。井上義夫先生と糟谷啓介先生は博士論文を丁寧に審査して下さり、次の段階へつながる貴重なご助言を下さった。両先生と共に論文審査をしていただいた久保内端郎先生は、修士課程入学当初から一貫して、世界語としての英語の来し方と行く末についてご教授下さった。

アバディーン大学のJ. Derrick McClure先生（MBE）は度重なる相談に親切に応じて下さり、筆者のスコットランド研究に深い理解を示して下さっている。*DOST*編集主幹であったMarace Dareau氏をはじめ、スコティッシュ・ランゲージ・ディクショナリーズのIseabail Macleod氏（MBE）、Christine Robinson氏、Pauline Cairns Speitel氏、Eileen Finlayson氏、Lorna Pike氏（現在は『スコットランド・ゲール語辞典』（*Faclair na Gàidhlig*）の編集員）、また、エイトキンの愛弟子でその研究の後継者でもあるCaroline MacAfee氏とKeith Williamson氏、そしてスコットランド・ゲール語研究の権威であるKenneth MacKinnon氏は、様々な場面で筆者を支援して下さった。

オックスフォード大学ボドリアン図書館 (Bodleian Library, University of Oxford)、スコットランド国立図書館 (National Library of Scotland)、エディンバラ大学図書館 (Main Library, Edinburgh University)、グラスゴー大学図書館 (University of Glasgow Library) では、貴重な資料を閲覧させていただいた。

　本書は、平成24年度科学研究費（研究成果公開促進費）及び平成24年度静岡県立大学教育研究活動奨励研究費により刊行されたものである。また、本書の刊行にご尽力下さったひつじ書房社長の松本功氏と、編集を担当して下さった板東詩おり氏に心よりお礼申し上げる。

　本書をこのような形にまとめることができたのは、以上の方々を含め、これまで筆者が出会った全ての方から受けた多大な学恩のお蔭である。最後に、遅々とした歩みの筆者を日々叱咤激励し、支えつづけてくれる両親に、限りない感謝を捧げたい。

　　　　　　　　　　　　2013年　雪の降りしきる成人の日に

　　　　　　　　　　　　　　　　　　　　　　　米山優子

索引

『アエネイス』 19, 21, 24
アバディーン大学出版局 128
『アメリカ英語辞典』 4, 121, 148
『アメリカ地域英語辞典』 135–136
アルスター・スコッツ語協会 203
ウィルソン, J. 77
ウォラック, A. 74, 76–77, 154
『ウォレス』 24, 78
『英語語源辞典』 63
『英語辞典』 72
英語方言学会 73
『英語方言辞典』 73, 75–76, 84, 154, 160
エイトキン, A. J. 7, 49, 74, 85, 88, 111, 113, 116, 120, 122, 125–126, 128–129, 147–183, 185–187, 191, 193, 207–208, 220
『エヴァー・グリーン』 31–32, 34
SND 協会 120, 185–186, 190, 193, 214
エディンバラ大学 111–113, 118, 140, 158, 185–186
エドモンズトン, T. 74
OED 3, 5, 7, 61, 72–73, 83–84, 86, 89, 92–93, 120–123, 127, 129, 149, 154–157, 176, 209, 222
欧州地域言語・少数言語憲章 2–3, 51, 192, 203–204
『王の書』 16–17
オックスフォード大学出版局 100, 110, 115, 119, 126, 128, 139, 141

『学生用スコッツ語辞典』 190
『簡約アルスター・スコッツ語辞典』 203
『簡約英語・スコッツ語辞典』 190
『簡約スコッツ語辞典』 189, 191, 216
キャクストン, W. 18, 21
キュラス, H. 100–101
『近代スコッツ語教本』 167
グラント, W. 6–7, 97–98, 104, 151–152, 167, 220
クレイギー, W. A. 3, 6, 74, 76–78, 83–86, 88, 100–101, 104, 109–112, 116, 119, 121, 123, 127–128, 130, 147–183, 185, 207–209, 220–221
『クレセイデの遺言』 17
クロス, H. 164
『古英語辞典』 4, 99, 103
『古スコッツ語言語地図』 158
古スコッツ語文献アーカイヴ 186
菜園派 38–39, 210
『三身分の愉快な諷刺劇』 20
ジェイミソン, J. 8, 40, 57–59, 84, 147, 154, 165, 212
『シェトランド及びオークニー諸島方言の語源解説』 74
シカゴ大学出版局 110–115, 117–119, 122
『詩集—主としてスコットランド方言による』 34
『初期近代英語辞典』 4, 101
ジョンソン, S. 26, 72

265

『新簡約オックスフォード英語辞典』 134-135, 137
スウィフト, J. 27
スキート, W. 63
スキーン, J. 57
スコッツ語協会 43, 199
『スコッツ語シソーラス』 190
『スコッツ語常用語句辞典』 190
スコッツ語リソース・センター 197
『スコッツ方言辞典』 76-78, 154
スコット, W. 27, 38-39, 71, 78
スコットランド議会 1, 162, 197, 202, 213, 210, 220
スコットランド行政府 128, 192-194, 197, 216
スコットランド芸術審議会 9, 128, 186, 193-195, 209, 216
『スコットランド言語地図』 98
『スコットランド語語源辞典』 8, 40, 57, 84, 147, 154
「スコットランド語の起源に関する論文」 59, 62, 70
スコットランド辞書合同委員会 112, 114, 118, 120-122, 124-126, 139-141, 158, 185-186, 214-215
スコットランド省 187-188
スコットランド諸大学のための カーネギー基金 186-187, 209, 216
『スコットランド南部諸州方言』 75
スコットランド文芸復興 39, 198, 211-212, 221
スコットランド文献協会 104, 149
スコットランド方言委員会 78, 97, 151
スコティッシュ・ランゲージ・ディクショナリーズ 190, 193-197, 215-217, 219

スタンダード・ハビー・スタンザ 29-30, 34-35
スティーヴンソン, J. A. C. 7, 49-50, 122, 125-126, 177, 190
スティーヴンソン, R. L. 39, 211
ストラトマン, F. H. 99
スミス, A. 26
選良協会 27-28
ダグラス, G. 17, 19, 21, 33, 37
ダロー, M. G. 7, 85, 128-130, 178, 208
ダンバー, W. 17, 37
チャーマーズ, G. 64-65, 67
『中英語辞典』 4, 100-101, 126, 135-137
Dictionary of the Scots Language (DSL) 215-217
DOST 合同委員会 186, 193
DOST 友の会 131, 186
ドナルドソン, D. 62-63, 71
トルケリン, G. J. 58
トレンチ, R. C. 72
バーバー, J. 15, 37, 101
バーンズ, R. 34-37, 71, 76-77, 153, 189
ハウゲン, E. 163
バリ, J. M. 38
『パンフシャー方言』 74
ヒメンズ, R. D. 110, 116-117, 119
ヒューム, D. 26
ピンカートン, J. 65, 67-68, 71
ファーガソン, C. A. 165
ファーガソン, R. 33
フリーズ, C. C. 101
『ブルース』 15, 78, 101
ヘンリソン, R. 17, 189
『ポケット版スコッツ語辞典』 190
マクダーミッド, H. 39-40, 165, 198-199, 210-212, 221

マッカーズ・クラブ　43
マッキントッシュ, A.　98, 111, 117, 119, 123–124, 138, 158, 185
マレー, J. A. H.　37, 60, 75, 89, 155–157, 159–160, 175–177
ミュア, E.　36, 40
ミュリソン, D. D.　7, 98, 219
ライト, J.　73–76, 154, 160
ラディマン, T.　32–33, 57
ラムジー, A.　30–33, 78
リンジー, D.　20
歴史的原則　5, 8, 57–58, 60–61, 73, 84, 96, 157
レン, C. L.　115–117, 119, 148
『ロクスバラシャー単語集』　78
ロリマー, W.　99
ワインライク, U.　164
ワトソン, G.　78
ワトソン, H. D.　122, 125, 128, 135

【著者紹介】

米山優子（よねやま ゆうこ）

〈略歴〉

神奈川県生まれ。一橋大学大学院言語社会研究科博士課程単位取得退学。博士（学術）。静岡県立大学国際関係学部講師。

〈主な著書・論文〉

● 「ロバート・ファーガソン―オールドリーキーに捧げた詩魂」／「エドウィン・ミュア―オークニーの心象風景を抱きつづけた詩人」木村正俊編『スコットランド文学 その流れと本質』（開文社出版、2011年）
● ロバート・バーンズ研究会編訳『増補改訂版 ロバート・バーンズ詩集』（共訳、国文社、2009年）
● 「ジェイミソンのスコッツ語研究の思想」日本カレドニア学会編『スコットランドの歴史と文化』（明石書店、2008年）
● "John Jamieson and Hugh MacDiarmid: Their Views on Scots Language and Scottish Lexicography", J. Derrick McClure, Karoline Szatek-Tudor, and Rosa E. Penna, eds., *What Countrey's This? And Whither Are We Gone?* (Newcastle upon Tyne: Cambridge Scholars Publishing, 2010、2011年日本カレドニア学会学術奨励賞受賞論文）

ヨーロッパの地域言語〈スコッツ語〉の辞書編纂
『古スコッツ語辞典』の歴史と思想

発行	2013年2月14日 初版1刷
定価	8800円＋税
著者	Ⓒ 米山優子
発行者	松本功
装丁者	丸井栄二
印刷・製本所	株式会社 シナノ
発行所	株式会社 ひつじ書房
	〒112-0011 東京都文京区千石2-1-2 大和ビル2階
	Tel. 03-5319-4916　Fax. 03-5319-4917
	郵便振替 00120-8-142852
	toiawase@hituzi.co.jp　http://www.hituzi.co.jp

ISBN978-4-89476-634-1

造本には充分注意しておりますが、落丁・乱丁などがございましたら、小社かお買上げ書店にておとりかえいたします。
ご意見、ご感想など、小社までお寄せ下されば幸いです。